エリック・J・ホブズボーム

資本の時代 1

1848-1875

柳父圀近・長野 聰・荒関めぐみ 訳

みすず書房

THE AGE OF CAPITAL

1848-1875

by

Eric J. Hobsbawm

First published by Weidenfeld and Nicolson, London, 1975

Japanese translation rights arranged with
Weidenfeld and Nicolson, London through
Tuttle-Mori Agency, Inc., Tokyo

1　「世界一の富裕国」の社会体制．図解1867年．

2　右上　成りあがり貴族：アルフレート・クルップ，工業家．

3　右　生まれながらの貴族：アルフレート・ウィンディッシュグレーツ侯，ハプスブルク帝国の貴族．

4　左上　食糧を生産した農民：J.-F.ミレー「鍬を持つ男」．

5　下　中産階級：ワーズリー博士夫妻，ケンブリッジ・ダウニング学寮内の博士宅客間にて．

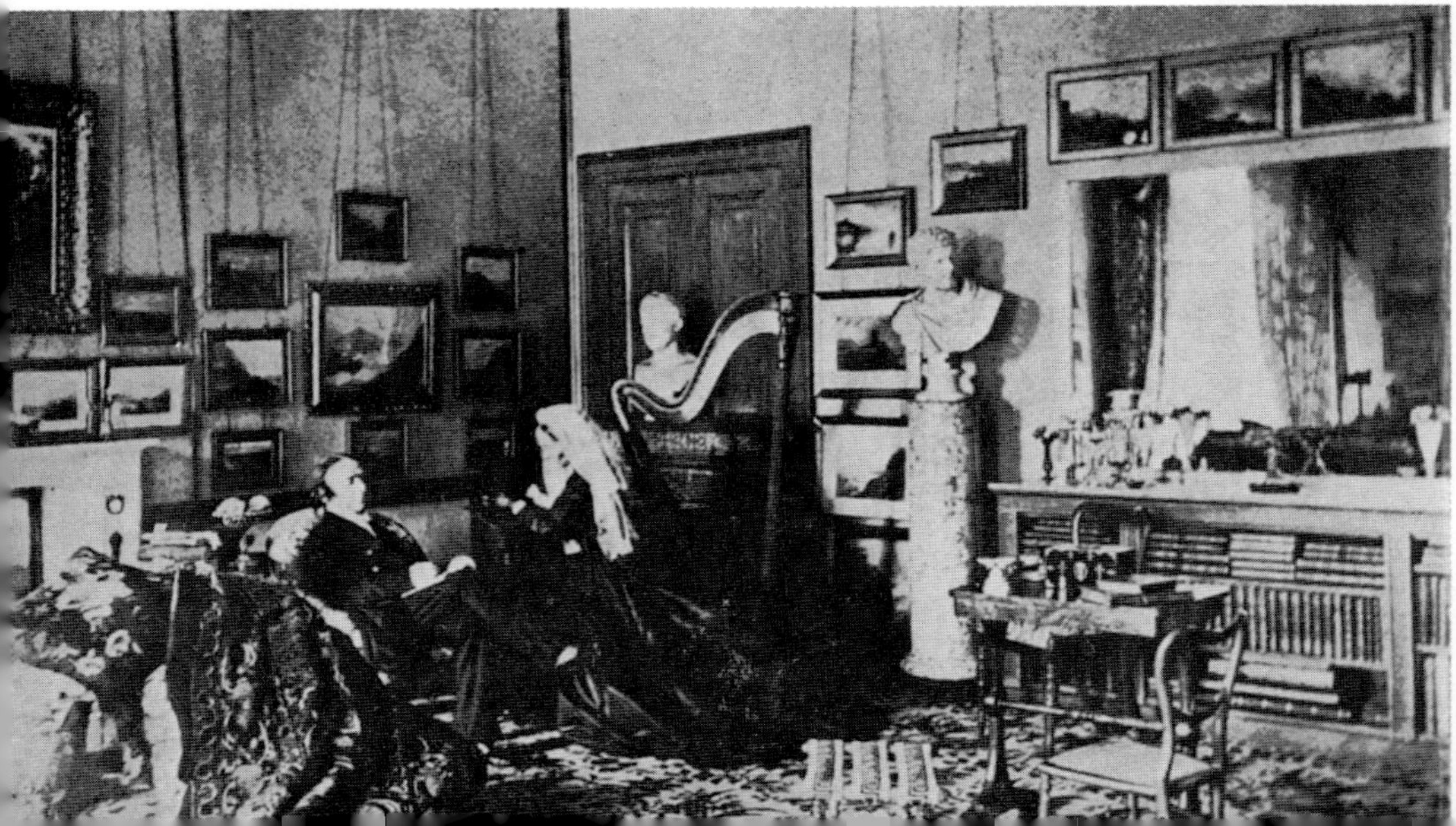

6　上　労働貴族：職長たち，1862年の万国博覧会にて．

7　右　召使い（1860年頃）．

8　下　労働者：「アシュトン式蒸気ウィンチ」（1862年）を操作する工員．

9　地方の中産階級の愛国心と芸術愛好：エクセター美術学校の春季展覧会，1857年．

10　高尚なものの代表例：芸術家G. F. ウォッツの画室．

11　左　都市再開発・建築ブームを主題にした音楽：ヨハン・シュトラウス「破壊ポルカ」.

12　下　シャベル，手押し車，荷馬車，クレーン：ロンドンの地下鉄建設工事，1869年.

13　上　私的な石造建築にみるブルジョアの誇り：スカリスブリック・ホール，ランカシャー．

14　右　自治体の石造建築にみるブルジョアの誇り：ハリファクス公会堂．

15　次頁上　都市の裏側：ギュスターヴ・ドレ「鉄道から見たロンドン風景」（1872年）．

16　次頁下　都市の裏側：アーウェル河畔のマンチェスター，1859年．

17　上　都市の新しい顔：パリ・セバストポール大通り．

18　右　輸出された象徴体系：オペラ座広場，カイロ．

19　下　資本の象徴：パリ・オペラ座（1875年落成）．

20　表通りの光景：パリ・イタリアン大通り，1864年．

21　右頁左上　男性の富による室内装飾：カーディフ城．

22　右頁右上　女性の富による室内装飾：高級娼婦ラ・パイーヴァの家，パリ．

23　右頁下　財産に取り囲まれた生活：ヴィクトリア女王の居間，ウィンザー城．

24　左　1860年頃の中産階級の家庭：骨つき肉の切り分け．

25　下　1861年の労働者階級の家庭：「迷子になった子供が見つかったリンカン・コートの家屋の部屋」（「イラストレイティッド・タイムズ」）．

26　ブルジョアジーの大聖堂：第二帝政下のパリ・オペラ座内部.

27　勝利の殿堂：万国博覧会，パリ，1867年.

28　優雅な社交生活：パリのサロン，1867年．

29　学校：ウィリアムズ氏のアカデミー．1870年教育法施行以前のデトフォード最後の私立学校．

30　右　プルマンの寝台車：ユニオン・パシフィック鉄道，1869年．

31　下　公共建造物の内部：チャリング・クロス駅，1864年．

対　照

32　左　私的な面：象徴的な家庭用クリスマスツリー, ウィンザー城, 1848年.

33　下　公的な面：万国博覧会におけるクルップの巨砲, パリ, 1867年.

34　右　成育——ブルジョアの理想：読書する少女，1865年頃．

35　下　成育——貧民の現実：「コリー兄弟，キングの3人兄弟，ブラウン君，ウッドラフ君」1875年．

36　次頁上　実際の「草上の昼食」：庭でのティーパーティ，1865年頃．

37　次頁下　絵画「草上の昼食」：エドアール・マネ，1863年．

38　右頁上　理想化された労働者階級の生活：エアー・クロウ「ウィガンの正餐時」(1874年).
39　右頁下　現実の労働者階級の生活：ランベスのフォー通り，1860年頃.

40　上　インド社会の上層：くつろぐイギリス人将校，1870年頃.
41　下　インド社会の下層：マドラスの飢饉，1876－8年.

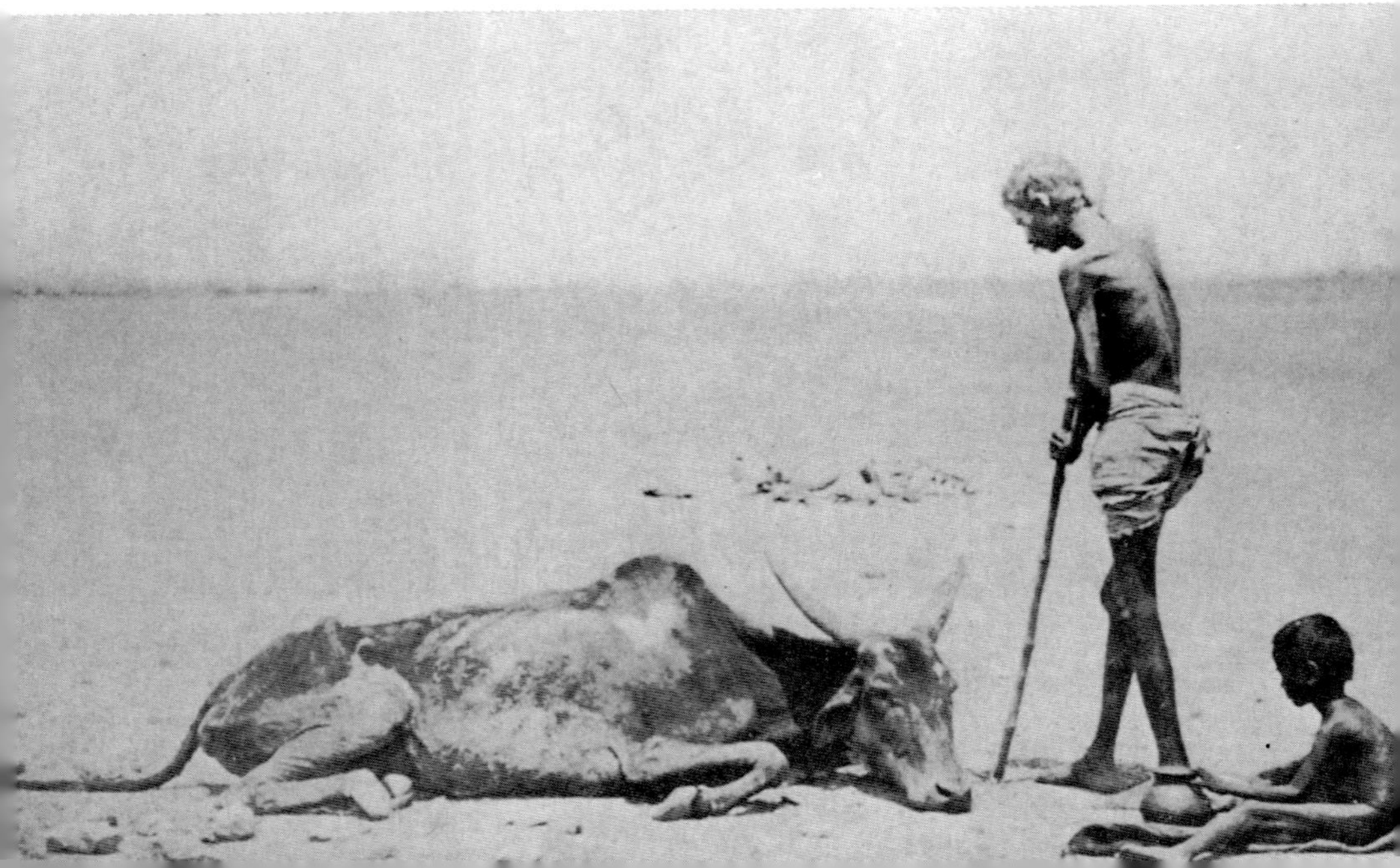

44　オットー・フォン・ビスマルク侯——政治家.

43　チャールズ・ダーウィン——科学者.

42　皇帝ナポレオン3世——支配者.

50　カール・マルクス——革命的思想家.

49　エイブラハム・リンカーン——アメリカ合衆国大統領，1860－65年.

48　ジューゼッペ・ガリバルディ——革命的なゲリラで解放者.

45　レフ・ニコラエヴィチ・トルストイ——作家.

46　ギュスターヴ・クールベ——画家.

47　フョードル・ミハイロヴィチ・ドストエフスキー——作家.

51　オノレ・ドーミエ——画家.

52　娘たちに本を読み聞かせるチャールズ・ディケンズ——作家.

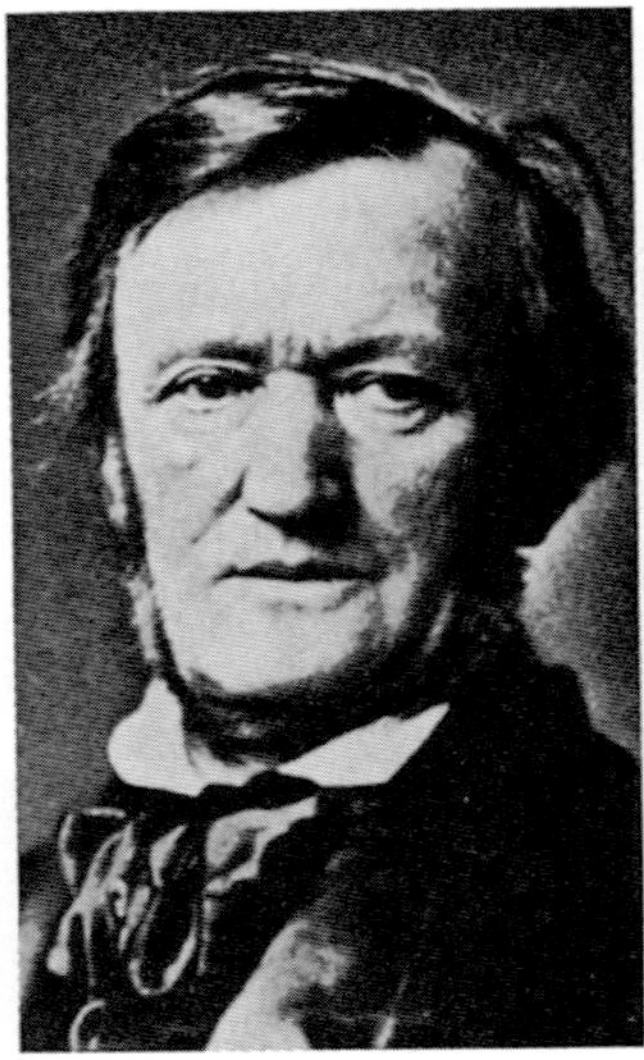

53　リヒァルト・ヴァーグナー——作曲家.

BOSTON

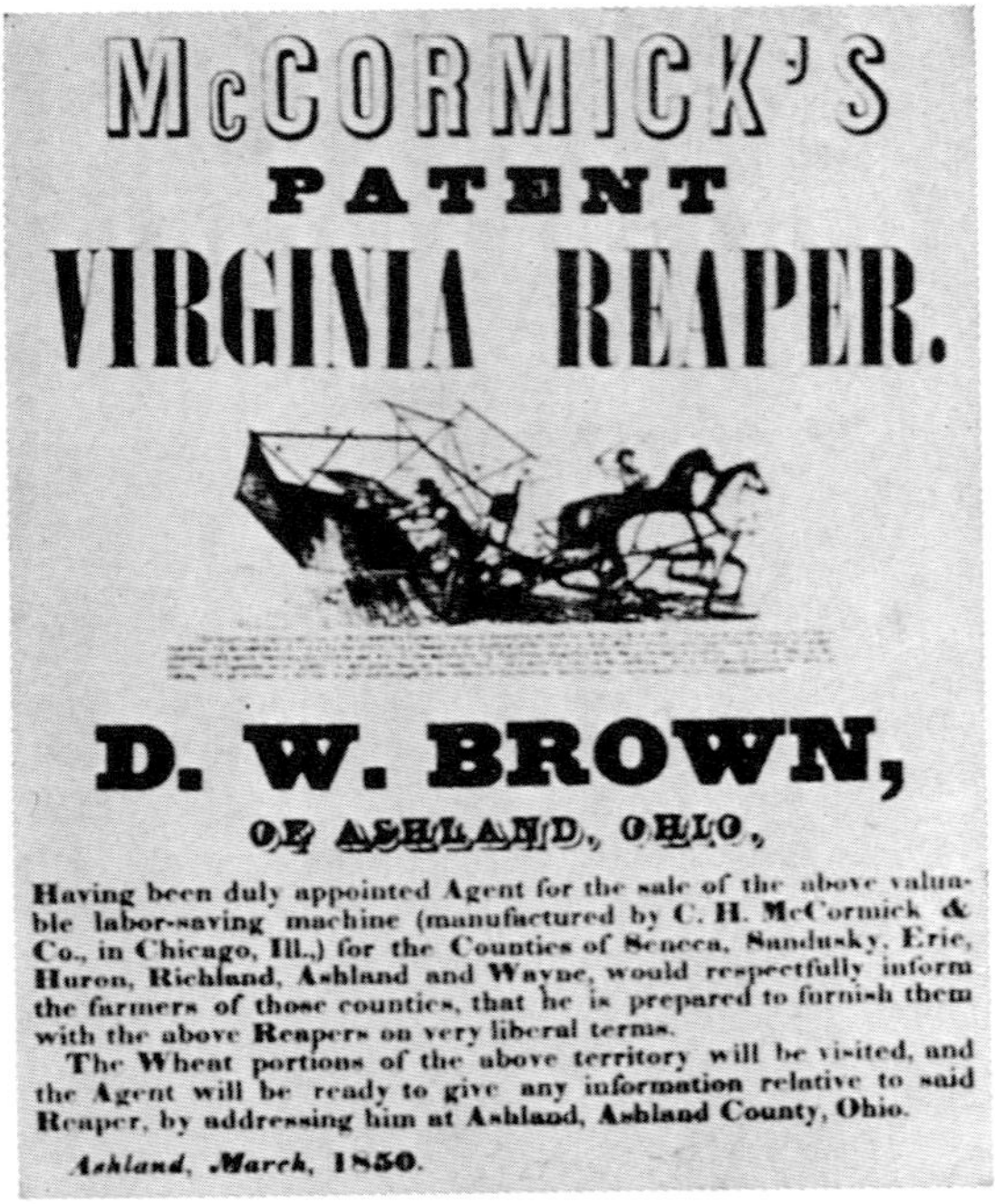

54　右頁上　人々の移動：アメリカ移住のためコーク港（アイルランド）に集まった人々.

55　右頁下　物資の移動：カルカッタに陸あげされた積荷.

56　左　開拓者：中西部開拓に用いられた機械.

57　下　開拓者：入植者の丸太小屋.

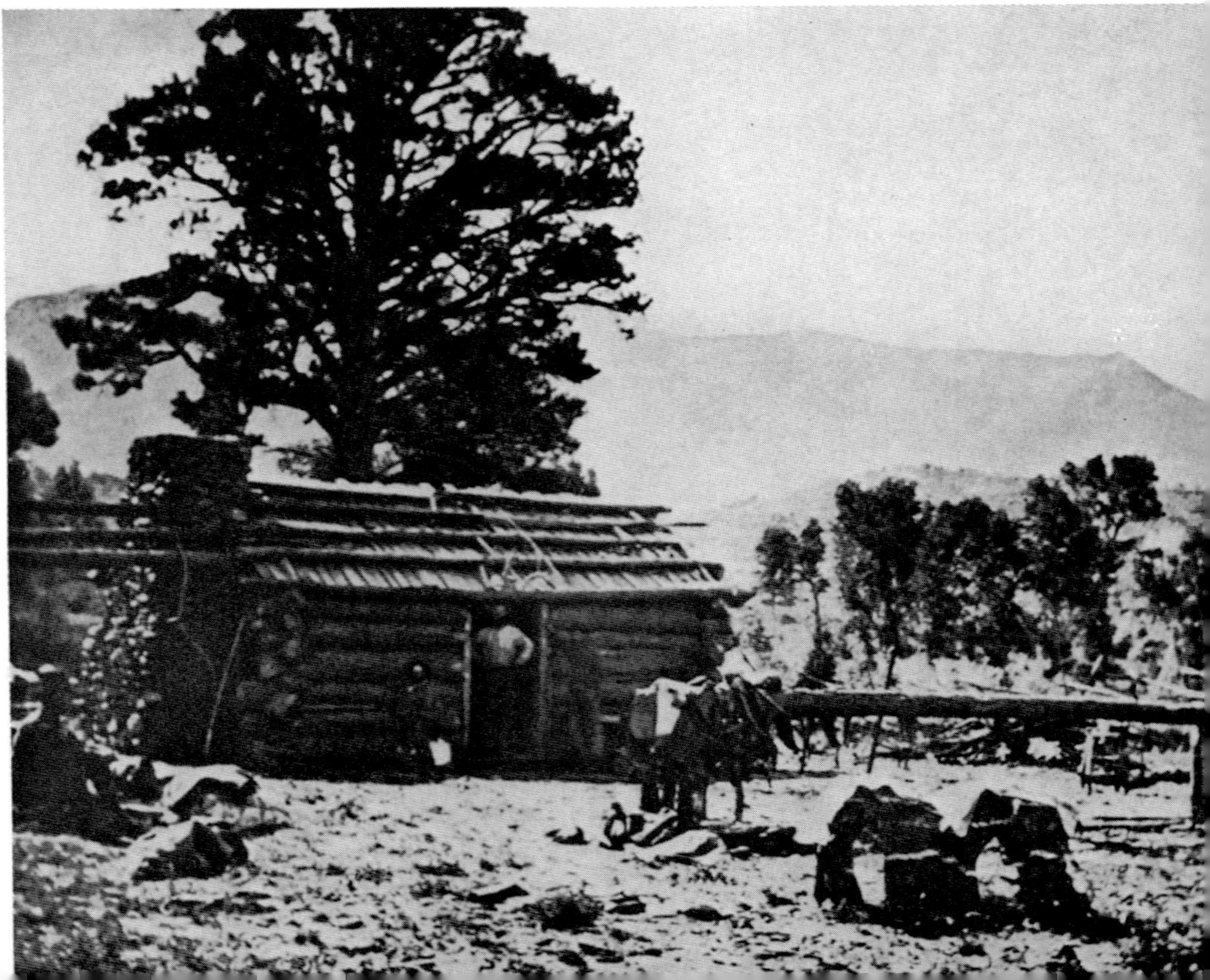

58　右上　鉄道建設者：線路を敷設するインド人労働者.

59　左上　鉄道建設者：最大の請負人トマス・ブラッシー（エイプの描いた諷刺漫画）.

60　下　鉄道建設者：ユニオン・パシフィック鉄道建設時のデヴィルズ・ゲート橋.

61　上　ヴァージニアにおける奴隷のせり市，1860年頃．

62　左　アジア人年季契約奉公人の見たギアナの砂糖プランテーション．

63　下　東洋から見た西洋：芳虎の浮世絵にあらわれたロンドン港．

64　北方から見た南方：アフリカの村落に到着したヘンリー・モートン・スタンリー（彼のスケッチより）．

65　1848年：バリケードによるフランス王政の転覆.

66　1848年：ジュール・ダヴィドの描いたバリケード.

67　右上　パリ・コミューン，1871年：革命集会で演説するルイーズ・ミシェル．

68　左上　ビジネス——女性版：高級娼婦コラ・パール．

69　右　パリ・コミューン，1871年：ラテン区ラ・ユシェット街でのバリケード攻撃．

70　下　労使関係：ル・クルゾでのストライキ，1870年．

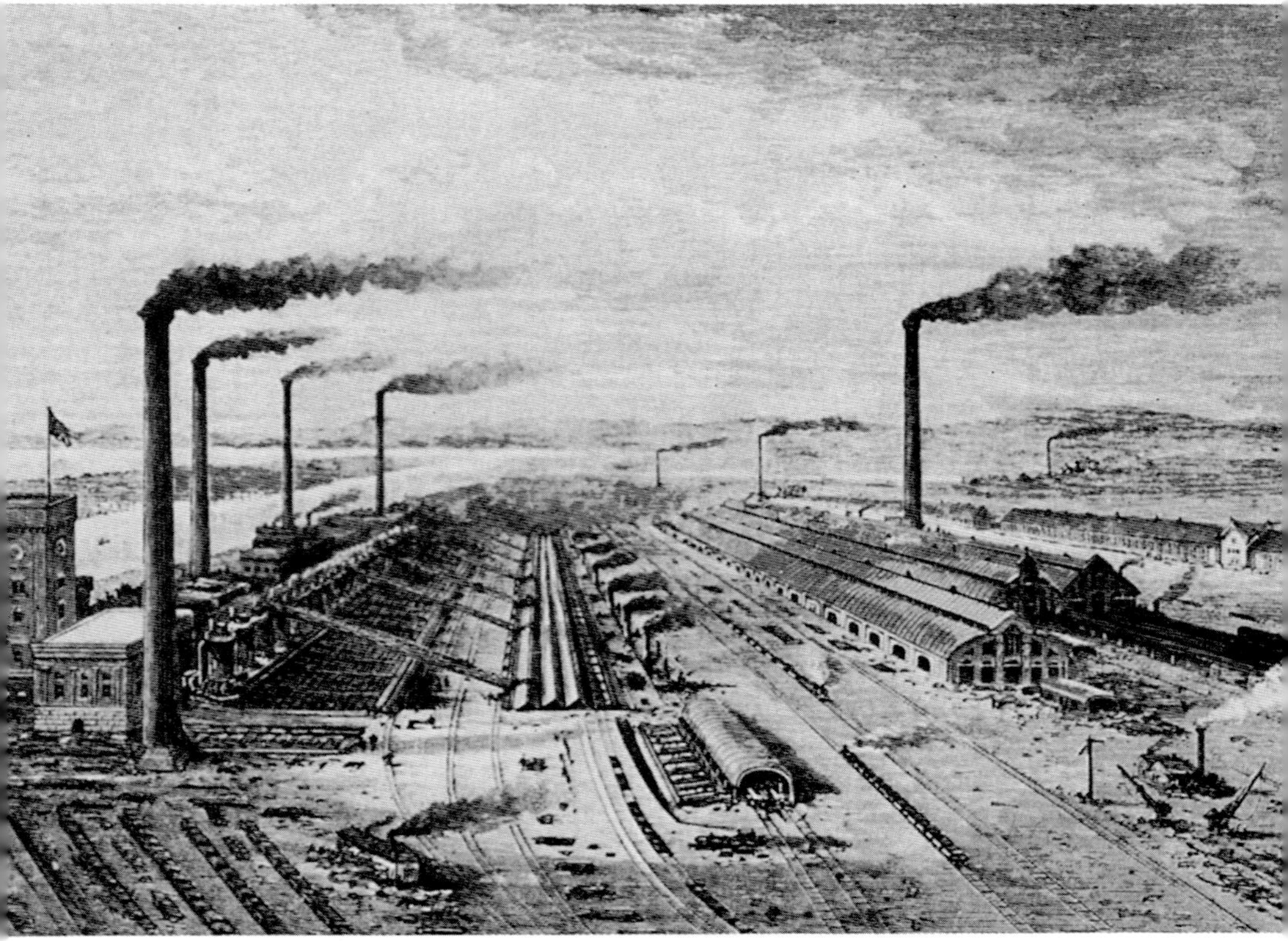

71　資本の世界――工場：バローにおける製鉄・製鋼所.

72　右下　労使関係：合同機械工組合の紋章.

73　左下　資本の世界――機械：「デイリー・テレグラフ」の給紙装置を10基そなえた印刷機.

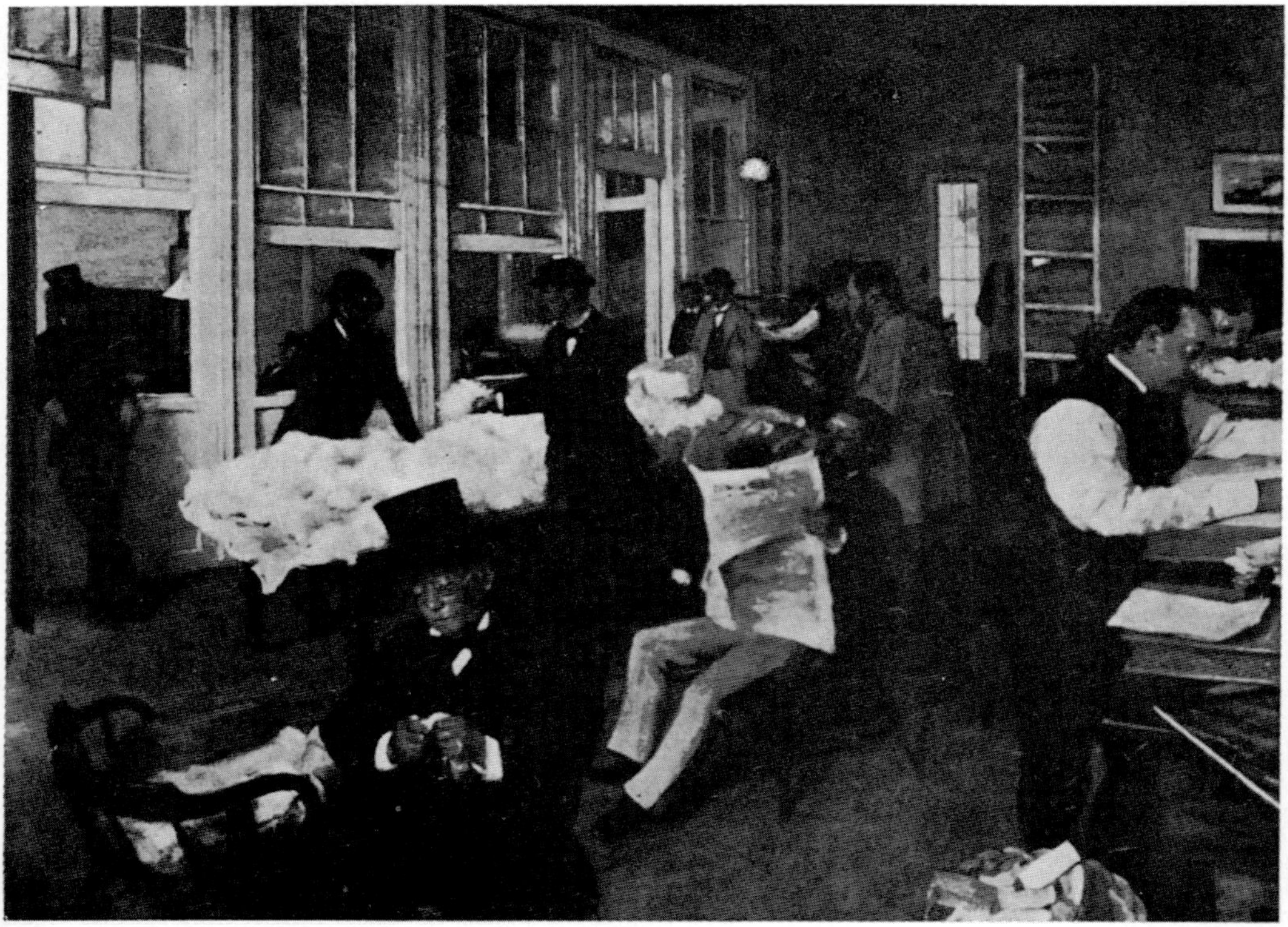

OR MINDEN&LA

74　右頁上　資本の世界——実業家：エドガー・ドガ「ニューオーリンズの綿花商会」1873年．

75　右頁下　資本の世界——商業：ニューオーリンズ港，1870年頃．

76　上　戦争の現実：アメリカ南北戦争，最初の従軍写真家の1人ウィリアム・ブレイディ撮影．

77　下　インディアン部落を攻撃する第7騎兵隊：「ハーパーズ・ウィークリー」1868年より．

THE HOMELESS POOR.

"AH! WE'RE BADLY OFF—BUT JUST THINK OF THE POOR MIDDLE CLASSES, WHO ARE OBLIGED TO EAT ROAST MUTTON AND BOILED FOWL EVERY DAY!"

（家なき貧民．「みじめだなあ．でも，あの哀れな中産階級の連中のことを考えてみろよ．毎日ロースト・マトンとゆでた鶏肉を食べなくちゃいけないんだぜ．」）

78　「パンチ」に掲載されたコーダの諷刺漫画，1859年．

マーリーン、アンドルー、ジューリアに

はしがき

現代の歴史家は、いかんともしがたい困難に悩まされている。自分の本をどこから書き始めようとするにせよ、その選んだところから叙述を始めるというわけには決してゆかないからである。同時に彼には、それに先立つ時代の出来事について読者がある程度知っていなければ、大きなハンディキャップを負うであろうということも分かっている。本書はもちろん、近代世界の発展過程におけるある特定の、そして決定的ともいえる時期の説明として、それ自体で独立の一書となるように企図されたものである。しかし本書はまた、この時代の背景についても十分な情報を本文のあちこちに含んでおり、比較的わずかな歴史の知識しかもたないままで——本書のあつかう時代に先行する、フランス革命から一八四八年までの時代に関する私の著作（『市民革命と産業革命』）についてもなじみのないままで——一九世紀の中葉に関心をもつ読者に対しても、ある程度の研究案内を提供しようとするものである。実際、適当な一般教養さえあれば、誰にでもこの本は理解できることと思う。それというのも、本書は意識的に、専門家でない読者に向けて書かれたものだからである。もし歴史家たちが、彼らの研究にふり向けられている社会的な資金を正当化したいと望むなら——そうした資金はつつましいものではあるが——彼らはただ同業の他の歴史家のためだけに本を書くべきではないのだ。とはいえ、ヨーロッパ史のきわめて初歩的な知識なりと読者がもっていれば、この本はわかりやすいではあろう。しかし読者がバスチーユの陥落やナポレオン戦争について、前もって何の知識ももちあわせていないとしても、その気になれば何とか読みこなせるであろう。もちろんそうした知識があればそれに越したことはない。

本書がとりあつかう時代は比較的短期間であるが、そのあつかう地理的範囲は広大である。一七八九年から一八四八年までの世界についてなら、ヨーロッパを中心に――実際ほとんどイギリスとフランスを中心に――書くことも非現実的ではない。しかしながら、一八四八年以後の時代となると、その主要テーマが資本主義経済の全世界への拡大という事態であり、またそれゆえ、もはや純粋なヨーロッパ史を書くことは不可能となるということからしても、他の諸大陸に十分な注意を払わずにヨーロッパ史の筆をとることは、ばかげているであろう。さて、私の叙述は三部に分かれている。まず一八四八年の諸革命を、この時代の主要な諸発展を論じた部分への序曲たる第一部で論じている。そうした諸発展をあつかう第二の部分では、独立した一連の「国家」史としてよりもむしろ、全大陸的な、そして必要な場合には、全世界的な展望のもとに、私は論述をすすめた。その場合、各章は、年代順というよりもテーマによって分けられているが、この時代のなかのより小さな時期区分は――大ざっぱに言って、平穏だが膨張主義的な一八五〇年代、より不穏で騒がしい一八六〇年代、好況《ブーム》と不況《スランプ》の一八七〇年代初めというような区分は――すぐ読みとれるであろう。第三部は、一九世紀の第三・四半期の経済・社会・文化の横断面についての分析から構成されている。

私は、本書のあつかう広範な主題のごく小さな部分をのぞいては、いずれに関しても専門家であるとは言えない。それゆえほとんど完全に孫引きの情報に、あるいは孫引きの孫引きといった情報にすら頼らねばならなかった。しかし、これは避けられないことである。すでに一九世紀に関しては、膨大な量の諸著作がものされており、歴史の空を暗くする専門的出版物がうず高く積まれた山脈《やまなみ》に、毎年さらに多くのものが積み加えられているのである。歴史家のいだく関心の範囲が広がり、それが事実上、二〇世紀後期のわれわれの興味を引く生活のあらゆる面を含むようになるにつれ、参照されるべき情報の量は、百科全書的で博学な学者にとってさえ、あまりにも多すぎるものとなった。個々の研究者が熟知していることがらでさえ、広い範囲にわたる綜合の文脈のなかでは、しばしば、一節か二節の、いやわずか一行、またはさりげない言及程度の記述に圧縮されたり、あるいは割愛されてしまうほかはない。かくて必然的に、しだいに気軽に、多くの他人の研究に頼らねばならなくもなるのである。

残念ながら、学者が出典や特に他人に負うところをきちょうめんに記し感謝する立派なしきたりに従うこと——このしきたりは、誰にでも自由に利用できるようになっている研究上の発見について、発見者以外の者が功績を横どりしたりしないようにするためだが——は、ここでは不可能である。第一に、私が自由に借り受けてきた示唆や思想のすべてについて、書物、論文、会話、あるいは討論にまでさかのぼって、その出所を突きとめられるかどうかは疑問なのである。意識的にであれ、無意識にであれ、私がその作品を借用してきた人々に対しては、私の無礼をご寛恕願うほかはない。第二に、出所をすべて明記しようと試みると、まったく不適当な学問的な装備をつめこむことにより、この本の厚さを増しすぎることになるであろう。というのは本書の目的は、既知の諸事実を要約してみせること——それは読者を、さまざまな主題に関するより詳細な研究へと案内することをも意味するだろうが——ではなく、むしろ、それらの事実を結びあわせて、普遍的な歴史的綜合にまとめあげることなのであり、一九世紀の第三・四半期の「意味を明らかにする」ことであり、そしてそうすることが理にかなっている限りにおいて、現代世界の根源《ルーツ》をこの時代にさかのぼって探ることなのだからである。

注における参照文献は、引用文の出典、統計表およびその他の数字などの出典、そして論議を呼びそうな予想外の議論の根拠づけにほとんど限られている。標準的な資料、あるいはマルホルの『統計辞典』のような非常に貴重な概論からとられた本文中に散在する数字のほとんどについては、その出典をいちいち明示してはいない。種々の版で存在する文学作品——たとえばロシアの小説——への参照に関しては表題のみをかかげた。著者の用いた、しかし読者には手に入らないかもしれない、特定の版の参照箇所を厳密に挙げるというのは、衒学趣味にすぎないであろう。この時代の主要な批判者であるマルクスとエンゲルスの著作への参照は、よく知られている著作の表題ないしは手紙の日付と、現存する標準版（K・マルクス、F・エンゲルス『全集《ヴェルケ》』〔東ベルリン、一九五六―七一年〕、以後 *Werke*）の巻とページの両方で示されている。地名は、それに対応する英語名がある場合には英語で、ない場合には当時の出版物に一般的に用いられていた形で書かれている。そうしたからといって、何らかの国民主義的偏見があるわけではまったくない。必要な場合には、たとえばライバッハ（リュブリァナ）というように、現在の地名が括弧で加えられている。〔本訳書では、地名はなるべく現地音で表記するようにした。ただし慣用に従ったものもある。——訳者〕

シガード・ジーノーとフランシス・ハスケルは、親切にも科学と芸術に関する章の誤りを正してくれた。チャールズ・カーウェンは、中国に関する私の問いに答えてくれた。しかし誤りや脱落については、私以外の誰にも責任はない。W・R・ロジャーズ、カーマン・クローディン、マリア・モイサの三名は、随時研究助手としてよく私を助けてくれた。ジューリア・ブラウンならびにアンドルー・ホブズボーム、ジューリア・ホブズボームは、口絵を選ぶのを手伝ってくれた。編集者のスーザン・ローデンにも大変お世話になった。

E・J・H

目次

第二巻目次

序言

一八六〇年代にひとつの新しい言葉が、世界の経済・政治用語に登場してきた。「資本主義」という言葉である。* それゆえに本書の表題を『資本の時代』——この表題は、われわれに資本主義の最も手ごわい批判者であるカール・マルクスの主著『資本論』（一八六七年）がこのころ出版されたことをも思い出させる——とすることは適切なように思われる。というのも、資本主義の全世界的な勝利こそ、一八四八年以後数十年間の歴史の主要なテーマなのであるから。それは、競争しあう私企業と、最も安い市場ですべてを（労働力をも含めて）しいれ、最も高い市場でものをうまく売ることに経済成長はかかっている、と信じていた社会の勝利であった。このような基礎の上に成立していた経済は、つまりはその活力と長所と知性とによって自らの地位にのしあがり、その地位を保持している人々から成るブルジョアジーの強固な土台をふまえた経済であった。それは、物質的な豊かさが適切に配分される世界を創るだけではなく、啓蒙主義と理性および人間的な可能性とが絶えず発展し、科学や芸術が前進する世界をも創造するはずであり、要するに、不断の加速的な物質的・道徳的進歩の世界を創造する、と信じられていたのである。私的企業の自由な発展の進路に残存する二、三の障害物も、一掃されうるでもあろう。世界の諸制度は、というより、はっきりいえば圧制的な伝統や迷信や、または白いはだ（白人種はヨーロッパの中央部と北西部に好んで発生した）をもたないという不運な事実が人々の解放を妨げることのない地域の諸制度は、版図の確定した「国民国家」という国際的なモデルに徐々に近づいていくであろう、と。そこでは憲法が財産と公民権を、そして選挙による代議制議会および議会に責任を負う政府を保証し、また、適当な場合には、ブルジョア的な社会秩序が確保され転覆の危険にさらされない範囲内での、一般民衆の政治参加をも憲法が保証するのであった。

* 『市民革命と産業革命』(序説)のなかで示唆されているように、「資本主義」という言葉の起源は一八四八年以前にさかのぼるであろう。しかし詳細な研究によれば、一八四九年以前にはこの言葉はほとんどみられず、また一八六〇年代以前にはあまり広範に用いられてもいなかった。(1)

こうした社会の、もっと初期における発展の跡をたどることは本書の役目ではない。すでに、一八四八年に先だつ六〇年間に、経済戦線と政治＝イデオロギー戦線の両面において、いわば歴史的な突破が達成されてしまっていたことを思い起こせば、それで十分である。一七八九年から一八四八年までの時代は、二重の革命によって規定されていた。すなわち、イギリスが先頭を切り、主としてイギリス国内に限定されていた産業変革と、フランスに由来し、主としてフランス国内に限定されていた政治変革とである。両方とも新しい社会の勝利を意味していた。ただし、それがはたして意気揚々たる自由主義的な資本主義の社会、つまりフランスの歴史家が「勝ち誇ったブルジョア」と名づけたものの社会なのかどうかについては、われわれにくらべて当時の人々はいまだ確信をもてなかったようである。ブルジョア的な政治思想家たちの背後では、穏健的な自由主義革命を社会革命に転生させようと大衆が身構えていたのである。資本主義的な企業家の下には、不満をかかえつつ疎外された「労働貧民」が彼らをとりかこんで激しくうごめいていた。一八三〇年代と一八四〇年代とは、危機の時代であった。楽天家でもない限り、その正確な結末を予言しようとはしなかったのである。

とはいえ、一七八九年から一八四八年にかけてはこうした革命の二重性が、この時代の歴史に統一と均整とを与えていた。ある意味ではこの時代の歴史を書くことや読むことは、たやすいことなのである。というのは、この時代は明確なテーマと明確な形姿とを備えていたからである。またその年代範囲は、およそわれわれが人間界の出来事でこれ以上期待しえないほどはっきりしていたからである。本書の出発点となる一八四八年の革命とともに、それまでの均整はくずれ去り、その形姿も変化した。政治革命が後退し、産業革命が前進したのである。一八四八年の有名な「諸民族の春」は（ほとんど）文字どおりの意味における、最初で最後のヨーロッパ革命であった。それは左翼の夢のほんのいっときの実現であり、右派にとっては悪夢であった。コペンハーゲンからパレルモまで、またブラショフからバルセロナまで、ロシア帝国およびトルコ帝国以西では、ヨーロッパ大陸の大半をおおいつくしていた旧体制が、ほとんど時を同じくして転覆された。それは予期されまた予言されてもいた。それはあの二重革命の時代の絶頂でもありまたその論理的な帰結でもあるように思われた。

しかし一八四八年の革命はいずこにおいても急速に、そして――政治的亡命者たちは数年間はそれを認めなかったが――決定的に失敗に終わった。これ以後、世界の「先進」諸国においては、一八四八年以前にもくろまれたような類いの全般的な社会革命が起こることはなかった。これ以後、そうした社会革命運動の重心、やがてまた二〇世紀における社会主義および共産主義体制の重心は、周辺的・後進的な地帯に位置することになった。かくて本書が扱う時代では、この種の運動は挿話的であり前望的ではなく、それ自体「低開発」な状態のままであった。そして、全世界的な資本主義経済が、急激に広くかつ一見無際限に拡大したことにより、「先進」諸国では政治的には革命以外の選択の可能性が与えられた。（イギリスの）産業革命が（フランスの）政治革命をのみ込んでしまったのである。

このようにしてわれわれが対象とする時代の歴史は、均衡のくずれた時代の歴史であった。それは、なによりもまず、産業資本主義の世界経済の大きな進展の歴史であり、産業資本主義が代表する社会秩序の歴史であり、また、この資本主義を正当化し承認しているように思われた観念および信念――つまり、理性、科学、進歩、そして自由主義の――の歴史なのである。この時代は勝利したブルジョアジーの時代であった。ただしヨーロッパのブルジョアジーは、なお公けの政治的支配に深く関わることをためらってはいた。その限りにおいて――おそらくその限りにおいてのみ――革命の時代は死をむかえてはいなかったのである。ヨーロッパの中産階級は、人民を恐れ、人民におびえたままだった。依然として「民主主義」は、「社会主義」に至る確実で迅速な前奏曲だと信じられていたのである。勝ち誇ったブルジョア秩序の勝利のときにあたってなお諸事を公けにとりしきった人々は、ひどく反動的なプロイセン出の田舎貴族であり、フランスでは似非《えせ》皇帝であり、そしてイギリスでは貴族的な地主の子孫たちだった。革命の恐怖は現実であり、それがかもし出す根本的な不安は根深いものだった。われわれの扱う時代がまさに終わらんとするころ起こった、先進国では唯一の革命の事例であるパリにおける蜂起は、ほとんど局地的で短命でもあったが、一八四八年のどの反乱よりも大規模な殺戮と、混乱にみちた神経質な外交上のやりとりとをつくりだした。しかしこの時までに、ヨーロッパの先進諸国の支配者たちは、いくぶん不本意ながらも、「民主主義」すなわち広範な選挙権に基づく議会制度が不可避だということや、それがめんどうな代物ではあっても政治的には無害だということをも承認しはじめていた。アメリカ合衆国の支配者たちは、ずっと以前からそれに気づいていたのではあったが。

したがって、一八四八年から一八七〇年代半ばまでの期間は、いわゆるスペクタクル・ドラマや英雄詩を喜ぶ読者を鼓舞するような時代ではなかった。この時代には、その前の三〇年間あるいは後続の四〇年間にくらべると相当多くの戦争が行われた。だがその戦争とは、海外におけるヨーロッパ人によるほとんどの軍事行動のように、技術や組織力の優位によって勝ちをきめた短期間の作戦や、一八六四年から一八七一年にかけてドイツ帝国が建国された際の迅速かつ決定的な戦争であるか、さもなければ、一八五四年から一八五六年にかけてのクリミア戦争のように、交戦諸国の愛国主義でさえ好んで寄りつこうとはしない、統制の欠けた大虐殺であるか、このいずれかだった。この時代の最大の戦争であるアメリカ南北戦争は、負けた南部の方が軍隊も将軍もすぐれていたのだが、結局、経済力と豊富な資源がものをいって北部が勝利を収めた。たれ髪で赤シャツを着たガリバルディのように、時として見られる、ロマンティックで派手なヒロイズムの例が目立つのは、まさにそうした例が珍しかったからなのである。政治にもたいしたドラマはなかった。政治における成功の基準は、ウォルター・バジョットによって「平凡な意見と非凡な能力」を有すること、と定義されることとなった。ナポレオン三世は、自分の大叔父、ナポレオン一世の外套は着心地がよくないことをはっきり悟ることとなった。荒削りの容貌とその文章の美しさで、公けのイメージも得をしてきたリンカーンとビスマルクは、事実、偉大な人間だったが、彼らの業績は、イタリアのカヴールの場合と同様、政治家ないし外交官としての才能によって勝ちとられたものであり、彼らは、今日われわれにカリスマと見えるものは実はまったく持ってもいなかったのである。

この時代の最もあざやかなドラマは、経済と技術のドラマだった。――世界じゅうに流れ出した何百万トンという鉄、幾筋もの大陸横断鉄道となって蛇行する鉄路、大西洋を横断する海底電線、スエズ運河の建設、アメリカ中西部の処女地に出現したシカゴのような大都市、陸続たる移住者の群れ等々。それは、世界を征覇したヨーロッパと北アメリカの力のドラマであった。しかし、数の上ではわずかでしかない冒険者や開拓者たちを除けば、この征服された世界を開発し搾取したのは、地味な服を着た地味な人々なのだった。彼らは、ガス工場、鉄道線路、借入金などとともに、体面《リスペクタビリティ》と民族的な優越感とを拡張していった。

それは、この時代のキー・ワードである進歩のドラマだった。力強く、啓蒙され、自己確信にあふれ、自己満足した、そしてとりわけ不可避であるドラマであった。とにかく、西洋世界のあらゆる分野で、実力と影響力をもつ人々はほとんど誰も、もはやそのドラマを押しとどめようとは欲しなかった。ほんの数人の思想家たちと、おそらくそれよりやや多くの直観的な批評家たちだけが、この不可避的な進展は、それが導くように見える世界とは非常に異なる世界――おそらく正反対のもの――を生み出すであろう、と予言していたにすぎなかった。だが、彼らの誰一人として――一八四八年およびその後一〇年間、社会革命をもくろんでいたマルクスでさえ――その進展がすぐに逆転するかとは、まったく予想していなかった。そして一八六〇年までには、マルクスにおいてさえ未来への期待はただはるかに長期的な見通しの上にのみ描かれうるものとなっていた。

「進歩のドラマ」とは、隠喩である。しかし、二種類の人々にとって、それは文字どおりの現実であった。しばしば国境や大洋を越えて新世界に送られてきた、何百万もの貧しい人々にとって、それは生活をまったく一変させてしまうことを意味した。また、資本主義の外の世界に住みながら、いまや資本主義につかまえられ、揺さぶられている諸民族にとっては、二つの選択、すなわち彼らの旧来の伝統や様式にのっとった勝ち目のない抵抗か、あるいは西洋の武器をつかみとり、それを征服者に向けなおすという痛みにみちた過程、つまり自ら「進歩」を理解しこれを巧みに利用するという過程か、このいずれかの選択を意味していた。一九世紀の第三・四半期の世界は、勝者と犠牲者の世界であった。そのドラマは前者の境遇よりも、主として後者の窮境に関するドラマであった。

歴史家は自分がテーマとする時代に関して客観的ではありえない。この点において彼は、(彼の知的な強みなのだが)その時代の最も典型的な論者たちとは異なる。これらの人々は、技術と「実証科学」と社会とが進歩したので、自然科学者が身につけているような反駁不可能なほど公平な眼で自分たちの現在をながめることができるようになったと信じていた。彼らは自ら、(誤って)自然科学者の方法を理解していると思っていたのである。本書の著者は、ここで扱う時代に対する多少の嫌悪――むしろ多少の軽蔑かもしれない――を隠すことができない。ただし、この時代の巨大な物質的諸達成に対する称讃と、また著者自身は好感をもてないことについても理解しようとする著者なりの努力とによって、右の軽蔑感は軽減されてはいる。それにしても筆者は、一九世紀半ばのブルジョア世界の確実性と自信に対する郷愁的なあこがれ――一世紀後の危機に悩まされている西洋世界から、一九世紀半ばのブルジョア世界を回顧する多くの人々は、こうした思いにいざなわれがちだが――を、共有することはない。筆者は、一世紀前にはほとんど耳を傾ける者もいなかった人々の見解に共感を覚える。いずれにせよ、確実性も自信も誤ったものだった。ブルジョアジーの勝利ははかなく、一時的なものであった。ブルジョアジーの勝利が全きものであるように思われた、まさにそのとき、それは固い一枚岩ではなく、亀裂にみちていることが明らかとなった。一八七〇年代初め、経済の拡張と自由主義は、さからいがたいものに思われた。だが、その七〇年代の終わりごろには、もはやそうは思われなくなっていた。

この転換点が、本書の扱う時代の終わりをしるしている。出発点となっている一八四八年の革命と違い、それは便利で普遍的な日付によって示されてはいない。もしそういう日付を選ばねばならないとしたら、一九二九年にウォール街で起きた株価大暴落のヴィクトリア朝版である一八七三年を選ぶことになろう。この年に当時の一観察者が、「非常に珍しい、多くの点で前代未聞の、貿易、商業および工業の混乱と不振」と呼んだものが始まったからである。同時代の人々はそれを「大不況」と呼び、それは通常、一八七三―九六年を指している。

「その最も注目すべき特性は、その普遍性であった〔と前出の観察者は書いている〕。すなわち、平和を維持してきた諸国にも、戦争にまきこまれてきた諸国にも影響を及ぼしたことである。通貨の安定している国々……そして通貨の不安定な国々……、自由な商品交換制度のもとにある国々……そして多かれ少なかれ商品交換を制限している国々、そのいずれにも影響は及んだ。イギリスやドイツといった旧い社会においても、それは悲惨なことだったが、新しい社会を代表するオーストラリア、南アフリカ、カリフォルニアなどでも同じく悲惨なことだった。不毛のニューファンドランド島やラブラドルの住民にとっても、そして東インドや西インド諸島のさんさんと太陽のふり注ぐ実り豊かな砂糖産出諸島の住民にとっても、それは、非常に堪えがたい災難であった。またそれは、世界の商品交換の中心地にある人々を富ませることもなかった。普通ならば、商取引が最も変動的で不安定なときに、彼らの利益は一番大きいのだが。[2]」

一人の著名な北アメリカ人は、このように述べているが、その同じ年に、カール・マルクスの創意によって「労働者・社会主義インターナショナル」が創設されたのだった。「大不況」は新しい時代の始まりを告げたが、それゆえに当然、古い時代の終末をもしるしたといってよいであろう。

(1) G. Dubois, *Le Vocabulaire politique et social en France de 1869 à 1872* (Paris 1963) 参照。
(2) D. A. Wells, *Recent Economic Changes* (New York 1889), p. 1.

第一部　革命序曲

第一章　「諸民族の春」

どうかよく注意して新聞をお読み下さい。いま新聞は読むに値します。……この革命は、世界の姿を変えるでしょう。いや、変えるべきであり、変えなければならないのです！　共和国万歳！

詩人ゲオルク・ヴェルトから母への手紙、一八四八年三月十一日(1)

そうでないのは残念なのですが、もし私がもっと若くて金持ちだったら、きょうにでもアメリカに移住するでしょう。臆病だからそう思うのではありません。なぜなら、私が現代にほとんど何の害も与えることができないのと同じように、現代も私個人に対してほとんど何の危害も加えることはできないのですから。そんなことではなくて、シェークスピアの言葉を使えば、天にも届かんばかりに悪臭を放っている道徳的腐敗が、どうにもがまんできないほど嫌だからです。

詩人ヨーゼフ・フォン・アイヘンドルフの手紙、一八四九年八月一日(2)

I

一八四八年の初め、フランスの卓越した政治思想家アレクシス・ド・トクヴィルは、国民議会で立って、ヨーロッパ人のほとんど誰もが抱いている気持をこう述べた。「われわれは火山の上で眠っているのです。……諸君には、大地が再び揺れ動いているのが見えませんか。革命の風が吹き荒れ、嵐が地平線の上まで来ているのです。」ほぼ同じころ、二人のドイツ人亡命者、三〇歳のカール・マルクスと二八歳のフリードリヒ・エンゲルスは、ド・トクヴィルがまさに同僚議員に警告を発していたそのプロレタリア革命の諸原則を明確化していた。この諸原則を収める綱領は、ドイツ共産主義者同盟から数週間前に起草の指示を受けていたもので、一八四八年二月二十四日ごろ、ロンドンで『共産党宣言』という（ドイツ語の）表題で匿名で発表され、また「英語、フランス語、ドイツ語、イタリア語、フランドル語およびデンマーク語で発表される」はこびになっていた。* 数週間以内に、むしろ『宣言』の場合にはまさに数時間以内にもこれらの予言者たちの希望も恐怖も、今にも実現しそうに思われた。反乱によってフランスの君主制はくつがえされ、共和制が宣言された。かくて、ヨーロッパの革命が始まったのである。

* 実際、『共産党宣言』は、その年のうちにポーランド語とスウェーデン語にも翻訳された。ただし、それが一八七〇年代初めに再刊されるまで、その政治的反響はドイツ人革命家たちの小さな集団の外側では取るに足らないものだった、と言えばいっそう公平であろう。

近代世界の歴史の上で、これより大きな革命はいくらも存在したし、確かにいっそう成功裡にことを運んだものもいくらもあった。しかし、これほど急速・広範に、国境を越え、諸国を駆けめぐり、大海原をも越え、あたかも燎原の火のごとく広まった革命は、一つとして見られなかったのである。元来ヨーロッパ諸革命の中心であり起爆薬でもあったフランスで、二月二十四日、共和制が宣言された。三月二日には南西ドイツでも革命が起こり、三月六日にバイエルン、三月十一日ベルリン、三月十二日ウィーン、その直後にハンガリー、三月十八日ミラノつまりイタリア（イタリアでは、これとは別個の反乱が、すでにシチリア島を手中に収めていた）、とこうして次々と革命が勃発していった。この当時、万人向けの最も速い情報サービス（ロスチャイルド銀行のそれ）でも、パリからウィーンまで五日以内にニュースを伝えることはできなかった。数週間のうちに今日、一〇ヵ国の国土の全部またはその一部*が含まれるヨーロッパの一地帯において、政府がことごとく瓦解した。この他にもより小規模の反響が多くの国々で見られた。それだけではない。一八四八年革命は潜在的には最初のグローバルな革命であり、その直接の影響を、一八四八年ペルナンブコ（ブラジル）で起こった反乱や、数年後遠くコロンビアで起きた反乱などに見出すことができよう。

ある意味で、それは、革命家たちがこれ以後夢見るところとなった、そして大戦争の余後のような、まれな機会《とき》には実現することも可能だとも考えた「世界革命」のいわば範例といったものだった。事実、このように大陸規模ないしは世界規模で同時に生じる爆発は、きわめてまれである。ヨーロッパに関しては、一八四八年の革命が、この大陸の「先進」地域と後進地域との双方に影響を及ぼした唯一の革命である。しかしそれは、大規模な革命のなかで、最も広範なものであるとともに、また、最も成功しなかったものでもある。革命勃発後六ヵ月たたないうちに、その敗北はどこにおいても間違いなく予言できた。革命勃発後一八ヵ月以内に、革命が打ち倒した体制のうち一つを除いて他はすべて元に復していた。そしてその例外の場合（フランス共和国）でも、成立した体制は、それ自身を生みおとす結果となった蜂起に対しては、できる限りの距離を置こうと努力していた。

＊　フランス、西ドイツ、東ドイツ、オーストリア、イタリア、チェコスロヴァキア、ハンガリー、ポーランドの一部、ユーゴスラヴィア、そしてルーマニア。革命の政治的影響は、ベルギー、スイス、およびデンマークでも重大だったとみなしてよいであろう。

したがって、一八四八年の諸革命は本書の内容と奇妙な関係にあるわけである。とはいっても、それらの革命が起こらなければ、そして再び勃発するかもしれないという恐怖がなければ、それに続く二五年間のヨーロッパの歴史は、非常に違ったものになっていただろう。一八四八年は、「ヨーロッパが転換するのに失敗した転換点」などというにはほど遠いものである。ヨーロッパは〔転換はしたものの〕革命的な仕方で転換するのに失敗したのである。ヨーロッパが革命的な転換をしなかったので、革命の年だけが浮きあがることとなった。革命の年は、一つの序曲ではあるが、オペラそのものではない。それは、われわれがそれを通り抜けたあとに見出す光景の特徴を予想させてはくれないような建築様式によった大門だったのである。

ヨーロッパ大陸の縁辺地帯ではそうではなかったが、しかし広大な中心部のいたるところで革命は勝ち誇った。縁辺地帯に含まれるのは、その歴史上、中心部からあまりにも遠く離れていたり孤立しているために、直接的または即時的な影響をまったく受けなかった国々（たとえば、イベリア半島、スウェーデン、ギリシア）や、あまりにも後進的なために、革命地帯のように政治的爆発力のある社会層をもたない国々（たとえば、ロシア、オスマン帝国）のほか、イギリスやベルギーのように、すでに工業化をとげ、やや異なるルールによる政治ゲームをすでに行なっていた国々などであった。* とはいえ、この革命の地帯は基本的にフランス、ドイツ連邦のほか、はるか南東ヨーロッパまでのびているオーストリア帝国、およびイタリアから成り立っており、実に多様であった。それは実際カラブリアやトランシルヴァニアのような後進的で異質な地域、ラインラントやザクセンのような発展をとげた地域、プロイセンのような識字率の高い地域、またシチリアのような識字率の低い地域、そして、キールとパレルモ、ペルピニャンとブカレストといったように互いに遠く離れている地域、を含んでいた。それらの大部分はおおまかに絶対王制ないし絶対君主制と呼びうるものによって治められていたのである。しかし、フランスはすでに立憲制によるまさにブルジョア的な王国だった。そして、大陸で唯一の重要な共和国であるスイス連邦は、一八四七年末に起きた短い内乱によって革命の年のさきがけをつとめたのである。革命の影響を受けた国々は、大きさでは、人口三五〇〇万のフランスから、中央ドイツの数千の住民しかいない、コミック・オペラ風の諸公国にまでわたり、また世界的な地位をもつ自主独立の列強や、外国に支配されている属国や衛星国などその立場も事情がさまざまであった。また国家の構造も、中央集権的で統一されたものから、結びつきのゆるい諸単位の集合体までまちまちであった。

* 一七九六年以来、ロシア、オーストリア、プロイセンの間で分割されていたポーランドの場合もある。その支配者であるロシアとオーストリ

アが（革命的な）郷紳階級《ジェントリー》に対抗して農民を動員するのに成功しなかったならば、ポーランドもきっと革命に参加したことであろう。後出二一ページ参照。

なかんずく、歴史——社会・経済構造——と政治とが、革命地帯を二つの部分に分けていた。それぞれの一番極端な例をとれば、そこには共通点がほとんどないように思われた。それらの社会構造は、根本的に異なっていた。ただし農村人口が都市人口に対し、また小都市の数が大都市の数にくらべて実質的かつかなり普遍的に優位に立っていたという点は同一であった。この事実は、都市に住む者と、とりわけ大都市の存在が、政治上、数にくらべて不相応に重きをなしていた*ことから簡単に見落とされがちではある。ヨーロッパの西部では、農民は法律上自由な身であり、大所領も比較的重要ではなかった。しかし東部では、その多くの地域において農民はまだ農奴であり、土地所有は地主貴族の手に集中していた（第一〇章参照）。西部においては「中産階級《ミドル・クラス》」とは、土着の、銀行家、商人、資本家的企業家、「自由な専門職《プロフェッション》」に従事している者、上級官吏（教授を含めた）などを意味していた。もっとも、これらのうちには、自分が少なくとも消費面では、土地貴族と張り合えるほどの上流階層（上層《オート》ブルジョアジー）に属していると感じていた者もいたであろうが。東部では、これに相当する都市の社会層は、土着の住民とは異質の、ドイツ人やユダヤ人のごとき民族集団から主として成り立っており、いずれにせよその数はずっと少なかった。ここではいわゆる「中産階級」に真に相当したのは、教育のある、そして（あるいは）企業精神を有していた地方郷士や小貴族といった層であった。この層に属する人々の数は、ある地域では驚くほど多かった。さらに、北はプロイセンから、南はイタリアの北部中央部にいたる中心地帯は、ある意味では革命地域の核心部であったが、そこでは比較的「発展をとげた」地域の特徴と、後進的な地域の特徴とが、さまざまな仕方で結合されていた。

* ラインラントからドイツ「準備議会」へ派遣された代議員のうちで、四五人が大都市を、二四人が小都市を、そしてわずか一〇人が農村地域を代表していた。農村地域には人口の七三パーセントが住んでいた[3]というのに。

同様に、政治の面からみても革命地帯は多様であった。フランスを別にすれば、そこで争点になっていたのは国家の政治的・社会的内実ばかりでなく、まさにその形態、あるいはその存在さえも問われていたのである。ドイツ人は、大きさも特徴もさまざまなおびただしい数のドイツ諸邦から、一つの「ドイツ」――単一国家と連邦国家のどちらになるのであろうか――を建国しようと努力していた。イタリア人も同様に、オーストリア宰相メッテルニヒが、軽蔑的に、だがあやまたず「単なる地理上の表現にすぎない」と評したイタリアを、統一しようと努めていた。両者とも、民族主義者にありがちなかたよったヴィジョンを抱いていたために、チェコ人のように、ドイツ人でもイタリア人でもなく、また自分でもしばしばそれらのどちらであるとも感じていなかった諸民族をも、彼らの企図のなかにくわえこんでいた。ところでドイツ人、イタリア人、そして――フランスは別として――革命にまきこまれたあらゆる民族運動は実際、ハプスブルク王朝という巨大な多民族帝国によって困惑させられていた。この大帝国は、ドイツ、イタリアにまで広がっており、また、チェコ人、ハンガリー人、そしてポーランド人、ルーマニア人、ユーゴスラヴィア人や他のスラブ諸民族のかなりの部分をも含んでいた。これらのうちのあるもの、少なくともその政治的代弁者たちは、この帝国を、ドイツ民族主義やマジャール民族主義のような、膨張主義的な民族主義に吸収されるよりはまだましな解決策だと考えていた。「もしオーストリアがすでに存在していなかったとしたら、それを作り出す必要があるだろう。」チェコ人の代弁者、パラッキー教授はこう語ったといわれている。こうして革命地帯のいたるところで、政治はいろいろと異なった次元で同時的に展開していたのである。

急進派は明らかに、単純な解決策をとった。すなわち、ドイツ、イタリア、ハンガリー、その他いずれの国にしろ、単一政府に中央集権化された民主的共和国である。この共和国はフランス革命による実験ずみの原理に従って、あらゆる王や君公たちによる支配の残骸の上に建設された。その掲げる国旗は例のごとくフランスにならった三色旗で、この国民旗の基本型をそれぞれ変化させたものであった。一方、穏健派は、彼らが社会革命に等しいと信じていた民主主義への恐怖にもともと由来する複雑にいりくんだ思案をしていた。すなわち、大衆が君公たちをまだ一掃していなかったところでは、大衆を鼓舞して社会秩序を掘り崩させることは、賢いやり方ではないであろうし、また一掃してしまったところでは、大衆を街頭から排除し、一八四八年の欠くべからざる象徴であったバリケードをとりこわすことが望ましいであろうと。ゆえに問題は、革命によって力を失ったが、退位はせずにすんだどの君公を説得して、このよき大義を支持させうるかであった。彼らは連邦制で自由主義のドイツやイタリアは、どれほどの厳格な意味において、またどのような憲法上の方式に基づいて、また誰の援助のもとで、生まれることになるのであろうか、と考えた。それは、プロイセン王とオーストリア皇帝をともに含みうるものだろうか（穏健派の「大ドイツ主義者《グレイター・ジャーマン》」が考えたように。——読者はこの場合、内容上これとは異なった意味で「ドイツ統一主義者《グレイト・ジャーマン》」だった、急進的民主主義者の場合と混同されないように）。あるいは、それは「小ドイツ主義」すなわちオーストリアを除いたものでなければならないのだろうか。同様に、ハプスブルク帝国の穏健派は、連邦制で多民族的な政体を創ろうという駆け引きを実践したが、それは、一九一八年にハプスブルク帝国が消滅するまでつづけられたのである。革命行動や戦争が突然起こったところでは、このような憲法論議の思弁にふけるには時間はあまりなかった。しかしドイツの大部分においてそうだったように、革命行動や戦争が突発しなかったところでは、そうした思弁には十分な機会があった。ドイツでは、穏健な自由主義者の大部分が教授や公務員で構成されていたために——フランクフルト国民議会に送られた代議員の六八パーセントは官吏であり、一二パーセントが「自由な専門職」に従事していた——この短命の議会で行われた議論は、知識人の不毛さを表わすたとえになったほどである。

かくて、一八四八年の諸革命は、国家、民族、地域ごとに立ち入って研究する必要がある。しかしここはその場所ではない。そうした事情にもかかわらず、むしろそれらの革命には共通点がたくさん存在したのであり、革命がほとんど同時に起こったということだけではなく、それらの運命がからみ合い、革命すべてが、共通のムードとスタイルを、つまり好奇心をそそる、ロマンティックでユートピア的な雰囲気やそれに類似したレトリックをもっていたという事実も見られたのである。フランス人はそれについて quarante-huitard（四八年派。二月革命参加者）という言葉を創り出した。歴史家ならすぐさま、あごひげ、ゆるりとたらしたネクタイ、闘士のつばひろ帽、三色旗、いたるところにあるバリケード、当初の解放感、初めにみられた大きな希望と楽観的な混乱の感じ等々を指摘するだろう。それは「諸民族の春」であった——そして春と同じく長続きしなかった。ではここで、それらに共通の特徴を簡単に見ておくことにしたい。

まず、それらの革命はすべて、いったんは成功したが、急速に、そして大部分の場合完全に、失敗に終わった。最初の数ヵ月で、革命地帯の政府はすべて一掃ないしは無力化された。すべての政府は崩壊するか、あるいは事実上無抵抗で退陣した。しかし、比較的短期間のうちに、革命側はほとんどどこでも——フランスでは四月末までに、革命ヨーロッパの他の地域でも夏の間には——主導権を喪失したのである。もっとも、ウィーン、ハンガリー、イタリアでは、革命運動は反撃する力をまだいく分そなえてはいたが。フランスにおいて保守派復活を示す最初の大きな出来事は、四月の選挙だった。この選挙では、王党派はほんの一握りしか選ばれなかったのだが、普通選挙のもとでの農民層の票が非常に多数の保守主義者をパリに送りこんだのだった。これらの農民たちは、反動的というよりもむしろ政治的な経験が浅かったのであり、この農民に対しては、純粋に都会的な意識の左翼は、どのように訴えかけるべきかまだ知らなかったのである。(それ以後のフランス政治史を学ぶ学生にはよく知られているように、実際一八四九年までにはフランスの農村地帯に「共和主義的」で左翼的な地方がすでに出現しており、そこでは——たとえばプロヴァンス地方では——一八五一年、共和制の廃止に対する最も激しい抵抗がたちあらわれることになるのである。)そして保守復活の第二の大きな出来事は、六月蜂起で打ち負かされた、パリの革命的労働者たちの孤立と敗北だった(後出二三ページ参照)。

中央ヨーロッパにも転機が訪れた。五月に皇帝が逃亡し作戦行動の自由が増したハプスブルク軍は編成を立て直し、——チェコ人やドイツ人の穏健な中産階級の支持をうることによって——六月にプラハで起きた急進派の反乱を抑えることができ、かくして帝国の経済の中心部であるボヘミア地方を再び征服したのである。それはまたほどなくして北イタリアの支配をも回復したのだった。ドナウ河畔のいくつかの公国で起こった短命で遅ればせの革命は、ロシアとトルコの介入によって鎮圧された。

その年の夏から年末までに、ドイツとオーストリアで旧体制が再び権力を握った。もっとも、しだいに革命の度を深めていく都市ウィーンを十月に武力で再征服するには、四〇〇〇以上の人命を犠牲にせざるをえなかったのだが。こののち、プロイセン王は勇気を奮い起こし、労せずして反抗的なベルリン人に対し再び支配を確立した。そしてドイツの残りの部分も（南西部の若干の反抗を除いて）すぐにそのあとに従ったのである。希望に満ちた春の日々に選出されたドイツ議会というよりもむしろ憲法制定議会と、よりいっそう急進的なプロイセンその他の議会は、解散させられるのを待つ間、ただ議論に明け暮れるばかりであった。冬までには、まだ革命側の手のなかにあった地方はただ二つ――イタリアの一部とハンガリーの一部――だけになってしまっていた。一八四九年の春、前よりも穏かな形で革命行動が甦ったが、その年の半ばにはそれらの地方も、再び征服されてしまった。

一八四九年八月、ハンガリー人とヴェネチア人が降伏したのち、革命の火は消えた。フランスを唯一の例外として、旧支配者たちはすべて再び権力の座に復位し、ハプスブルク帝国がそうであるように、以前にもまして強大な力をもつに至った例もいくつかあった。革命家たちは、亡命生活に四散した。またもやフランスを例外として、事実上すべての制度上の変革と、一八四八年春のあらゆる政治的・社会的な夢は、まもなく一掃された。フランスにおいてさえ、共和制はその後二年半しか生きながらえることができなかったのである。しかし一つの、そして唯一の、大きな逆転させえない変化があった。ハプスブルク帝国における農奴制の廃止がそれである。* このただ一つの、ただし明らかに重要な達成を別として、一八四八年革命は、最大の期待と最も広大な地理的範囲と初期のきわめて速やかな成功という要素と、そしてその後の無条件かつ急激きわまりない失敗という要素とを合わせもった、ヨーロッパ近代史上唯一無二の革命であるように思われる。ある意味で、それは一八四〇年代のあのもう一つの大衆現象、すなわちイギリスのチャーティスト運動と似たところがある。その個々の目的は結局は達成されることになるのだが、それは革命によってでも、また革命的な脈絡においてでもなかった。革命がもっていたより広範な熱い要求もまた、失われはしなかった。が、そうした要求を吸収し、前進させることになる諸運動は、一八四八年の諸々の運動とは完全に異なっていたのである。その年に刊行された文書類のなかで、世界歴史に最も永続的で重要な影響を及ぼしたのが『共産党宣言』だったということは、決して偶然ではない。

* 大ざっぱにいって、西ヨーロッパおよび中央ヨーロッパ（プロイセンを含む）の残りの地域では農奴制の廃止と農民に対する領主権の廃止は、フランス革命期およびナポレオン時代（一七八九―一八一五年）に行われていた。そしてドイツにいくらか残っていた従属関係も一八四八年に廃止された。ロシアとルーマニアの農奴制は一八六〇年代までつづいた（後出第一〇章参照）。

これらすべての革命には、他にも共通点があった。そして、それは革命の失敗に大きくひびいていた。実際に、あるいはすぐに直観されたように、それらは労働貧民の社会革命であった。それゆえ革命は、まさにこの革命によって権力の座につけられ脚光を浴びることにもなった穏健な自由主義者たちを――いっそう急進的な政治家の何人かさえ――不安にさせた。少なくとも旧体制の支持者たちと同じくらいに。のちに統一イタリアの建設者となる、ピエモンテのカヴール伯爵は、二、三年前に（一八四六年）この弱点を次のように的確に指摘していたのである。

「もし社会秩序が本当におびやかされれば、もし社会秩序の基となっている大原則が重大な危機にひんすれば、そのときには、最も断固たる反体制派や最も熱狂的な共和主義者たちの多くは、まっさきに保守党の隊列に加わるだろう。われわれはこう確信している。(4)」

さて、革命を起こしたのは疑いもなく労働貧民であった。都市のバリケードの上で死んだのは、彼らであった。ベルリンでは、三月の闘いで死んだ三〇〇人の犠牲者のうち、知識階級の出の者は約一五人、親方職人は約三〇人を数えるのみだった。ミラノでは反乱の死者三五〇人のうち、学生、ホワイトカラー労働者、または地主は、わずか一二人しかいなかった。(5) 革命へと発展した示威運動の原動力となったのは、労働貧民の飢えだったのだ。革命が起こった地方のうち西の方の農村地帯は、比較的静穏だった。もっとも、南西ドイツでは一般に記憶されているよりずっと多くの農民反乱があったが。しかし、西方以外の地方では、農民暴動が起こるのではないかという恐怖がはなはだ強く、これが現実のものであるかのように受け取られるほどであった。だが、南イタリアのような地方では想像力をたくましくする必要もなかった。というのは、そこではいたるところで農民たちが、大所領の分割を求めて、旗と太鼓をもち、自らすすんで行進したのである。だが、地主たちの意識をみごとに一致させるには、恐怖だけで十分だった。詩人S・ペテーフィ（一八二三―四九年）に率いられた大規模な農奴反乱が起こるという誤ったうわさにおびやかされて、ハンガリー議会――地主が圧倒的多数を占める議会――は、早くも三月十五日には農奴制の即時廃止を可決した。しかも、そのほんの数日前に、帝国政府は革命家の一基盤である農村から革命家たちをひき離そうとして、ガリチア地方における農奴制の即時廃止、およびチェコ人の土地での強制労働や他の封建的義務の撤廃を布告したのであった。「社会秩序」が危険にさらされていることは、疑いの余地がなかったのである。

とはいえ、その危険がどこでも同じように差し迫っていたわけではなかった。農民は、保守政府によってもくびきから解放されえたし、じじつ解放された。彼らを搾取する地主や商人や金貸しが、異なった、そしておそらくは「革命的」な諸民族――ポーランド人、ハンガリー人、ドイツ人――にたまたま属した場合は、特にそうであった。自信に満ちあふれて興隆をとげつつあるラインラントの実業家も含めた、ドイツの中産階級の場合、プロレタリア共産主義がすぐにも実現しそうだとの見通しや、あるいはプロレタリアの実力にさえ、ひどく悩まされていたなどということは、ありそうもないことである。ケルン（マルクスが本拠地とした）や、共産主義者の印刷工シュテファン・ボルンがやや重要な労働者階級の運動を組織したベルリン以外のところでは、プロレタリアの力は、ほとんどとるに足らないものだった。しかし、一八四〇年代のヨーロッパの中産階級は、あのランカシャーの雨と煙のなかに、自分たちの未来の社会問題の輪郭をみたと考えたと同時に、また、あの、革命の偉大な予想者であり、送り出し手でもあったパリの、バリケードの背後にも、もう一つの未来の姿をみたと考えたのだった。そして二月革命はただ「プロレタリアート」によって担われたというだけではなく、意識的な社会革命としても遂行されたのであった。その目標は、何らかの共和国をというだけではなく、「民主的・社会的共和国」を、めざしたのであった。その指導者は社会主義者と共産主義者だった。その臨時政府には、正真正銘の労働者、つまりアルベールの名で知られている機械工が実際に含まれていた。旗を三色旗にするか、社会革命の赤旗にするかが、数日間ははっきり定まらなかった。

一八四〇年代の穏健な反政府派は、民族の自治や独立の問題が争点となった場合を除いては、革命を望みもしなかったし、革命のために真剣に働くこともしなかった。そして民族的問題に関してさえ、穏健派は対決よりも折衝や交渉を好んだ。むろん、かなうことならばもっと多くの成果をかちとることを望んだであろうが、しかし彼らは、——こう言ってよいであろう——ツァーリズムのような、絶対主義のうちでも最も愚かでうぬぼれの強い権力を別にしてすべての権力が、早晩認めざるをえなくなるような譲歩をかちとれば、あるいは、国際的諸問題についても、決定権をもつ寡頭的「列強」が早晩受け入れると考えられる国際的な諸変革を引き出せれば、それでよしとする考えであった。貧しい人々の力によって、またパリの例のように、革命の波頭に押し上げられた穏健派は、当然ながら、思いもかけぬ好適な状況をできる限り利用しようと試みはした。しかし、結局のところは、いやむしろしばしばそもそもの初めから、彼らは旧体制のおよぼす危険よりは、自分たちよりも左にいる者たちからの危険の方をずっと心配していたのだった。パリにバリケードができたその瞬間から穏健な自由主義者はみな（そしてカヴールが述べたように、急進派のかなりの部分も）潜在的な保守主義者となった。穏健派が、急速にまたゆっくりと左から右に立場を変えたり、また戦列を離脱するにつれ、労働者、すなわち民主的急進派のなかの非妥協的な分子は孤立した。さらに致命的なことに、彼らは以前は穏健的だったがいまや保守的となった勢力と旧体制との連合——フランス人のいう「秩序党」——に直面することともなったのである。かくして、一八四八年の革命は、旧体制と「進歩派諸勢力」の連合軍との間で決定的な対決が行われたのではなく、「秩序」と「社会革命」との間で対決が行われたために失敗に終わったのであった。その決定的な対決は、二月のパリにおいてではなく六月のパリで生じた。このとき、巧みに反乱を孤立化させられた労働者たちは敗北を喫し、虐殺されたのだった。彼らは激しく闘い、また最後まで抵抗した。およそ一五〇〇人が市街戦で死んだが、そのうち約三分の二は政府側の死者だった。敗北ののち、およそ三〇〇〇人が虐殺され、他に一万二〇〇〇人が捕えられ、その大部分はアルジェリアの労働キャンプへと追放された。このことは、貧民に対する資産家たちの憎しみがいかに残忍なものだったかを特徴的に示している。(6)*

* 二月革命のパリでは約三七〇人が命を失った。

かくして革命の勢いが維持されえたのは、急進派の力が十分強く、また民衆運動とも十分な結束を保っていたので、穏健派を前へ押し上げることができた、あるいは穏健派なしでも済ますことができたところにおいてのみであった。そうした事態は民族解放——大衆の継続的な動員を必要とするこの目標——が決定的争点となっていた諸国において最も可能性があった。イタリアとりわけハンガリーで、革命が最も長続きしたのは、このゆえであった。*

* フランスでは民族の統一と独立は争点になっていなかった。ドイツ民族主義は、無数に分かれた諸邦の統一に専念していたが、これを妨害したのは外国の支配ではなく——利己的な既得権益は別にして——それ自体がドイツだと考えられていた二大国、プロイセンとオーストリアの姿勢だった。スラブ民族の熱望は、まず第一にドイツ人やマジャール人のような「革命的」な民族の熱望と相容れず、それゆえ強いものとはならなかった。スラブ人が実際に反革命支持者ではなかったにもせよ。チェコ人の左翼でさえ、ハプスブルク帝国を民族主義ドイツに吸収されないための防護壁と考えていた。ポーランド人はこの革命において大きな役割はまったく果たさなかった。

イタリアでも、反オーストリア派のピエモンテの王を支持して集まった穏健派は——ミラノの反乱ののち、かなりの精神的な留保を伴いながらも彼らに加わった小さな諸公国も含めて——圧制者に対する闘争を引き継いだが、その一方では共和主義者と社会革命とを、絶えず肩ごしに警戒していたのだった。イタリア諸邦の軍事力の弱さ、ピエモンテの躊躇、そして、おそらくとりわけ、フランス人（彼らは共和主義の大義を強めるであろうと信じられていた）

の参加を拒んだこと、こういったことのために、彼らは編成を立て直したオーストリア軍に七月クストッツァで惨敗を喫することになった。（しかしまた、政治的な無駄をかぎとることにかけては確実な本能を備えていた偉大な共和主義者、G・マッツィーニ〔一八〇五―七二年〕が、フランス人に対する訴えかけに反対したということには注意されたい。）この敗北によって穏健派は信用を失い、民族解放の主導権を急進派に譲った。急進派は秋の間にいくつかのイタリア諸邦で勢力を得て、ついに一八四九年初め、ローマ共和国を実際に建設するに至った。そしてこれによって、マッツィーニはレトリックをあやつる機会をたっぷり得たのである。（思慮深い法律家ダニエレ・マニン〔一八〇四―五七年〕の指導のもと、ヴェネチアはすでに独立した共和国になっていた。オーストリアによって一八四九年八月末やむなく再征服される――明らかにハンガリーよりもおそく――まで、ヴェネチアは騒乱の圏外にあった。）しかし急進派は、軍事的にいってしょせんオーストリアの敵ではなかった。一八四九年彼らはピエモンテにせまって再び宣戦を布告させたが、三月にはオーストリアはノヴァラでたやすく勝利を収めた。そのうえイタリアの急進派は、オーストリアを排除しイタリアを統一しようとする点では穏健派よりも決意が固かったのに、彼らもまた一般的にいって社会革命に対する恐怖心を穏健派とともにいだいていたのである。あれほど平民に対する熱意を示したマッツィーニでさえ、自分の関心を精神的なことがらに限定することを好み、社会主義を嫌悪し、私有財産に対するあらゆる干渉に反対していた。それゆえ最初に失敗したあとのイタリア革命は、いわば単なる余生を送っていたわけである。皮肉なことに、この革命を鎮圧した者たちのなかにいまや革命的ではなくなったフランス軍がいて、六月初めに彼らがローマを再び征服したのである。フランスのローマ遠征は、オーストリアに対抗しつつイタリア半島におけるフランスの外交上の影響力を再び主張しようとするものであった。それはまた、カトリックの間で人気を得るという付随的な利益をもたらした。革命後の体制は、カトリックの支持を頼りにしていたのである。

イタリアとちがってハンガリーは、すでに多かれ少なかれ統一された政治的実在であり（「聖イシュトヴァーンの王冠の地」）、整備された国制、わずかばかりとはいえぬ自治性、そして実に、主権国家としての独立をのぞくほとんどの要素をそなえていた。しかし、その弱点は次のようなところにあった。すなわち、この広大で圧倒的に農業的な地域を治めていたマジャール人貴族層は、大平原のマジャール人農民を支配したばかりでなく、資産ある少数民族のドイツ人はいうに及ばず、おそらくその六〇パーセントが、クロアチア人、セルビア人、スロヴァキア人、ルーマニア人、ウクライナ人で構成されている全住民をも支配していたということ、これである。これら農民から成る諸民族は、農奴を解放する革命に対しては冷淡だったわけではなかったが、自分たちのマジャール人とは違った民族性を容認せよとの要求を、ブダペストの急進派を含めて急進派のほとんどが拒否したことから、革命に敵対する立場に立ったのだった。これにはマジャール化という無情な政策や、従来ある点では自治のおこなわれていた国境地方を、マジャール人の中央集権的な単一国家にくみ込もうとする政策に反対して、そうした農民層の政治的代弁者たちが革命反対の側に回ったのが機縁となっていた。帝国主義者のいつもの格率「分割して支配せよ」に従ってウィーンの宮廷が彼らに援助の手をさしのべた。その結果、ユーゴスラヴィア民族主義の草分けであるガイの友人、イェラチチ男爵に率いられたクロアチア軍が、革命ウィーンや革命ハンガリーを襲撃することとなったのである。

それでも、大ざっぱにいって現在のハンガリーの版図内では、民族的理由と社会的理由の両方から、革命は（マジャール系）人民の大衆的支持を確保していた。農民たちは、皇帝によってではなく、革命的なハンガリー議会によって、自分たちの自由が与えられたと考えていたのである。ハンガリーでは革命の敗北ののちも、有名な匪賊シャンドル・ローサが農村ゲリラ活動ともいえるものを数年間続けたが、このようなことが起こったのはヨーロッパでただこの国だけであった。革命が勃発したとき、妥協的ないし穏健なマグナート貴族の上院と、急進的な地方郷士や法律家が支配している下院からなる議会はただ異議申し立てを行動にうつせばよかった。有能な法律家またジャーナリストで雄弁家でもあり、一八四八年における国際的に最もよく知られた革命的人物となる、ラヨシュ・コッシュート（一八〇二—九四年）の指導によって、それはたやすく行われた。実際ハンガリーは、少なくともハプスブルク家がハンガリー再征服の態勢を整えるまでは、ウィーンがしぶしぶ承認した穏健派＝急進派の連立政府のもとにあって、自治を行う改革された国家であった。ところがクストッツァの会戦ののち、ハプスブルク家はハンガリーを再征服できると考え、三月のハンガリー改革法を無効とし、この国に侵入した。かくてハンガリーは降伏か急進化か、の選択を迫られた。その結果、コッシュートの指揮のもとハンガリーは、一八四九年四月、皇帝を否認し（公式に共和国を宣言したわけではなかったが）、背水の陣をしいた。民衆の支援とゲルゲイの軍隊指揮の手腕とによって、ハンガリー人は、オーストリア軍に対し単に自分たちの塁を守る以上の闘いを行うことができた。絶望したウィーンが、反動の究極兵器たるロシア軍を呼び入れたときに初めてハンガリーは敗れたのである。これは決定的であった。八月十三日、残存ハンガリー軍が降伏――オーストリア軍司令官にではなく、ロシア軍司令官に対して――した。一八四八年の諸革命のなかで、内部の弱さや内部矛盾から崩壊することなく、また崩壊しそうにも見えなかったのは、ひとりハンガリー革命のみであった。それはただ圧倒的な軍事力による征服の前についえ去ったのである。とはいえ他のすべての革命が瓦壊したあとになって、このような征服を回避しうるチャンスなどは当然皆無であったとはいえる。

革命はこのようにいずこにおいても敗退したのであるが、他の可能性は存在しなかったのであろうか。それはほとんど確実に、存在しなかった。革命にまき込まれた主要な社会諸集団のなかで、ブルジョアジーは、われわれが見てきたように、財産がおびやかされそうになると、その全プログラムを貫徹するチャンスよりも、秩序の方をより好ましいと考えたのだった。「赤色」革命に直面するや、穏健な自由主義者と保守主義者とは手を結んだ。フランスの「名門」、すなわち、この国の政治をとりしきっていた、声望もあり有力で富裕な家系の人々は、従来のブルボン家支持者、オルレアン家支持者さらには共和制支持者といった反目しあう関係に終止符をうち、新たに出現した「秩序党」を通じて全国的な階級意識を獲得した。復活したハプスブルク王家の国家における主要人物は、内務大臣アレクサンダー・バッハ（一八〇六―六七年）と、海運界および商業界の大立者として繁栄をほこるトリエステ港の重要人物で、以前は穏健な自由主義者として野党派だったK・フォン・ブルック（一七九八―一八六〇年）の二人だった。プロイセンのブルジョア自由主義を代弁していた、ラインラントの銀行家や企業家たちは制限立憲君主制を望んだでもあろうが、しかし今や彼らも、いずれにせよ民主的な選挙権は承認しない、復活プロイセンの柱石として、心地よい座を占めるに至ったのである。ただし、この復活した保守体制は、政治的な後退をともなわない限り、実業家の経済的自由主義や法的自由主義、そして文化的自由主義に対してさえも、いつでも譲歩する用意をもってはいた。あとで見るように、反動的な一八五〇年代は、経済面では体系的な自由化の時代となるのである。西ヨーロッパでは穏健な自由主義者たちは、一八四八―九年に二つの重要な発見を行なった。第一に、革命は危険なものであるということであり、そして第二に、自分たちの実質的な要求（特に経済的な問題では）のなかには、革命なしでも実現しうるものもあるということであった。かくてブルジョアジーは革命的勢力たることを止めたのであった。

急進的な下層中産階級の大群、それには不平を抱いている職人、小商店主等々、そして農業家さえ含まれたが、その代弁者や指導者は知識人で、特に若くて周辺的な位置にある人々だった。この下層中産階級は重要な革命的勢力を形成したが、ブルジョアジーに代わって政治的主導権を握ることはほとんどなかった。彼らは通常、民主的左派の立場にたった。ドイツの左翼は新たな選挙を要求した。というのは一八四八年の終わりから一八四九年の初めにかけて、その急進主義が、多くの地域で強大な力をふるっているように見えたからだった。ただしそのころまでには、中心地たる大都市は反動勢力によって再征服されており、急進主義の手のうちにはなかった。フランスでは、一八四九年、急進的民主主義者たちが二〇〇万票を獲得したのに対し、王党派は三〇〇万票、穏健派が八〇万票を得ていた。知識人たちが民主主義派のために活動家を提供していた。とはいえ学生による「大学軍団《アカデミック・リージョン》」が闘争のために実際の突撃隊を組織したのは、ウィーンにおいてのみであったろう。一八四八年革命を「知識人の革命」と呼ぶのは誤解を招く。その国の中間層の大半が、学校教育と識字能力によって特徴づけられ、あらゆる種類の学卒者、ジャーナリスト、教師、官吏などからなる比較的後進諸国において発生した他のほとんどの革命――一八四八年革命も大いにこうした後進諸国をまきこんだのだが――と比較して、一八四八年革命において特に知識人たちが目立ったわけではないのである。とはいえ、知識人たちがやはり目をひいたということも、これまた疑いの余地がない。そのなかには次のような人々がみられた。詩人では、ハンガリーのペテーフィや、ドイツのヘルヴェークおよびフライリヒラート（彼はマルクスの「新ライン新聞」の編集幹事会に参加していた）、フランスのヴィクトル・ユゴーや終始一貫して穏健派だったラマルティーヌなどがいた。ドイツの多くの学者たち（主として穏健派側についていた）、プロイセンのC・G・ヤコービ（一八〇四―五一年）やオーストリアのアドルフ・フィシュホフ（一八一六―九三年）のような医師たち、フランスのF・V・ラスパーユ（一七九四―一八七八年）のような科学者たちがいた。そして非常に多くのジャーナリストや政治評論家たちもいた。そのなかではコッシュートが当時一番有名だったが、最も手ごわい存在となったのはマルクスであった。

* フランスの教師たちは政府からはうさんくさく思われていたが、七月王政のもとでは静穏を保ち、一八四八年には「秩序」に加担したように思われる。

このような人々は、個人としては決定的な役割を果たしえた。しかし、特定の社会層の成員としては、あるいは急進的な小ブルジョアの代弁者としては、彼らはそうした役割を果たすことができなかった。「小市民《リトル・メン》」の急進主義は、「立憲制であれ共和制であれ、彼らとその同盟者である農民とを多数派とするような民主的な国家組織と、自治体財産に対する直接の監督権や、現在官僚によって執行されている一連の機能を彼らの手に与えるような、民主的な市町村制度」という要求に表出されていた。(7) 一方では親方職人やそれに類する人々の伝統的な生活様式をおびやかす長期的な危機が、他方では一時的な経済不況が、特に強烈な苦みをつけ加えていたとしても、その急進主義はきわめて純粋であった。これに対し知識人たちの急進主義は、もっと根の浅いものだった。この急進主義は、一八四八年以前の新しいブルジョア社会が、かなりの教育を受けた人々に適切な地位のポストを十分与えることができなかったこと（これは一時的なものであったが）に、主として起因していた。新しいブルジョア社会は、これらかなりの教育を受けた人々をこれまでにないほど大量にうみだしたが、彼らの受けたあつかいは、その野心に比べるとはるかに不満足なものだったのである。では一八五〇年代、六〇年代の好況期には、一八四八年の急進的な学生はみなどうなっていたであろうか。彼らはヨーロッパ大陸じゅうに広まった、また許容されもした、人生行路の一つの定型を打ち立てるに至った。すなわちブルジョアジーの青年たちは「身を固める」前の若いころに、政治的・性的放蕩にふけったのである。というのも、古い貴族が退却し、実業ブルジョアジーが金もうけへと転じたことによって、学問的な資格を売り物にする人々に活躍の機会が増えたために、こうした若者が身を固められる見込みはたっぷりとあったのだった。一八四二年には、フランスのリセの教授の一〇パーセントがなお「名門」の出であったが、一八七七年ともなると、こうした出自の人は一人もいなくなっていた。一八六八年のフランスには、一八三〇年代にくらべてわずかに多い中等教育卒業者（bacheliers）がいたが、以前よりはるかに多くの者が、銀行、商業、繁栄するジャーナリズムへ入ったし、一八七〇年以降は、職業的に政界へと入っていくこともできるようになったのである。(8)

そのうえ、赤色革命に直面すると、むしろ民主的な急進派だった者でさえ、「民衆」に対する純粋な同情と、自分たちの財産・金銭感覚との間で分裂し、単なるレトリックへと後退しがちだった。ただし自由主義的ブルジョアジーと違って彼らは陣営を変えはしなかった。彼らは揺れ動いていただけなのである。はるか極右にまで揺れてしまうことは決してなかったが。

労働貧民はどうかといえば、彼らは政治的にブルジョアジーにとって代わるだけの、組織、成熟度、指導性、おそらくはあらゆる歴史的諸条件のほとんどを欠いていた。彼らは、社会革命の展望が現実的で切迫していると思わせるほど強力だったが、その敵をおびえさせる以上のことをする力はなかった。政治的に最も敏感な場所である大都市、特に首都の、飢えた大衆のなかに凝集している限り、彼らの力は不釣合なほど効果を発揮していた。このことは、若干の重要な弱点をおおい隠すことになった。第一に、彼らの数の上での劣勢である。——彼らは都市においてすら必ずしも多数派ではなかったし、その都市自体、通常、全人口のささやかな少数部分しか含んでいなかったのだ。第二に、彼らの政治的・イデオロギー的未熟さという問題があった。彼らのなかで最も政治的意識が高く積極的な行動を起こす社会層は、工業化以前の職人たち（この言葉を当時のイギリス人のいう、雇職人《ジャーニーマン》、熟練職人《クラフツマン》、機械化されていない仕事場で働く熟練した手仕事労働者などの意味で用いて）から成り立っていた。彼らはジャコバン＝サンキュロット主義的フランスでは社会革命的イデオロギーや、社会主義的・共産主義的イデオロギーにさえ染まっていたが、ドイツでは集団としての彼らの目的は、共産主義者の印刷工シュテファン・ボルンがベルリンで発見したように、明らかにいっそうつつましいものであった。都市の貧民や未熟練工、またイギリス以外の工・鉱業プロレタリアートは、いまだ全体として、発達した政治イデオロギーをほとんど何ももっていなかった。北フランスの工業地帯では、共和主義でさえ、第二共和制がまさに終わらんとするころまで、ほとんど何の前進もみせなかったのである。一八四八年、リールとルベーでは、人々はもっぱらその経済問題に心を奪われ、暴動の鋒先を国王やブルジョアには向けず、自分たちよりさらにずっと飢えた、ベルギーの移民労働者たちに向けていた。

都市の平民が、あるいはもっとまれには新しいプロレタリアが、ジャコバン主義的、社会主義的、ないしは民主的＝共和主義的イデオロギーの圏内に入ると、または――ウィーンでのように――学生活動家の影響圏内に入ってきたところでは、彼らは少なくとも暴徒として政治的な勢力になった。（選挙への彼らの参加はまだ少なく、その見込みもなかった。ザクセンやイギリスにおけるように、非常に過激化した、農村の窮乏化した家内労働者の選挙への参加の場合とは違っていたのである。）逆説的だが、ジャコバン的なフランスにおいて、パリ以外ではこのようなことは稀だった。一方ドイツでは、マルクスの共産主義者同盟が、全国にわたる極左活動のネットワークの萌芽を提供していた。このような勢力圏の外では、労働貧民は政治的重要性をもたなかった。

もちろん、自らを一つの階級としてはまだほとんど意識していない、一八四八年の「プロレタリアート」のような、非常に若く未熟な社会勢力であっても、その潜在的な力を過小評価してはいけない。実際ある意味で、その革命的な潜在力は、当時の方が後代よりも大きかったのである。一八四八年以前の、貧窮と危機に打ちひしがれた鉄の世代を見て、資本主義が、彼らに人間らしい生活状態をもたらしうるとか、ましてやそれを与えようとするだろうなどと信じうる者はまずいなかった。また資本主義が続くであろうということさえ、信じる人はまずいなかった。その成員が労働貧民、独立の親方、小商店主などの集団の間からまだ出ていた労働者階級の、若さと弱さそのものが、最も無知で孤立した人々を除いたすべての人々の間で、彼らの要求がもっぱら経済要求だけに集中することを防いだのだった。それなしには、どんな革命も、最も純然たる社会革命も生じえない、政治的な要求が、おのずから状況を構成したのである。一八四八年の民衆の目標だった「民主的・社会的共和国」は、社会的かつ政治的なものであった。そのうえに、少なくともフランスでは、労働者階級の経験が、労働組合《トレイド・ユニオン》や協同組合主義的行為の実践に基づく、新しい制度的要素を目標に加えた。もっとも、それは、二〇世紀初頭のロシアにおける「ソヴィエト」ほど新しくかつ力強い要素は、何も創り出しはしなかったが。

一方、組織、イデオロギー、指導性は、みじめなほど未発達であった。最も基本的な形態である労働組合でさえ、数百名、せいぜい数千名のメンバーの諸団体に限定されていた。労働組合主義の先駆者たる熟練職人の団体——たとえばドイツの印刷工やフランスの製帽工のそれ——でさえ、革命期にようやくその最初の姿を現わしたにすぎなかった。組織された社会主義者や共産主義者は、さらにもっとわずかな人数でしかなく、数十名、多くて数百名だった。とはいえ、一八四八年は社会主義者が、あるいはむしろ共産主義者が、といった方がよさそうだが——というのは一八四八年以前の社会主義は、協同組合主義的なユートピアを建設しようという主として非政治的な運動だったから——、初めから舞台の前面に登場した最初の革命であった。一八四八年は、コッシュートやA・ルドリュ＝ロラン（一八〇七—七四年）やマッツィーニの年であったのみならず、カール・マルクス（一八一八—八三年）、ルイ・ブラン（一八一一—八二年）、L・A・ブランキ（一八〇五—八一年——諸々の革命によって、束の間解放されたときにだけ、獄舎から姿を現わしたこの断固たる反逆者）、バクーニンの年であり、そしてプルードンの年でさえあった。ただし、社会主義とは何のことだったであろうか、実にその支持者にとっても社会主義とは、資本主義をくつがえした上に成り立つ資本主義とは異なる社会を熱望している、自覚的な労働者階級のための名辞という以外何を意味していたであろうか。その敵さえも明確には定義されていなかったのだ。「労働者階級」やまた「プロレタリアート」に関しては多くが語られていた。しかしまさに革命の期間にさえ、「資本主義」に関してはついに何事も語られなかったのである。

実際、社会主義的な労働者階級に関してさえ、政治的な見通しはどうだったのであろうか。カール・マルクスその人も、プロレタリア革命が日程にのぼっているとは信じていなかった。フランスにおいてさえ、「パリのプロレタリアートはまだただ観念のなか、空想のなかでしかブルジョア共和制をのりこえることができなかった。」「プロレタリアートの直接の、自認した必要がプロレタリアートを駆りたてて、暴力的にブルジョアジーの転覆をたたかいとろうとさせたのではなかった。また彼らには、そのような任務を果たしうるほどの力はなかった。」打ち立てられうるものといえば、ブルジョア共和制が精一杯であった。このブルジョア共和制は、将来の闘争——ブルジョアジーとプロレタリアートの間の闘争——の本質を白日のもとにさらし、「彼らの状態がいよいよ耐えがたいものとなり、彼らとブルジョアジーとの対立がけわしくなるにしたがって」[9]中間層の残りと労働者とを、今度は、結合するであろう。それは、第一に、民主的共和制であり、第二に、不完全なブルジョア革命から、プロレタリア＝民衆革命への移行であり、そして、最終的には、プロレタリアの独裁、あるいは、マルクスがブランキから得たのかもしれない言い回しによれば「永久革命」であった。この表現は一八四八年革命の直接の余波の時期における二人の偉大な革命家の一時的な近さを反映している。しかし、一九一七年のレーニンと違い、マルクスは一八四八年の敗北ののちになって、プロレタリア革命をもってブルジョア革命に代えることを考えるようになった。そして、その後、マルクスがレーニンの見通しに比べられるような展望を定式化した際も（エンゲルスが述べているように、「新版の農民戦争で革命を後援する」ことも含めて）、マルクスは長い間レーニンのようには考えなかった。西ヨーロッパおよび中央ヨーロッパにおいて、一八四八年のくり返しは起こりえなかった。彼がまもなく認めるように、労働者階級は異なる道を歩まねばならなくなるのであった。

こうして一八四八年の諸革命は、大波のごとく打ち寄せ砕け散り、あとには神話と約束以外にほとんど何も残さなかった。それらの革命はブルジョア革命で「あるべきだった」のに、ブルジョアジーは革命から手を引いたのであった。彼らは、フランスの指導のもとにお互いを強化しあい、旧支配者の復興を妨害し、あるいはそれを延期せしめ、またツァーの介入を阻止しえたかもしれなかった。しかし、フランスのブルジョアジーは、もう一度「偉大な国民」になることの報酬と危険よりも、自国の社会的安定の方を望んだのだった。そして、似かよった理由から、革命の穏健な指導者たちはフランスの介入を求めることをためらった。政治的な支配勢力に対して民族の独立を求める闘争のような特別の場合を除いては、人々に団結と精神的起動力とを与えうるほど強力な社会的勢力はブルジョアジー以外に存在しなかった。そしてこの民族独立闘争すら失敗に終わった。というのは、民族的闘争は孤立せしめられ、いずれにせよ旧勢力の軍事力に抵抗するには弱すぎたからであった。一八四八年の偉大で特徴的な人物たちは、数ヵ月間ヨーロッパの舞台で英雄の役を演じたのち、永久に消え去っていった。——ガリバルディだけ例外で、彼は一二年後に、さらにもっと名誉ある瞬間を味わうことになった。コッシュートとマッツィーニは亡命者となって長生きし、それぞれの国の万神殿《パンテオン》に確たる場所を与えられはしたものの、自国の自立や統一の獲得に直接資するところはほとんどなかった。ルドリュ＝ロランとラスパーユは、第二共和制のときのような名声の瞬間を味わうことは二度となかった。フランクフルト国民議会の雄弁な教授たちはそれぞれの書斎や講堂へと退却した。ロンドンの濃霧のなかで遠大な計画や対抗政権を形成せんとしていた、一八五〇年代の情熱的な亡命者たちに関しては、ただ、最も孤立し、また例外的な存在だったマルクスとエンゲルスの作品以外には何ひとつ残ってはいない。

しかしこれらのすべてをこえて、一八四八年革命は、重要性のない、単なる束の間の歴史的エピソードではなかった。たとえそれが達成した諸変革は、革命家たちの希求したとおりのものではなく、また容易には政体、法律、制度といった観点から定義しうるものですらなかったとしても、なおかつそうした変革は深遠なものであった。一八四八年は、少なくとも西ヨーロッパにおいては伝統的な政治の終焉であった。伝統的な支配とは、伝統的宗教によって是認され、ヒエラルヒー的な階層社会を統べる、神意にもとづく王朝の支配であった。それは国民（中産階級の不満分子を除いて）もまたこれを受け入れており、あるいはこれを歓迎さえしていると信じていた。こうした君主制は終焉をむかえたのであった。かくて社会的・経済的優越者の家父長制的な諸権利と諸義務に対する信仰もまた終わりを告げた。自分自身は決して革命家ではなかった詩人グリルパルツァーは、メッテルニヒと思われる人物について皮肉をこめてこう書いている。

ここにその名声がすべて忘れ去られた者が横たわる。
正統主義の有名なドン・キホーテ、
真実と事実をねじ曲げ、自分を賢者と考え、
ついには己れの嘘を信じこんで死んだ男。
若き日にはならず者、年老いてからは愚か者、
もはや真実を見分ける力もない。(10)

これ以後、保守勢力すなわち特権・富裕階級は、新しいやり方で自分の身を守らねばならなくなった。南イタリアの無知蒙昧な農民たちでさえ一八四八年の偉大な春には、五〇年前とはちがって絶対主義を擁護することはやめていた。この土地を占領するべく前進したとき、彼らは「憲法」に対する敵意などほとんど示さなかったのである。
社会秩序の防衛者たちは、人民の政治学を学ばねばならなかった。これこそ、一八四八年の諸革命がもたらした、主要な刷新であった。最も顕著な反動派だったプロイセン・ユンカーでさえ、「世論」――それ自体、自由主義と結びついており、伝統的なヒエラルヒーとは矛盾するこの概念――に影響をおよぼしうる新聞が必要であることに、その年のうちに気づいていた。一八四八年におけるプロイセンの大反動家のなかで最も聡明だったオットー・フォン・

ビスマルク（一八一五―九八年）は、彼がブルジョア社会の政治の特質を明晰に理解しており、そのテクニックに熟達していることをのちに顕示してみせることとなった。それにしてもこの種の政治上の諸革新のうち、最も重要なものはフランスで生じたのだった。

フランスでは六月の労働者階級の蜂起が敗北したあとに、強力な「秩序党」が残された。この党は社会革命を圧伏することはできたものの、大衆の支持はあまりえられなかった。また保守派でさえ、秩序の防衛を欲しはしても、いまや政権の座についたこの特定の穏健な共和主義にあまり加担しようとはしなかった。人民は選挙制限を通過させるにはまだあまりにも動員されていた。一八五〇年になってようやく、かなりの部分を占める「卑賤な大衆」――すなわちフランス人口の約三分の一、急進的なパリの人口中約三分の二――が、選挙権から除外された。ただ、一八四八年十二月にもフランス人は共和国の新しい大統領に穏健派を選ばなかったばかりか急進派を選ぶこともしなかったのである。（王党派からの立候補者はなかった。）圧倒的多数による勝利――七四〇万票のうち五五〇万票――をえたのは、偉大なる皇帝の甥、ルイ・ナポレオンであった。のちに彼は、驚くほどこうかつな政治家であることが明らかとなったが、九月の末にフランスに入ったときには、威信ある名前と献身的な一英国婦人の経済的後援以外には、まったく何の財産ももっていないように思われた。明らかに彼は社会革命派ではなかったが、保守主義者でもなかった。実際、彼の後援者たちは、彼のサン＝シモン主義（後出七九ページ参照）に対する若々しい関心と、貧民に対する同情と称するものとを、かなり効果的に利用したのである。しかし彼が勝ったのは基本的には、「税金はもうたくさんだ、金持ちを倒せ、共和制を倒せ、皇帝万歳」というスローガンのもとに、農民たちが一致して彼に投票したからだった。言いかえれば、マルクスが記したように、金持ちの共和制に反対して、労働者たちが彼に投票したのだった。なぜかといえば、彼らの見るところでは、ルイ・ナポレオンは、「カヴェニャック〔六月蜂起を鎮圧した〕の罷免、……ブルジョア共和主義の退場、六月の勝利の破棄(11)」を意味していたからであった。そして彼は大ブルジョアジーの味方のようには見えなかったので、小《プチ》ブルジョアジーの味方のように見えたのである。

ルイ・ナポレオンの選出は、普通選挙による民主主義、すなわち革命と同一視されたこの制度でさえ、社会秩序の維持と両立しうるものだということを示していた。不満に満ちみちている大衆でさえ、「社会の転覆」に献身するような支配者を必ずしも選ぶわけではなかったのである。もっとも、この経験からすぐに、ずっと広範な教訓が学びとられたというわけでもなかった。というのは、ルイ・ナポレオン自身がまもなく共和制を廃止し、自分を皇帝にしたからである。それでも彼は、よく管理された普通選挙の政治的利点を決して忘れず、普通選挙を再び導入したのであった。彼は単純な物理的強制力によってではなく、煽動や広報活動・宣伝などの手段、すなわちそれを操るには国家の上部から操作するのが一番容易であるような諸手段によって統治した最初の近代的な国家元首となった。「社会秩序」は「左翼」支持者に訴えうる力を装いうるというだけでなく、市民が政治参加に動いている国や時代においては、まさにそう装わなければならないのだということを、ルイ・ナポレオンの経験は示している。かくして中産階級、自由主義、政治的民主主義、民族主義、そして労働者階級もまた、これ以後、政治の世界の恒常的な登場者となることを一八四八年の諸革命は明らかにしたのであった。諸革命の敗北は、こうしたことがらを一時的に視界から遠ざけたかもしれないが、それらが再び姿を現わしたときには、まったくそれらに共感をもたない政治家たちの行動をすら、それらが左右することとなった。

（1） P. Goldammer (ed.), *1848, Augenzeugen der Revolution* (East Berlin 1973), p. 58.
（2） Goldammer, *op. cit.*, p. 666.
（3） K. Repgen, *Märzbewegung und Maiwahlen des Revolutionsjahres 1848 im Rheinland* (Bonn 1955), p. 118.
（4） *Rinascità, Il 1848, Raccolta di Saggi e Testimonianze* (Rome 1948).
（5） R. Hoppe and J. Kuczynski, 'Eine... Analyse der Märzgefallenen 1848 in Berlin', *Jahrbuch für Wirtschaftsgeschichte* (1964), IV, pp. 200-76; D. Cantimori in F. Fejtö, ed., *1848—Opening of an Era* (1948).
（6） Roger Ikor, *Insurrection ouvrière de juin 1848* (Paris 1936).
（7） K. Marx and F. Engels. Address to the Communist League (March 1850)（*Werke*, VII, p. 247).〔大内兵衛・細川嘉六監訳『マルク

ス＝エンゲルス全集』第七巻、大月書店、一九六一年、二五二ページ〕

(8) Paul Gerbod, *La Condition universitaire en France au 19e siècle* (Paris 1965).

(9) Karl Marx, *Class Struggles in France 1848–1850* (*Werke*, VII, pp. 30, 33). 〔『全集』第七巻、二七、三〇―一ページ〕

(10) Franz Grillparzer, *Werke* (Munich 1960), I, p. 137.

(11) Marx, *Class Struggles in France* (*Werke*, VII, p. 44). 〔『全集』第七巻、四一―二ページ〕

第二部　発　展

第二章　大好況

平和の武器、すなわち資本と機械を使って力をふるう人間がいる。彼は公衆のしもべであり、公衆に慰安と楽しみを与えるために、こうした武器を用いる。そして、その物資で他人を富ませる一方、自分も金持ちになる。

ウィリアム・ヒューエル、一八五二年[1]

もし国民が従順で勤勉であり、また絶えず自己改良に努めるなら、破壊的な策略を用いずに、物質的幸福をかちとることができるだろう。

クレルモン＝フェランの「無知克服協会」の規則から、一八六九年[2]

世界の居住区域は急速に拡大しつつある。新しい社会すなわち新しい市場が、西では新世界のこれまで不毛であった土地に、東では旧世界の伝統的に肥沃な島々に、日ごと出現しつつある。

「フィロポノス」一八五〇年[3]

I

一八四八年革命が西洋における最後の全般的な革命になるだろうと予言した観察者は、一八四九年にはほとんどいなかったと言ってもよいであろう。「社会的共和国」の実現はみなかったものの、自由主義、民主的急進主義、および民族主義のかかげる政治的諸要求は、大部分の先進諸国において、こののち七〇年間のうちに国内的動乱もなしに徐々に実現されることとなった。そして、ヨーロッパ大陸の先進的部分の社会構造は、少なくとも現在（一九七四年）に至るまで、二〇世紀の破局的な衝撃にも耐えたことを証明している。このような状況が生まれた主な理由は、一八四八年から一八七〇年代初めにかけて起こった、驚異的な経済の変容と拡大とにあった。そして、それが本章の主題なのである。この時代に、世界が資本主義の環のなかに入り、「先進」諸国という重きをなす少数派が工業経済を打ちたてたのである。

この未曾有の経済的進展の時代はブームとともに始まったが、このブームたるや、一八四八年の諸事件によっていわば一時的に堰とめられた格好になっていただけに、堰を切った奔流のごとくはなばなしいものとなった。一八四八年革命は、収穫や季節という運命に依存する世界に属する、旧い型の最後でおそらく最大の経済危機によって促進された。ところで、「景気循環《トレイド・サイクル》」を資本主義的経済活動の基本的なリズムと発現形態だと認めたのはまだ社会主義者のみだったが、この「景気循環」の支配する新しい世界は、固有の型の経済変動と固有の長期的諸困難とをはらんでいた。しかし、一八四〇年代半ばともなると、資本主義的発展の陰うつで不確かな時代も終わりに近づき、大きな躍進が始まっているように思われた。一八四七―八年には景気循環型の不況が起こり、しかもこれは厳しいもので、おそらく旧い型の不況とも重なったために、いっそう悪性のものとなった。それにもかかわらず、純粋に資本主義的な観点からみれば、それは、すでに大いに上昇傾向の景気曲線と見られるもののなかの、〔再び上昇する前の〕やや急な下降にすぎなかった。一八四八年の初め、経済状態をいちじるしい満足感をもって見つめていたジェームズ・ド・ロチルド〔ロスチャイルド〕は、政治的予言にかけてはすぐれていなかったとしても、実業家としては思慮深い人物だったのである。「恐慌《パニック》」は最悪状態を脱したように思われ、長期的展望はバラ色だった。ただ、工業生産は革命時の麻痺同様の状態からもきわめて急速に回復していたとはいえ、世間一般の雰囲気は不安定なままだった。世界的な大好況の始まる日付を一八五〇年以前に置くことは、ほとんどできないのである。

引き続いて起こったことは、先例を挙げるのに窮するほど異常であった。たとえば、イギリスの輸出が一八五〇年代の初めの七年間ほど急速に増大したことは、かつてなかった。こうして、半世紀以上にわたり市場浸透の尖兵であった、イギリスの綿布は、初期の数十年間に、その成長率を実際に増加させたのである。一八五〇年から一八六〇年の間に綿布輸出はおよそ二倍にもなった。絶対量で見れば、その実績はさらに驚異的であった。綿布輸出は、一八二〇年から一八五〇年の間に約一一億ヤード増加したが、一八五〇年から一八六〇年にかけてのわずか一〇年間で、増加分は一三億ヤードをかなり上まわったのである。綿職工数は、一八一九―二一年と一八四四―六年の間におよそ一〇万人増加したが、一八五〇年代にはこの二倍の割合で増加した。[4] しかも、われわれがここで検討を加えているのは、旧来の確立されている大産業で、しかも各地で起こった急速な局地的な産業発展のゆえに、この一〇年間にヨーロッパの市場では実は地歩を失った産業なのである。われわれはどこを見ても、同じような活況の証しを見つけられるだろう。ベルギーの鉄の輸出は、一八五一年から一八五七年の間に二倍以上になった。プロイセンでは、一八五〇年以前の四半世紀に、株式会社が六七社、合計資本金四五〇〇万ターレルで設立された。しかし、一八五一―七年だけで――鉄道会社を除いて――こうした会社が一一五社、合計資本金一億一四五〇万ターレルで設立されたのであった。[5] それらのほとんどすべてが、一八五三年から一八五七年までの陶酔的な時期に設立されたのである。このような統計をさらに付け加える必要はほとんどない。だが、当時の実業家たち、特に会社発起業者たちは、こうした統計を熱心に読み、かつ広めたのである。

　この好況が、利潤に飢えた実業家たちにとってきわめて満足のいくものとなったのは、低廉な資本と急速な物価上昇とが結合したからであった。(景気循環型の)不況は、とにかく一九世紀においては、常に低物価を意味した。好況は、インフレーションを誘発しがちだった。それにしても、一八四八―五〇年から一八五七年にかけて見られた、イギリスの物価水準の上昇は、きわめて大きかった(その間に約三分の一も騰貴した)。生産者、商人、そして、とりわけ発起業者を明らかに待ちうけている利潤は、ほとんどどうしようもなく魅力あるものだった。この驚異的な時代のある時点で、この時代の資本主義的拡張の象徴であった金融会社《ファイナンス・カンパニー》、パリの動産信用銀行《クレディ・モビリエ》(後出第一二章参照)は払い込み資本の五〇パーセントに達する利潤をあげた。[6] そして利益を得たのは実業家だけではなかった。すでに示唆したように、ヨーロッパと海外の双方で雇用が急増し、おびただしい数の男女が移住していった（後出第一一章参照）。失業に関してはわれわれはその実状をほとんど何も知らないが、ヨーロッパでも、一つの証拠には決定的なものがある。一八五三年から一八五五年にかけての穀物（すなわち生活費の主要要素）価格の急騰も、北イタリア（ピエモンテ）とかスペインといったいくつかの非常に後れた地域を除いては——スペインではこれが一八五四年の革命の一因となったといえよう——どこでももはや飢餓暴動を促しはしなかった。高い雇用率と、必要とあらばただちに一時的な賃金引上げを認めることによって、民衆の不満もやわらげられた。しかし、資本家にとって、現在市場に流れ込んでいる豊富な労働力は、比較的低廉だったのである。

この好況の政治的な影響には、はかりしれないものがあった。それは、革命に揺さぶられていた諸政府にこのうえなく貴重な休息の時を与え、逆に、革命家たちの希望を打ちくだいたのである。一言でいえば、政治が冬眠期にはいったのである。イギリスでは、チャーティスト運動が消えていった。その消滅の時期は、歴史家たちがかつて考えていたよりは実際にはもっと遅かったにしろ、運動が終わりを告げたことには変わりはなかった。その最も不屈の指導者だったアーネスト・ジョーンズ（一八一九—六九年）でさえ、一八五〇年代末には、労働者階級の独自の運動を復活させようとする試みを断念し、むしろ労働者を自由主義の急進的左派の圧力団体として組織したいと思っている人人と、運命をともにした——大部分の古参のチャーティストたちがしたように。イギリスの政治家たちは、しばらくの間は、議会改革に熱を入れることもなく、ただ複雑な議会運営に明け暮れていた。中産階級の急進派、コブデンやブライトでさえ、一八四六年に穀物法の廃止をかちとったのちは、あまり重要性のない政治的に孤立した少数派になっていたのである。

ヨーロッパ大陸の復活した君主制と、フランス革命の意図されざる落し子、ナポレオン三世の第二帝政とにとっては、この休息の時はいっそう重要であった。印象的なことには、人々はナポレオン三世に対しかなり本心から過半数の票を投じ、「民主的」な皇帝だという彼の主張をもっともらしく見せることとなった。また、旧君主国や旧公国には、この一服は、政治的回復の時間を与えるとともに、いまや政治上はその王朝の正統性以上に重要なものとなった、安定と繁栄という正当性をも与えた。この一服はまた、それら君主国や公国に、代議制議会や他の厄介な利害関係者たちにははかる必要のない収入をも与えた。そうした国々からの政治亡命者たちは大いにくやしがり、無力な亡命中の身をかこちながら互いに激しく攻撃し合うばかりであった。当分の間、それらの国々は国際問題では力が弱かったが、国内的には強い力をふるうことになった。ロシア軍の介入によって一八四九年にやっと復活したハプスブルク帝国でさえ、いまやその歴史上初めて、そしてただ一度、単一中央集権の官僚制的絶対主義国家として、その全領土——反抗的なハンガリー人をも含め——を治めることができたのである。

この平穏な時代も、一八五七年の不況とともに終わりを告げた。経済的な観点からみれば、これは、資本主義的な成長の黄金時代の中断にすぎなかった。一八六〇年代にいっそう大きな規模で成長が再開し、一八七一—三年の好況で絶頂に達するのである。しかし政治的な観点からみれば、一八五七年の不況は状況を変えた。革命派は、「大衆はこの長く続いた繁栄の結果、ひどく無感覚になってしまっているだろう[7]」と認めながらも、この不況が一八四八年を再現するのを期待していたが、そのような革命派の希望はくじかれた。とはいえ、政治学はまさによみがえったのだった。短時日のうちに、自由主義政治の懸案のすべて——イタリアとドイツの国家統一、国制改革、市民的自由、その他——が再び議題にのぼった。一八五一—七年の経済的拡張が、一八四八—九年の敗北と疲労を長びかせながら、政治的空白のなかで起こったのに反し、一八五九年以後のそれは、しだいに激しさを増していく政治活動と時を同じくして起こったのである。にもかかわらず一方では、一八六〇年代は、一八六一—五年のアメリカ南北戦争のような、さまざまな外部的要因に妨げられながらも、経済的にはわりあい安定した時期であった。そしてその次の景気循環型の不況（一八六六—八年の間に態様と地域を異にして発生した）は、一八五七—八年の不況ほど集中的に起こりもせず、全世界的でもなく、また劇的でもなかった。要するに、経済的拡張の時代に政治学がよみがえったが、それはもはや革命の政治学ではなかったのである。

II

ヨーロッパがまだバロックの諸侯の時代にあったとしたら、その支配者たちのもとで起こった、経済的勝利や産業的進歩を寓喩的に表現しようとする華麗な仮面や行列やオペラなどで、ヨーロッパは満たされていたことであろう。実のところ、勝ちほこった資本主義世界にもまた、それに相当するものがあった。資本主義の世界的勝利の時代は、自己礼讃の巨大な新しい儀式である万国大博覧会によって始まりかつ強調された。万国博覧会は常に富と技術の進歩を示す壮麗な記念建造物のなかで挙行された――ロンドンの水晶宮《クリスタル・パレス》（一八五一年）、ウィーンの円形建築《ロトウンダ》（「ローマのサン・ピエトロ大聖堂よりも大きい」）。そのおのおのが、ますます多種多様となっていく工業製品を陳列し、天文学的な数の内外の旅行者を引き寄せた。これに出品した会社は、一八五一年のロンドンで一万四〇〇〇社――この万博というファッションはそれにふさわしく資本主義の発祥の地で開始された――、一八五五年のパリで二万四〇〇〇社、一八六二年のロンドンで二万九〇〇〇社、一八六七年のパリで五万社であった。その主張のとおり、最大の万博は、一八七六年にフィラデルフィアで開かれたアメリカ合衆国百年祭であった。それは、ブラジル皇帝および皇后――工業製品の前でたびたび身をかがめる皇族夫妻――そしてかっさいを送る一三万もの市民たちを前に、大統領によって開幕された。彼らはこの折に「時代の進歩」をたたえた一〇〇〇万人のうちの最初の人々であった。

この進歩はどういうわけで起こったのだろうか。この時代に、なぜこれほどめざましく経済的拡張の速度が増したのであろうか。この問いは、本当は裏返してみるべきである。一九世紀の前半を振り返ってみた場合にわれわれの注意をひくのは、資本主義的な工業化による莫大な、しかも急増の一途にある生産能力と、それが、いわばその基盤を広げえないでいることや、それを拘束する足かせを除去しえないでいることとの対照である。資本主義的な工業化は劇的に成長しえたが、製品の市場、すなわち蓄積されていく資本に収益をもたらすはけ口を拡大することは、できないように思われた。しかるべき雇用率、あるいは妥当な賃金での雇用を創出する能力など論外であった。一八四〇年代末においてさえ、ドイツの聡明で博識な観察者たちが――この国の工業の爆発的発展の前夜に――（こんにち低開発諸国で考えられているように）想定しうるどんな工業化も増加の一途をたどる膨大な貧民の「過剰人口」に雇用機会を提供することはできないだろうと、依然として考えていたことを思い起こしてみると示唆的である。一八三〇年代、一八四〇年代は、このことからして危機の時代であった。革命家たちは、この危機が最終的な決着をつけるものとなることを願っていた。実業家たちでさえ、この危機が自分たちの産業体系の息の根をとめはしないかと恐れていたのである。

二つの理由から、これらの希望も恐怖も根拠のないものであることが明らかとなった。まず第一に、初期の工業経済が、マルクスをして「画竜点睛《クラウニング・アチーヴメント》」〔couronnement de l'œuvre〕と言わしめた鉄道を――主として、利潤を追求する工業経済自身の資本蓄積活動の圧力の結果――発明したことが挙げられる。第二には、――そして部分的には、「結局において、近代的生産手段に適した交通・伝達《コミュニケーション》の手段だった[8]」鉄道、汽船、電信などによって――資本主義経済の地理的な範囲が、その商取引がさかんになるや、突如として拡大されえたということが挙げられる。全世界がこの経済に属すことになったのである。こうした、拡張された一つの世界の創出は、おそらく本書の時代における最も重要な発展であろう（後出第三章参照）。ヴィクトリア時代の実業家でマルクス主義者でもあった（どちらの役割においてもその典型ではなかったが）H・M・ハインドマンは、半世紀ほどのちに振り返って、まったく正当にも、一八四七年から一八五七年までの一〇年間を、コロンブス、バスコ・ダ・ガマ、コルテス、ピサロなどの地理上の大発見や大征服の時代に比較している。劇的な新発見は何もなされず、（比較的小さな例外を除いて）新しい軍事的征服者たちによる公式の征服もほとんど見られなかったが、実際には、完全に新しい経済世界が、古い世界に加えられ、これに統合されたのである。

これは、経済発展にとってとりわけ決定的な重要性をもつものであった。というのは、それはいずれにせよ、いまだ主要資本主義国であったイギリスの経済的拡張において、非常に大きな役割を果たしたあの巨大な輸出ブーム——資本と人間双方における——の基礎を提供したからである。大衆的な消費経済は、たぶんアメリカ合衆国を除いては、なお先のことであった。貧しい人々による国内市場は、農民や小職人によって購買力の供給を受けない限り、まだ真にめざましい経済的進展の主要な基礎とは考えられていなかった。* もちろん、先進世界の人口が急増し、またその平均的生活水準もおそらく改善されると（後出第一二章参照）、貧しい人々による国内市場も無視できるどころではなくなった。おそらくはとりわけ、新しい工業設備、運輸事業、公益事業、都市などの建設に要する諸物資の、そしてまた消費財の、これら双方の市場のいちじるしい面積上の拡張は、欠くべからざるものであった。資本主義は、いまや全世界を意のままにできた。国際貿易と国際投資の拡大を見れば、資本主義が世界を攻略し始めた熱心さが推しはかられる。一八〇〇年から一八四〇年までの間に、世界貿易は完全な倍増とはいえぬまでも増大した。が、一八五〇年から一八七〇年までの間には二六〇パーセントもの増加をみたのである。売れるものなら何でも売られた。アヘンはイギリス領インドから中国への輸出が量では二倍以上になり、金額ではほとんど三倍にもなった。** このように受け入れ諸国の明確な抵抗に出会った品物も売られたのである。一八七五年までに——一八五〇年から二五年間のうちに——イギリスは、一〇億ポンドの海外投資を行なった。一方、フランスの外国投資は、一八五〇年から一八八〇年までの間に一〇倍以上に増加した。

* 一八五〇年から一八七五年までの間にイギリスの綿製品の輸出量は三倍になったが、一方イギリス国内市場の綿消費は三分の二増加しただけであった。[9]

** ベンガルとマルワのアヘンの年間平均輸出数量は、一八四四―九年には四万三〇〇〇箱《チェスト》であり、一八六九―七四年には八万七〇〇〇箱であった。[10]

同時代の観察者たちだったら、経済におけるさほど基本的でない面に目を奪われて、ほぼ確実に、第三の要因、すなわち一八四八年以後のカリフォルニア、オーストラリア、その他の地における、金の大発見を強調したことだろう

（後出第三章参照）。金の大発見は、世界経済が利用できる支払手段を増加させ、多くの実業家が活動力をそぐ金詰りと感じていたものを取り除き、利子率を下げ、信用の拡大を促進した。七年以内に世界の金の供給は六、七倍増加し、イギリス、フランス、アメリカ合衆国で鋳造された金貨の額は、一八四八—九年の年平均四九〇万ポンドから、一八五〇年から一八五六年にかけての年平均二八一〇万ポンドへと増加した。世界経済において金塊はいかなる役割を果たすかという問いは、今日でさえ依然として相当激しい議論を呼びおこす問題であるが、ここではそれに立ち入る必要はない。金塊の欠如は、おそらく当時考えられていたほどには商工業に重大な不便をもたらしはしなかったであろう。というのも、小切手——これはかなり新しい考案物である——、為替手形などのような別の支払手段がたやすく発達しえたし、それらの使用はすでにかなりの程度まで増加しつつあったからである。しかしながら、新たな金供給がもった次の三つの側面については、当然のことながら議論の余地はない。

第一に、一八一〇年ごろから一九世紀末までの期間にあっては比較的まれだったあの状況、つまり物価上昇の時代を、ないしは変動はあるにしろ穏やかなインフレーションの時代を生みだすのに、この金供給が決定的ともいえる助けとなったこと。基本的には、この世紀は大部分デフレーション傾向にあった。それは、主として、技術が工業製品の価格をおし下げ、食糧や原料の新たに開拓された資源が（より断続的にではあるが）一次産品の価格をおし下げる、持続的傾向をつくったからだった。長期的デフレーション——すなわち利ざやに対する圧力——は、実業家にはあまり痛手を与えなかった。莫大な量を生産し、販売していたからである。しかしまた、本書の時代が終わるまで、この長期的デフレーションはさして労働者を利するものともならなかった。彼らの生活費が同じ程度で下がったわけでもなく、また彼らの所得はあまりにも少なかったから、デフレーションから大きな利益を得ることなどとてもできなかったのである。一方、インフレーションは、確実に利ざやを増やし、そうすることによって、ビジネスを促進した。われわれの扱う時代は、基本的にいって、デフレーションの世紀におけるインフレーション的な幕間期だったのである。

第二に、大量の金塊が利用できるようになったことは、（固定金平価に結びついた）英貨ポンドに基づく、あの安定した信頼すべき通貨基準を確立する助けとなった。一九三〇年代や一九七〇年代の経験が示すように、こうした信頼すべき通貨基準がなければ、国際貿易ははるかに困難かつ複雑で予測できないものとなるのである。第三に、ゴールドラッシュそのものが、とりわけ太平洋の周囲に、新たに活発な経済活動の行われる地域を開いた。エンゲルスがマルクスに残念そうに書き送っているように、ゴールドラッシュはかくして「無から市場を創出した」のである。一八七〇年代の中ごろまでには、カリフォルニアもオーストラリアも、また新しい「鉱物資源の豊かな辺境」にある他のどの地域も、決して無視しえぬものとなっていた。それらの地域にはゆうに三〇〇万を超える人口があり、よその同規模の人口に比べてかなり多くの現金を持つに至っていたのである。

金の大発見に加えて、同時代の人々はきっといまひとつの要因の寄与を強調したことだろう。すなわち、産業の進歩を推進する原動力として広く認められていた私企業の自由化である。経済成長の処方箋に関して、経済学者の間で、また聡明な政治家や行政家たちの間でも、これほど圧倒的な合意がみられたことはかつてなかった。すなわち経済的自由主義である。生産諸要素の自由な移動や自由企業をなおはばんでいる制度上の障害、およびその他利潤獲得活動を妨害すると考えられるあらゆることがらは、世界的規模の猛攻撃の前についえ去った。こうした障害の全般的撤廃は、政治的自由主義が勝利をおさめた国々、ないしは影響力をふるった国々にすら、限られなかったことが注目される。どちらかといえば、イギリス、フランス、ベネルックス三国においてよりも、復活した絶対君主国や公国においての方が、障害の撤廃は劇的に行われた。それらの国々では一掃すべきものがずっと多く残っていたからである。職人の生産活動に対するギルドや特権組合の統制は、ドイツではなおきびしいものがあったが、これも一八五九年にはオーストリアで、一八六〇年代の前半にはドイツのほとんどの地域で、「営業の自由《ゲヴェルベフライハイト》」――どんな営業《トレイド》にも参入・従事する自由――に道を譲った。営業の自由はついに、北ドイツ連邦（一八六九年）、そしてドイツ帝国全土で完全に確立された。だが、これに不満を抱く多数の職人たちは、その結果、自由主義に対する敵愾心をつのらせ、一八七〇年代以降の右翼運動に政治的基盤を提供することになるのである。一八四六年にギルドを廃止していたスウェーデンは、一八六四年には完全な営業の自由を確立した。デンマークは、一八四九年と一八五七年の二度にわたる試みで古いギルド法を撤廃した。その大部分がギルド組織をついに知らなかったロシアでも、バルト諸州の（ドイツ人の）町に残る、ギルドの最後の痕跡がとり除かれた（一八六六年）。もっとも、政治的理由から、ロシアは、ユダヤ人については営業や商取引をおこなう権利を、特殊な地域、いわゆる「居留地の内側」に限定し続けたのであるが。

こうした中世および重商主義期の法的清算は、同業組合法に限られなかった。長い間空文化していた高利禁止の法律は、一八五四年から一八六七年までの間に、イギリス、オランダ、ベルギー、北ドイツで、撤廃された。政府が鉱業――実際の鉱山操業も含めた――に対して行なっていた厳しい統制は、たとえばプロイセンでは一八五一年から一八六五年までの間に、事実上撤廃された。それゆえ（政府の認可を条件として）企業家はみな、いまや自分の発見した鉱物の採掘権を主張でき、自分が適当だと思うとおりに操業を行うことができるようになった。同様に、会社（特に、有限責任の株式会社や、それに類するもの）の設立は、いまやかなり容易になるとともに、官僚的統制から独立するようにもなった。この点で先頭を切ったのはイギリスとフランスであり、ドイツで会社設立が免許制ではなく完全な準則主義になるのは一八七〇年になってからのことであった。商法は、上向きの景気拡大という一般的な雰囲気に合うように改められた。

しかし、ある点で最も顕著な傾向は、完全な貿易《トレイド》自由化に向けた動きであった。保護貿易主義を完全に放棄したのは明らかにイギリスのみ（一八四六年以後）であり、イギリスの関税は――少なくとも理論上は――単に財政上の目的のために維持されていたにすぎなかった。それにしても、一連の「自由通商条約」が、一八六〇年代には主導的な産業諸国間の関税障壁を大幅に軽減させた。ドナウ河（一八五七年）や、デンマーク・スウェーデン間のエラスンド海峡のような国際的水路での規制等の除去や軽減およびより大きな通貨地域の創出（たとえば一八六五年の、フランス、ベルギー、スイス、イタリアによるラテン通貨同盟）による国際的通貨体制の簡素化を別としても。ロシア（一八六三年）やスペイン（一八六八年）でさえ、ある程度までこの動きに加わった。その産業が保護された国内市場に大きく依存し、輸出への依存度が少なかったアメリカ合衆国だけが保護貿易主義のとりででありつづけていたが、この合衆国においてさえ、一八七〇年代初めには、ささやかながらも改善がはかられたのである。

さらにもう一歩進んでみよう。これまでは、最も大胆不敵な資本主義経済でさえ、それが理論上は信奉していた自由市場に頼りきることには二の足を踏んでいた。とりわけ雇主と従業員の関係については。しかし、この微妙な分野でさえ、経済外的な強制は後退した。イギリスでは「主従」法が改正され、両者間の契約違反に対する取扱いの平等が確立された。また、イギリス北部の鉱夫の「年ぎめ拘束契約《アニュアル・ボンド》」は廃止され、標準的な雇用契約はしだいに（労働者の側からの）最小限の予告で解除しうるものとなっていった。もっと驚くべきことに、一八六七年から一八七五年にかけて労働組合とストライキ権とに対する主要な法的障害がすべてほとんど何の混乱もなく廃止された（後出第六章参照）。ただし、他の多くの国々は、――ナポレオン三世は労働組合の法的禁止を大いに緩和したのではあるが――労働者の組織にこのような自由を与えることをまだためらっていた。それにもかかわらず、先進諸国の一般的状況は、いまや、一八六九年のドイツの「営業令《ゲヴェルベオルドヌンク》」に述べられているようなものになりつつあった。すなわち、「独立して営業や商売を行う者たちと、雇職人・助手・徒弟との諸関係は、自由契約により決定されるものとする」というわけである。市場のみが、他のすべての売買の場合と同様に、労働力の売買をも規定することになったのである。

疑いもなく、自由化へのこの膨大な過程が私企業を奨励し、営業・貿易の自由化が経済の拡張を助けた。ただし、公式の自由化はあまり必要でなかったという事情も忘れてはならない。というのは、今日では統制されているある種の自由な国際的移動、とりわけ資本と労働力の移動、すなわち資本移動・移住は、先進世界では、一八四八年ごろにはごく当たり前のこととみなされていたので、ことさら論議の対象となることもまずなかったのである（後出第一一章参照）。一方、制度上ないしは法律上の変化は経済発展を促したり妨げたりする上でどのような役割を果たすかという問いは、一九世紀半ばの「自由化が経済進歩を生む」という単純な公式にとっては、複雑すぎる問いであった。

経済的拡張の時代は、一八四六年にイギリスで穀物法が廃止される前からすでに始まっていた。疑いもなく、自由化はあらゆる種類の具体的で積極的な変化をもたらした。たとえばバルト海への船舶の入域を妨げていた「エラスンド海峡の通行税」の廃止（一八五七年）後、コペンハーゲンは一都市として、以前よりも急速に発展し始めたのである。とはいえ、自由化への世界的な動きがどの程度まで経済的拡張の原因または付随物、ないしは結果であったといえるかは、未解決の問題としておかねばならない。ただ一つ確かなのは、資本主義的な発展のための他の諸基盤が欠けていた場合には、自由化だけでは多くを成し遂げることはできなかったということである。一八四八年から一八五四年までのヌエバ・グラナダ共和国（コロンビア）ほど徹底的に自由化された国はなかった。しかし、この国の政治家たちの繁栄を求める大望がすぐさま実現されたと、いやそもそも実現されたとすら誰がいえようか。

とはいうものの、ヨーロッパではこれらの変化は、経済的自由主義に対する深い、きわだった信頼を表わすものであった。経済的自由主義はともかくも一世代の間は正しいもののように思われていたのであった。各国内では、自由な資本主義企業が明らかに目をみはるばかりの繁栄をとげていたのだから、この信頼は驚くには当たらない。実際、労働者たちの交渉力だけを基盤に確立されるほどに強力な労働組合を許容することも含めて、労働者の労働契約の自由さえも、利潤をおびやかすようには見えなかった。というのは、都市や工業地帯に流れ込んでいく、主として田舎の人々や元職人などの大群から成る「産業予備軍」（マルクスの言葉に従えば）が、賃金を問題のない穏当な水準に保っているように見えたからである（後出第一一章、第一二章参照）。しかしそれにしても国際的な自由貿易熱の方は、ひとめみても、イギリス以外に関しては驚きではある。もちろんイギリス人の場合には、自由貿易の意味は次のような点にあった。第一に、彼らには世界のあらゆる市場において他の誰よりも自由に安く売る条件があったということ、そして第二に、低開発諸国に対してそれらの国々自身の生産物——主として食糧と原料——を、安く大量にイギリス人に売らせ、その収入でイギリスの製品を買わせるよう促しえたこと、である。

しかし、なぜイギリスの競争相手たち（アメリカ合衆国は例外だった）がこの明らかに不利な体制を受け入れたのだろうか。(工業的に競争しようという気のまったくなかった低開発諸国にとっては、それはもちろん魅力のあるものだった。たとえばアメリカ合衆国の南部諸州は、綿花の無限の市場をイギリスに得て、いたく満足していたのであり、それゆえ北部に征服されるまで、自由貿易に固執しつづけたのであった。)国際的な自由貿易が進展をみたのは、この短い一時期に、各国政府すらも——彼らが歴史的必然だと信じたものの力のせいだったとしても——自由主義的ユートピアの虜になったからだ、というのはやはり言いすぎである。もっとも、ほとんど自然法則のごとき力をもっているように思われた経済理論に諸国の政府が深い影響を受けていたことには疑いの余地はない。しかし、自己利益よりも知的確信の方が強力だったためしはめったにない。実は、工業化がいちじるしく進んだ諸国の経済は、この時代、自由貿易に二つの利点を見出すことができたのである。第一に、一八四〇年代以前の時代とくらべて実にめざましい、世界商業の一般的な拡延は、イギリスに不相応の利益をもたらしたにせよ、先進工業経済のすべてにも恩恵を施したということである。大量の輸出が何の制限もなく行われ、大量の食糧や原料が何の拘束も受けずに——必要な場合には輸入によって——供給される。こうしたことは明らかに願ってもないことだった。たとえ特定部門は打撃をこうむったとしても、自由化に適した他の部門が存在した。第二に、資本主義経済相互間の将来の競争がどうであれ、工業化のこの段階では、イギリスの設備・資源・ノウハウを頼りにすることができるという利点は、明らかに喜ばしいものであった。一つだけ例を挙げると、次表に示されているようにイギリスからの輸出が急増していった、鉄道用の鉄や機械類は、他の諸国の工業化を抑制したのではなくむしろこれを促進したのである。

イギリスの鉄道用鉄鋼，機械類の輸出
(5年ごとの合計．単位：千トン)[11]

	鉄道用鉄鋼	機械類	
1845-49	1,291	4.9	(1846-50)
1850-54	2,846	8.6	
1856-60	2,333	17.7	
1861-65	2,067	22.7	
1866-70	3,809	24.9	
1870-75	4,040	44.1	

かくして資本主義経済は、時を同じくして(これは偶然に、という意味ではない)数多くの、きわめて力強い刺激を受けた。その結果はどうであっただろうか。経済的拡張の成り行きを的確につかむには統計が一番だが、その一九世紀における最も特徴的な尺度は、蒸気力(蒸気機関が動力の典型的な形態であったので)およびそれと関連している石炭と鉄とである。一九世紀中葉は何よりも煙と蒸気の時代だった。石炭の生産高は、長い間、百万トン単位で計られていたが、いまや各国別でも千万トン単位、世界的には億トン単位で計られるようになった。およそその半分が——というより、われわれの扱う時代の初めには、それ以上が——最大無比の石炭産出国、イギリスのものだった。イギリスの鉄生産は、一八三〇年代に百万トンの大台に乗った(一八五〇年には約二五〇万トンとなった)が、これと肩を並べる国は一つもなかった。しかし、一八七〇年ともなれば、フランス、ドイツおよびアメリカ合衆国でも、一〇〇万ないし二〇〇万トンの鉄生産をみるようになった。もっとも、依然として「世界の工場」だったイギリスは、およそ六〇〇万トンで世界の総生産高の約半分を生産し、はるか先頭を切っていたのであるが。この二〇年間に、世界の石炭生産高は約二倍半増加し、世界の鉄生産高は約四倍になった。一方、総蒸気力は四倍半に、つまり一八五〇年の推計四〇〇万馬力から、一八七〇年の約一八五〇万馬力へと増大したのである。

が、このような大づかみな数値は、工業化が進展していたという事実以上のことを示しているわけではない。むしろ重要なのは、工業化の進展が、いまやきわめて不均等ではありながらも、地理的にはるかに広範に広がるにいたっていた、という事実なのである。いまや鉄道の普及が、またそれより程度は劣るが、蒸気船の普及が、すべての諸大陸に、またそうした輸送手段がなければ工業化されえなかった国々にも、機械力を導入した。鉄道が到来すること(後出第三章参照)は、それ自体、革命的シンボルであり、偉業であった。鉄道が地球全体を単一の相互に影響し合う経済へと鋳造したことは、多くの点で工業化の最も広範囲にわたる、明らかに最もめざましい一面だったからである。しかし、工場や鉱山や製鉄所の「定置機関《フィクスト・エンジン》」それ自体も、劇的な進歩をとげた。スイスでは、一八五〇年にこうした機関は三四台しか存在しなかったが、一八七〇年までに一〇〇〇台近くにもなった。オーストリアでは、その数は六七一台（一八五二年）から九一六〇台（一八七五年）に増え、馬力では一五倍以上増加した。（比較のために挙げると、ポルトガルのようなヨーロッパでも非常に後れた国では、一八七三年においてすらいまだ機関はたったの七〇台、総出力一二〇〇馬力にしかすぎなかった。）また、オランダでも総蒸気力は一三倍増加した。

　小規模の産業圏も存在した。そしてヨーロッパの産業経済のうち若干のもの、たとえばスウェーデンなどは、大規模に工業化し始めることもほとんどなかった。しかし、最も重要な事実は、いくつかの主要な産業中心圏相互の不均等発展である。本書の時代が始まるころには工業がさかんに発展していた国は、イギリスとベルギーの二ヵ国だけだった。そして両国とも、一人当たりの工業化の程度が最も高かった。一八五〇年における両国の住民一人当たりの鉄消費量は、それぞれ一七〇ポンドと九〇ポンドであった。これに対して、アメリカ合衆国は五六ポンド、フランスは三七ポンド、ドイツは二七ポンドであった。ベルギー経済は小規模であったが、比較的重要だった。一八七三年、ベルギーは、はるかに大きな隣国であるフランスの鉄生産高のおよそ半分に当たる量をなお生産していた。もちろん、イギリスがとび抜けた工業国だった。そして、われわれが見てきたように、その産業の蒸気力は、いちじるしく減速しはじめていたとはいえ、イギリスはどうにかその相対的な地位を維持していた。一八五〇年にはイギリスはなお世界の機関力（「定置機関」の）のゆうに三分の一以上を有していたのだが、一八七〇年までには、もはや世界の機関力の四分の一弱、すなわち総出力四一〇万馬力のうち九〇万馬力のみを有する仕儀となっていた。絶対量で、アメリカ合衆国の方が一八五〇年にすでにわずかながら大きく、そして一八七〇年にはイギリスをはるかに追い抜いてアメリカはこの古い国の機関力の二倍以上を有するに至った。アメリカの産業的拡大は並みはずれたものであった。しかしドイツの場合の方がさらにもっとめざましいように思われた。ドイツの定置蒸気力は、一八五〇年にはきわめてつつましいもので、おそらく総出力四万馬力ほどであり、イギリスの定置蒸気力の一〇パーセントにもはるかに満たなかった。しかしそれは、一八七〇年までに九〇万馬力に、つまりイギリスとほぼ同じとなった。ちなみに、これはフランスをはるかに引き離すものであった。フランスは一八五〇年にはドイツより相当大きな機関力を有していた（六万七〇〇〇馬力）が、一八七〇年にはやっと三四万一〇〇〇馬力――小さなベルギーの場合の二倍に満たなかった――を有するに至っただけであった。

ドイツの工業化は、歴史上大きな出来事であった。その経済上の意義を別としても、その政治的な意味は広範囲にわたった。一八五〇年にはドイツ連邦は人口上はフランスとほぼ同じであったが、工業的な能力は、比較にならぬほど小さかった。ところが一八七一年までに、統一ドイツ帝国は、人口もすでにフランスより幾分多かったが、工業の面では、フランスよりもはるかに強い力をもつに至ったのである。いまや政治力と軍事力とが、ますます工業の潜在能力、技術的能力、およびノウハウに、その基礎を置くようになってきたため、工業発展のもたらす政治的結果がかつてないほど重大となった。一八六〇年代の諸々の戦争が、このことを証明している（後出第四章参照）。これ以後、工業発展なしには、どんな国家も「列強」というクラブのなかに、その地位を維持することはできなくなった。

この時代特有の生産物は鉄と石炭であり、この時代の最も目ざましいシンボルである鉄道は、両者を組み合わせたものであった。工業化の第一段階の最も典型的な産物である織物は、相対的には生産増加が鈍った。一八五〇年代の綿消費は、一八四〇年代より約六〇パーセント増えたが、一八六〇年代にはほとんど静止状態となり（アメリカ南北戦争により綿工業が混乱に陥ったため）、一八七〇年代に約五〇パーセント増加した。一八七〇年代の紡毛毛織物生産は、一八四〇年代のそれの約二倍になった。しかし、石炭と銑鉄の生産高は五倍にふえ、一方、初めて鋼鉄の大量生産が可能になった。実際、この時代に鉄鋼工業における技術革新は、その前の時代の繊維工業における技術革新に類似した役割を果たした。ヨーロッパ大陸では石炭が、一八五〇年代に製錬用の主要燃料として木炭にとって代わった（つとに石炭が広く使われていたベルギーは別）。あらゆるところで、新しい製法――ベッセマーの転炉（一八五六年）、ジーメンス＝マルタンの平炉（一八六四年）——が安価な鋼鉄の製造をいまや可能にしていた。そしてついには鋼鉄が錬鉄にほとんどとって代わることになるのである。ただ、その重要性が明らかとなるのはまだ先のことであり、一八七〇年にはドイツで生産された加工鉄《フイニシュト・アイアン》の一五パーセントのみが——そしてイギリスで作られた加工鉄の一〇パーセント以下が——鋼鉄だったにすぎない。われわれの扱う時代はまだ鋼鉄の時代ではなかったし、この新たな物資に重要な刺激を与えた兵器においてさえ、まだ鋼鉄の時代に入ってはいなかった。この時代は鉄の時代だったのである。

しかし、新しい「重工業」は将来の革命的な技術を可能にしたとはいえ、おそらく規模の面を除いては、とりわけ革命的というわけでもなかった。世界的にみれば、一八七〇年代までの産業革命はいまだ、一七六〇—一八四〇年の技術革新が生み出した推進力によって動いていた。とはいえ、一九世紀半ばの数十年間には、さらにずっと革命的な技術に基づく二種類の工業、すなわち化学工業と（通信に関する限りでの）電気工業とがまさに発展したのである。

ほとんど例外なく、工業化の第一段階で主要だった技術的発明には、それほど高度の科学的知識は必要ではなかった。実際、そしてイギリスにとって幸運にも、そうした発明は、偉大な鉄道建設者ジョージ・スティーヴンソンのような、経験と常識をそなえた実際家が達成しうる範囲のうちにあった。だが、一九世紀半ばからはしだいに事情が変わっていった。電信は、ロンドンのC・ホイートストン（一八〇二—七五年）、グラスゴーのウィリアム・トムソン（ケルヴィン卿）（一八二四—一九〇七年）のような人々を通じて、アカデミックな科学と密接に結びついた。大量化学合成の勝利である人工染料工業は、その最初の製品（葵色《モーヴ》）が美的な点で広く好評を博したわけではなかったにせよ、実験室から生まれて工場へと移行したものだった。爆薬と写真もそうである。少なくとも、鋼鉄生産における決定的な技術革新の一つ、ギルクリスト＝トマスの「塩基性」法は、高等教育のたまものであった。ジュール・ヴェルヌ（一八二八—一九〇五年）の小説が証ししているように、教授たちが産業的な意味でかつてないほど重要な存在となった。フランスのワイン生産者たちは、偉大なL・パストゥール（一八二二—九五年）に、自分たちのために難問を解決してくれるよう訴えなかっただろうか（後出三六六ページ参照）。さらに、いまや研究実験室が産業発展に不可欠の一部をなすものとなった。ヨーロッパでは、まだ実験室は大学やそれに類する機関の付属施設のままだった――イエナ大学のエルンスト・アッベの実験室は発展をとげて実際に有名なツァイスの〔光学器械〕工場になった――が、アメリカ合衆国では、純粋に収益を目的とする実験室がすでに、電信会社につづいて出現していた。それは、まもなくトマス・アルヴァ・エジソン（一八四七―一九三一年）によって有名となる。

このように科学が産業へと浸透したことの一つの重大な結果として、これ以後、教育制度が産業の発展にとって、ますます大きな意味を帯びることとなった。工業化の第一段階の先駆者、イギリスとベルギーは、識字率の最も高い国のなかには入らなかったし、その技術教育および高等教育の制度は（スコットランドの制度を除けば）きわ立ったものとはとても言いがたかった。だがこれ以後は、大衆教育と適当な高等教育機関の双方に欠ける国が「近代的な」経済を打ちたてることは、ほとんど不可能となった。逆に、貧しく後れてはいてもすぐれた教育制度をそなえている国が、発展へ突入する方がたやすかった。スウェーデンのように。*

＊　ヨーロッパ諸国の文盲率（男）[12]

イングランド	（一八七五）＊	一七％	スウェーデン	（一八七五）†	一％
フランス	（一八七五）†	一八％	デンマーク	（一八五九―六〇）†	三％
ベルギー	（一八七五）†	二三％	イタリア	（一八七五）†	五二％
スコットランド	（一八七五）＊	九％	オーストリア	（一八七五）†	四二％
スイス	（一八七九）†	六％	ロシア	（一八七五）†	七九％
ドイツ	（一八七五）†	二％	スペイン	（一八七七）†	六三％

＊　文盲の新郎。†　文盲の徴募兵。

科学に基づく技術――経済的ならびに軍事的な――にとって、すぐれた初等教育の実際的価値は明白である。一八七〇―一年にプロイセンがフランスを楽々と打ち破ったその少なからぬ理由は、プロイセンの兵士たちのはるかに高い識字率にあった。一方、経済発展が、より高度なレベルで必要としたものは、科学的独創性や精緻化——これらは借りてくることができた——であるよりむしろ、科学を把握し巧みに扱う能力であった。つまり、研究よりむしろ「応用」であった。アメリカの大学や工芸専門学校は、たとえばケンブリッジ大学や工芸講習所《ポリテクニク》の基準からみれば、ごく凡庸な存在にすぎなかったが、経済上の見地からすれば、イギリスよりもすぐれていたのである。というのも、アメリカの大学や工芸専門学校では、実際に技師たちに体系的な教育——この古い国〔イギリス〕にはこうした教育はまだ存在しなかった*——を授けていたからである。アメリカの大学や学校はフランスのものよりもすぐれていた。アメリカの場合には、少数のすばらしく聡明で十分に教育された技師たちを生み出す代わりに、適当な水準の技師を大量に生み出したからである。この点ドイツは、大学よりもむしろ、そのすぐれた中等学校に依存するところが大きく、一八五〇年代に技術志向の非古典語中等学校、「実科学校《レアールシューレ》」を開設した。一八六七年、「教育のある」こと悪評ふんぷんたるラインラントの工業家たちが、ボン大学の一五周年記念祝典への寄付を求められたとき、打診された一四の工業都市のうち一つを除いてすべてがこれを拒否した。なぜかといえば、「地方の著名な工業家たちは、彼ら自身、大学でアカデミックな〔wissenschaftlich〕高等教育を享受したわけでもないし、また、これまでのところ、自分の息子たちにもそのような教育を受けさせてきたわけでもなかった[13]」からであった。

＊ 一八九八年まではイギリスでは機械製作《エンジニアリング》の職業につくための唯一の方途は徒弟修業であった。

そうはいうもののやはり、技術は科学に基づいていた。そして、比較的少数の科学的先駆者たちの革新が——彼らの考えたことがたやすく機械の作業に移しかえられるようなものだった場合には、という条件付きではあるが——広範に採用されていったその速さには目をみはるものがある。しばしばヨーロッパの外にのみ存在する新原料が、ここにおいて重要な意味を帯びるようになったのであるが、そのことはもっとのちの帝国主義の時代になって初めて明確となった。* 石油は、ランプ用の便利な燃料としてはすでに発明の才あるアメリカ人たちの注意をひきつけていたが、化学的処理によって新しい用途が急速に広がることとなった。一八五九年には、石油はわずか二〇〇〇バレルしか生産されていなかった。しかし、一八七四年ともなると約一一〇〇万バレルの石油が（その大部分はペンシルヴェニア州とニューヨーク州で産出された）、ジョン・D・ロックフェラー（一八三九―一九三七年）をして、彼のスタンダード石油会社による石油輸送の支配を通じて、この新しい産業を制圧することを得さしめていた。

＊　ヨーロッパの化学原料の鉱床もまた急速に開発された。たとえばドイツのカリウム鉱床からの生産高は、一八六一―五年に五万八〇〇〇トン、一八七一―五年に四五万五〇〇〇トン、一八八一―五年に一〇〇万トン以上となった。

それにもかかわらず、これらの革新は、その当時よりも、あとから振り返って考えてみた場合の方が、より重要に見えてくる。実際、一八六〇年代末にはまだ、経済的にいって大きな将来性のある金属は、古代人にもよく知られていたもの――鉄、銅、錫、鉛、水銀、金、銀――だけだと、一専門家は考えていたのである。マンガン、ニッケル、コバルト、アルミニウムは、「その先輩たちのような重要な役割を必ず果たすとは思われない」(14)と、彼は考えた。一八五〇年の七六〇〇ハンドレッドウェイトから、一八七六年の一五万九〇〇〇ハンドレッドウェイトへと増加したイギリスのゴム輸入は、実に注目に値するものではあった。しかしその量は、わずか二〇年後の標準に照らしてみても、取るに足らないものだったのである。この物質――いまだ南アメリカで圧倒的に野生のゴムの木から集められていた――の主な用途は、まだ防水衣料やゴムひものたぐいだった。一八七六年にはヨーロッパではちょうど二〇〇台の電話が、アメリカ合衆国では三八〇台の電話が機能していた。ウィーンの万国博覧会で行われた電気によるポンプの作動は、きわだって新奇なものだった。今日からふりかえれば、新しい局面への突破が間近かにせまっていたことがわかる。世界はまさに、電灯と電力、鋼鉄と高速度合金鋼、電話と蓄音器、タービンと内燃機関、の時代に入ろうとしていたのである。しかし、一八七〇年代中葉の世界はまだその時代に入ってはいなかったのだった。

すでに述べた科学に基づく分野は別として、工業上の主たる革新は、おそらく機械の大量生産だったといえるであろう。機械はこれまで、機関車および船舶が依然としてそうであったように、事実上、職人による手作業方式により組み立てられていたのである。大量生産工学における進歩のほとんどは、アメリカ合衆国に由来するものだった。この国は、コルト連発拳銃、ウィンチェスター・ライフル、大量生産の時計、ミシン、そして（一八六〇年代の、シンシナティやシカゴの畜殺場を経由した）近代的な組立てライン——すなわち、製造対象物をある工程から別の工程へと機械によって運搬すること——などの先駆者だった。機械によって生産された機械（これは、近代的な自動または半自動の工作機械の発達を意味した）の本質は、他のどんな機械よりもずっと大量の規格品が、——会社や組織によってではなく個々人によって——求められたということだった。一八七五年には、世界じゅうで機関車が六万二〇〇〇輛ほどあった。しかしこの需要数は、アメリカ合衆国でたったの一年間（一八五五年）に大量生産された四〇万個の真鍮時計や、一八六一年から一八六五年にかけて南北戦争に動員された北軍と南軍の兵士三〇〇万が必要としたライフルへの需要に比べれば、問題にならないほどの数であった。このように、大量生産に最も適した製品は、非常に多数の、農夫やお針子（ミシン）のような小生産者が使うもの、または事務所で使われるもの（タイプライター）、時計のような消費財、そして何よりも戦争で用いられる小兵器や弾薬などだった。ただ、このような製品はまだ幾分特殊で、典型とは言えなかった。そうした製品は、すでに一八六〇年代に、大量生産におけるアメリカ合衆国の技術的優越性に気づいていた、ヨーロッパ知識人たちを悩ませてはいたが、まだ「実際家」たちを悩ませるところとはなっていなかった。彼らはただ次のように考えただけだった。アメリカ人も、ヨーロッパにおいてのように、多才な熟練職人がいつでも得られれば、わざわざ質の劣る品物を生産する機械など発明するにはおよばないだろうに、と。実際、一九〇〇年代初めになってもまだ、フランスの一官吏がこう主張していたのだ。——フランスは大量生産産業においては、他の諸国に伍してはいけないかもしれない。しかし創意や技巧が決定的な力をもつ産業、すなわち自動車製造業においては、フランスは単に地歩を維持する以上のことができるのだ、と。

IV

かくして、一八七〇年代初めに世界を見まわした実業家は、安心をとはいえないまでも、にじみ出る自信をあらわすことができた。しかし、それは正しかったであろうか。いまや数ヵ国の工業化と、濃密でまったく全世界的な物資・資本・人間の流れとにしっかりと基礎をおいた、世界経済のとてつもない拡張は、継続し、加速しさえしていたが、それに一八四〇年代が特に注入したエネルギーそのものの効果はもはやつづかなかった。資本主義的企業活動に開かれた世界は、成長しつづけた。しかし、それはもはや完全な別天地《ニュー》ではなかった。(実際、アメリカの大草原《プレーリー》、南アメリカのパンパス、ロシアのステップなどの穀物や小麦といった生産物が、旧世界に流れ込みはじめると——一八七〇年代や一八八〇年代に流れ込んだように——それらの生産物は、新旧いずれの国を問わずその農業を混乱させ、動揺させるのであった。)一世代の間、世界の鉄道建設が続けられた。しかし、鉄道線路のほとんどがすでに完成して鉄道建設がそれほど広く行われなくなったとき、何が起こるであろうか。第一次産業革命——綿、石炭、鉄、蒸気機関によるイギリスの産業革命——の技術的な潜在的可能性は、十分巨大なように思われた。一八四八年以前には、技術的な潜在的可能性は、結局のところ、イギリス以外のところではほとんど開発されていなかったし、イギリス国内でも、不完全な仕方で開発されていたにすぎなかった。だからこの可能性をより適切に開発しはじめた世代が、それを無尽蔵なものと考えたとしても許されるであろう。しかしそれは無尽蔵ではなかった。そして一八七〇年代にはこの種の技術の限界がすでに明らかとなっていた。もしそれが使い果たされてしまったときには、いったい何がおきることであろうか。

一八七〇年代の初めには、このような陰気な考察は、ばかげたものに思われた。経済的拡張の過程がいまや誰にでもわかるように奇妙にも破局的だったにしても。激しい、ときには劇的でますます世界的となっていく不況がとてつもない好況に引き続いて訪れ、物価が十分下がると市場は供給過剰状態を脱するのであった。そして不況のため企業が破産しこれが一掃され、その後実業家が投資し始めると景気循環の拡張局面がまた開始されるのであった。こうした純然たる世界的不況の最初のもの（後出九四ページ参照）が起こったのち、一八六〇年に、従来は主に社会主義者や他の異端分子が考えていた、この「景気循環」の周期性を、アカデミックな経済学研究が、つまり才気縦横なフランスの医者クレマン・ジュグラール（一八一九―一九〇五年）が承認し、この周期を測定したのであった。とはいえ、経済的拡張のこうした中断は劇的ではあっても、一時的なものとされた。かくて、一八七〇年代初めほど実業家の間に経済的陶酔感が高揚した時期はなかった。この時期は、ドイツにおける有名な「創立熱狂の時代《グリュンダーヤーレ》」（会社発起の数年間）であり、最もばかげた、そして明らかに詐欺的な会社の設立趣意書が、その約束にだまされた人々の金を無制限に集めえた時代であった。ウィーンのジャーナリストが述べているように、「北極光をパイプラインで聖シュテファン広場へ輸送したり、南洋諸島の原住民たちにくつ墨を大量販売したりするために、会社が設立された[15]」時代であった。

それから崩壊がやってきた。その時代の経済好況が高い歩調をとるのを望み、派手に描かれるのを望んだこの時代の好みに照らしても、それは非常に劇的であった。アメリカの、二万一〇〇〇マイルに及ぶ路線を有する諸々の鉄道会社が破産に追い込まれ、ドイツの株価は好況のピークから一八七七年までの間におよそ六〇パーセント下落し、そして――もっと適切にいえば――世界の主な鉄生産国のおよそ半数の溶鉱炉の火が消えた。「新世界」への洪水のごとき移住者の群れは減少して、穏やかな流れとなった。一八六五年から一八七三年までは毎年ゆうに二〇万を超える人々が、ニューヨーク港に到着していたが、一八七七年にはたったの六万三〇〇〇人となった。しかし、長期的な大好況下でみられた初期の不況と違ってこの不況は終わりそうもなかった。一八八九年の遅きになって、「官吏と実業家のための経済学研究入門」と称する、ドイツのある研究書は次のように述べていた。すなわち、「一八七三年の株式市場の暴落からのちは、……ほんの束の間消えることはあっても『恐慌』という言葉が、すべての人の脳裏を去らなかった」(16)と。しかもこれは、この時代めざましい経済成長をとげつつあった国、ドイツでのことなのである。歴史家たちは、一八七三年から一八九六年にかけての「大不況《グレイト・デイプレッション》」と呼ばれたものの存在に疑いをもちつづけてきた。もちろんそれは、一九二九年から一九三四年にかけての大恐慌《グレイト・デイプレッション》――そのとき世界の資本主義経済はほとんど失速しかけた――ほど劇的なものではまったくなかった。しかし、同時代の人々は、大好況に続いて大不況が起こったことには何の疑いも抱いていなかったのである。

歴史の新時代――経済上ならびに政治上の――は、一八七〇年代の不況とともに幕を開ける。それは、本書の範囲外のことではあるが、ついでにこう記しておこう。それはつとに確固として体制化されていたように見えた、一九世紀中葉の自由主義の土台を掘り崩し破壊した、と。一八四〇年代末から一八七〇年代半ばまでの時代は、当時のごく普通の知識人が考えたように、経済成長、政治的発展、知的進歩、文化的達成など――これらはもちろん適当な改良を重ねながら、無限の未来へと続いていくとされた――のモデルではなく、むしろ特殊な種類の幕間期だったのである。しかしそれにもかかわらず、その達成はきわめて印象的だった。この時代に、産業資本主義が真の世界経済を打ちたて、それゆえ、世界という言葉が、地理上の表現から、絶え間なく活動する現実へと変容したのである。歴史はこれ以後、世界歴史となる。

(1) *Ideas and Beliefs of the Victorians* (London 1949), p. 51 に引用されている。
(2) サンフォード・エルウィット教授のおかげでこれを参照することができた。
(3) 'Philoponos', *The Geat Exhibition of 1851; or the Wealth of the World in its Workshops* (London 1850), p. 120.
(4) T. Ellison, *The Cotton Trade of Great Britain* (London 1886), pp. 63 and 66.
(5) Horst Thieme, 'Statistische Materialien zur Konzessionierung der Aktiengesellschaften in Preussen bis 1867', *Jahrbuch für Wirtschaftsgeschichte* (1960), II, p. 285.
(6) J. Bouvier, F. Furet and M. Gilet, *Le Mouvement du profit en France au 19ᵉ siècle* (Hague 1955), p. 444.
(7) Engels to Marx (15 November 1857) (*Werke*, XXIX, p. 211).〔『全集』第二九巻、一九七二年、一六九ページ〕

(8) Marx to Danielson (10 April 1879) (*Werke*, XXXIV, pp. 370–5). 〔『全集』第三四巻、一九七四年、二九九ページ〕

(9) Ellison, *op. cit.*, Table II から p. 111 の乗数を用いて算出。

(10) F. S. Turner, *British Opium Policy and its Results to India and China* (London 1876), p. 305.

(11) B. R. Mitchell and P. Deane, *Abstract of Historical Statistics* (Cambridge 1962), pp. 146–7.

(12) C. M. Cipolla, *Literacy and Development in the West* (Harmondsworth 1969), Table I, Appendix II, III.

(13) F. Zunkel, 'Industriebürgertum in Westdeutschland' in H. U. Wehler (ed.), *Moderne Deutsche Sozialgeschichte* (Cologne–Berlin 1966), p. 323.

(14) L. Simonin, *Mines and Miners or Underground Life* (London 1868), p. 290.

(15) Daniel Spitzer, *Gesammelte Schriften* (Munich and Leipzig 1912), II, p. 60.

(16) J. Kuczynski, *Geschichte der Lage der Arbeiter unter dem Kapitalismus* (East Berlin 1961), XII, p. 29.

第三章　一体となった世界

ブルジョア階級は、すべての生産用具の急速な改良によって、無制限に容易になった交通によって、すべての民族を、どんなに未開な民族をも、文明のなかへ引きいれる。……一言でいえば、ブルジョア階級は、かれら自身の姿にかたどって世界を創造するのである。

K・マルクス、F・エンゲルス、一八四八年[1]

商業、教育、そして電信や蒸気による思想や物質の急速な移送などのためにすべてが変わってしまったのをみると、偉大なる造物主は、世界が、同一言語を話す一国民、つまり、もはや陸軍も海軍も必要としない、一つの極みとなる準備を整えておられるように思われる。

ユリシーズ・S・グラント大統領、一八七三年[2]

「あの医者がここでどんなことを言ったか、きみに聞かせてやりたかったよ。どこかの山の上で暮らせだの、エジプトへ行けだの、アメリカへ……」

「それがどうしたんだい」とシュトルツは冷静な調子で言った。「エジプトなんか二週間で行けるし、アメリカなら三週間だ。」

「どこにアメリカやエジプトなんかへ出かけるやつがあるもんかね！　なるほど、イギリス人なら行くかもしれないけど、あれはもう神さまからあんなふうに創られてるんだからしょうがないさ。それに、自分の国は狭くていどころがないんだもの。ところがロシアの国じゃ誰がそんなところへ行くものかね。まあ、命なんか何とも思わないような向こう見ずな連中ならいざ知らずさ。」

I・ゴンチャロフ、一八五九年[3]

I

旧い時代の「世界史」を書くときにわれわれが実際にしているのは、地球の各地の歴史を寄せ合わせることである。だが、各地域の間でそれぞれがお互いを知っていたとしても、西ヨーロッパ人たちが南北アメリカに対して行なったように、ある地域の住民が他を征服したり植民地化したりしない限り、部分的で皮相的な接触があったにすぎない。昔のアフリカの歴史を書く場合には、イスラム世界にはかなり頻繁に言及せねばならないにせよ、極東の歴史には時たまふれるだけですむし、また（西海岸と喜望峰に関する場合を除いて）ヨーロッパにはほとんど何もふれずにおくことも、まったく可能なことなのである。一八世紀まで、中国で起こったことは、専門の貿易商人団のいくつかを除けば、ロシア以外のヨーロッパの政治支配者たちには無関係なことがらであった。日本で起こったことは、一六世紀から一九世紀半ばにかけて日本に足場をもつのを許されていたほんの一握りのオランダ商人以外は誰も、直接知るところではなかった。逆に、中華帝国《セレスティアル・エンパイア》にとってヨーロッパは外部の夷狄の住む地域にすぎず、幸い遠く離れているために、中国皇帝に対する当然の服属の度合がどれほどのものかを判定するという問題が生じないでいたのであった。もっとも、いくつかの港を管理する役人たちにとっては、ささいな行政問題が若干もちあがりはしたが。それにしても、かなり交流のあった地域のなかでさえ、多くを無視しても不都合は生じなかったのである。マケドニアの山谷で起こっていたことが、ヨーロッパの誰にとって――政治家や商人にとって――重要だったというのであろうか。たとえリビアが何らかの天変地異に完全にのみつくされてしまったとしても、オスマン帝国――リビアは形式上その一部であった――においても、各国のレヴァント貿易商人たちの間においても、いったい誰にとって実際的な違いが生じたというのであろうか。

地球上の各地の相互依存性の欠如とは、単に知識の欠如、という問題なのではなかった。もっとも、もちろん当該地域の外では、そしてしばしばその地域内でも、「奥地」はいまだかなり知られていなかったが。一八四八年においてさえ、各大陸の広大な地域が、ヨーロッパ最良の地図でも空白のまま残されていたのである。——とりわけ、ほとんどまったく未探険の北極と南極はいうに及ばず、アフリカ、中央アジア、南アメリカ奥地、北アメリカの一部、オーストラリアについてそうであった。しかし、ヨーロッパ以外の他の地図製作者が描いた地図だったら、きっとさらに広大な未知の空間を示していたことであろう。というのは、中国の役人や、あるいは個々の大陸の後背地の無学な偵察者、貿易商人、猟師などが、大小をとわずある地域についてはヨーロッパ人よりもはるかに多くのことを知っていたとしても、彼らの地理に関する知識の総計は、ずっと乏しかったからである。いずれにせよ、さまざまな専門家が世界について知っているすべてのことを単に算術的に足し合わせることだけでも、それは純粋にアカデミックな行為であろう。しかしそのようなことは一般人には手の届くことではなかった。そして実のところ地理の知識においてさえ一つの世界は存在していなかったのである。

　無知は、世界が一体となっていなかったということの原因というよりはむしろしるしであった。それは外交・政治・行政上の関係の欠如——実際にきわめてか細いものであった*——と、経済的結びつきの弱さをともに反映していた。資本主義社会の決定的な前提条件であり特徴である「世界市場」は、確かにずっと前から発展してはいた。国際貿易**は金額でみると、一七二〇年から一七八〇年までの間に二倍以上になり、また二重革命の時代（一七八〇—一八四〇年）に三倍以上に増大していた。——しかし、かくも大きな成長でさえ、われわれの扱う時代の基準からすれば、つつましいものだったのである。一八七〇年までに、イギリス、フランス、ドイツ、オーストリア、スカンジナヴィアの市民一人当たりの外国貿易額は一八三〇年のそれの四倍ないし五倍になり、オランダとベルギーの市民一人当たりの額はおよそ三倍になり、アメリカ合衆国——外国貿易がたいして重要ではなかったこの国——ですらその市民一人当たりの額はゆうに二倍以上になった。一八七〇年代には、年間、重量にして約八八〇〇万トンの商品が、船で運ばれて、主要国家間で交換された。これと比較するに、一八四〇年には二〇〇〇万トンであった。同様に比較していくと、〔一八四〇年の〕一四〇万トンに対し、〔一八七〇年代には〕三一〇〇万トンの石炭が海を渡り、二〇〇万トン以下であった穀物が一一二〇万トンになり、一〇〇万トンであった鉄が六〇〇万トンになった。一八四〇年の海外貿易ではまだ知られていなかった石油が、〔一八七〇年代には〕——二〇世紀を予見するかのように——一四〇万トンにものぼっていた。

＊　ヨーロッパの外交・系図・政治に関するかの権威ある参考書、『ゴータ年鑑』には、現在アメリカ大陸の諸共和国となっている旧植民地について知られていたことがごくわずかながらも注意深く記録されていたが、一八五九年以前にはペルシア、一八六一年以前には中国、一八六三年以前には日本、一八六八年以前にはリベリア、一八七一年以前にはモロッコは、記載されていなかった。シャムは、一八八〇年になってやっと登場した。

＊＊　すなわち、この時代のヨーロッパの経済統計に含まれる、すべての国の輸出入の総合計。

互いに遠く離れた世界各地間の経済交流網の緊密化の度合を、もっと正確に測ってみよう。トルコおよび中東へのイギリスの輸出は、一八四八年の三五〇万ポンド〔金額〕から、一八七〇年には、ほぼ一六〇〇万ポンドのピークに達した。アジアへは七〇〇万ポンドから四一〇〇万ポンド（一八七五年）へ。中南米へは六〇〇万ポンドから二五〇〇万ポンド（一八七二年）へ。インドへはおよそ五〇〇万ポンドから二四〇〇万ポンド（一八七五年）へ。オーストラレーシアへは一五〇万ポンドから約二〇〇〇万ポンド（一八七五年）へ。言いかえれば、三五年間に、世界の最も工業化をとげた経済と最も僻遠の、ないしは最も後れた地域との間の取引額は、約六倍増加したのである。もちろん、この額でさえ、現在の標準からみれば、さほど目覚ましいものでもない。しかし、量そのものでは、それは以前のあらゆるものをはるかに凌駕していた。世界のさまざまな地域を結びつけている網は、はっきりとその緊密度を強めていたのである。

地図上の空白部分を徐々にうめていった探険の進展が、正確にいって世界市場の成長とどのような具合に結びついていたかということは、複雑な問題である。そのうちのあるものは外交政策の副産物であり、あるものは熱心な伝道の副産物であり、またあるものは科学的好奇心の副産物であり、そして、本書の時代の終わりごろには、ジャーナリズム企業や出版企業の副産物であった。しかし、一八四九年に中央アフリカ探険のためイギリス外務省から派遣された、J・リチャードソン（一七八七―一八六五年）、H・バルト（一八二一―六五年）、A・オーヴェルヴェーク（一八二二―五二年）も、そしてまだ「暗黒大陸」といわれていたアフリカ大陸の心臓部を、カルヴァン派キリスト教の伝道のために一八四〇年から一八七三年にかけて十文字に踏破した、偉大なデイヴィッド・リヴィングストン（一八一三―七三年）や、彼の行方を捜しにやってきた「ニューヨーク・ヘラルド」紙の記者ヘンリー・モートン・スタンリー（一八四一―一九〇四年）（特に、彼は自覚していなかった！）も、そしてもっと純粋に地理的・冒険的関心を抱いていた、S・W・ベーカー（一八二一―九三年）およびJ・H・スピーク（一八二七―六四年）も、自分の旅行のもつ経済的な意味合いに気づいてはいなかったし、気づくこともできなかったのである。伝道上の関心をもったフランス人の高位聖職者の言葉によれば、

「神は人を必要としない。人の助けなど借りなくても福音は広まっていくのである。しかし、ヨーロッパ商業が福音伝道の障害をとり払う仕事に手を貸すならば、……ヨーロッパ商業は栄光を増すことになるであろう。」(4)

探険とは知ることを意味するだけでなく、発展させることをも、未知のものすなわち後れた野蛮なものを、文明と進歩の光に当てることをも意味していた。つまり、慈悲深い神意によりボルトンやルベーで製造されたシャツやズボンを不道徳きわまる野蛮な裸に着せてやることであり、バーミンガムの物資――そのあとから必ず文明はついてくるのだ――をもたらすことなのである。

実は、われわれが一九世紀中葉の「探険家」と呼んでいるものは、地球の未知の部分を人々の耳目に触れさせ、これを開拓した大勢の人々のなかで、よく知られてはいるが、数の上ではあまり重要でない一群の人々にすぎなかった。

「探険家」とは、経済発展と利潤追求がまだ十分活発とはなっていなかった地域を旅した人々であった。そのような条件ができてくると「探険家」に代わって（ヨーロッパの）貿易商人、探鉱者、測量士、鉄道と電信の建設者、最後に、もし気候が適当ならば、白人の入植者、といった人々が現われるのであった。アフリカ内陸部の地図製作は「探険家」たちがもっぱら引き受けていた。というのも、この大陸には大西洋の奴隷貿易が廃止されてから次のようなものが発見されるまでの間は、西欧にとってはっきりとした経済的資産となるものはなかったからである。それらは、一方では、宝石と貴金属（南部における）の発見であり、他方では、熱帯気候においてだけ栽培や収集が可能で、いまだ合成による生産にはほど遠かった、ある種の一次産品とその経済価値の発見であった。だが、そのどちらも、一八七〇年代に入るまでは、まだ格別重要だったわけでもなく、また将来が有望だったわけですらなかった。もっとも、遅かれ、というよりむしろ、早かれ、かくも広大で、不完全にしか利用されていない大陸が、富と利潤の源泉とならないはずはない、と思われていたのではあったが。（実際イギリスからサハラ砂漠以南のアフリカへの輸出は、一八四〇年代末の約一五〇〇万ポンドから、一八七一年の約五〇〇〇万ポンドへと増大した。それは一八七〇年代には倍増し、一八八〇年代初めに、約一〇〇〇〇万ポンドに達した。それは決して将来性のないものではなかったのだ。）「探険家」たちはまた、オーストラリアを開くことをもっぱら引き受けていた。というのは、その内陸部の砂漠は広大で人も住んでおらず、二〇世紀半ばまで経済開発の対象となる明確な資源も欠いていたからである。一方、世界の海洋は、北極を除いて*——この時代には南極はほとんど関心をひかなかった——「探険家」の心をとらえなくなっていた。とはいうものの、広大な海域への航路の開拓や、わけても大海底電線敷設作業などには、探険と呼んでよいものが大いにあったのである。

* この場合の誘因は、主として経済的なものであった。つまり大西洋から太平洋への、航海可能な北西・北東航路の探索であるが、この航路はそれが実現すれば今日の北極まわりの飛行のように、時間を、したがって費用をも大いに節約したことであろう。この時代には北極それ自体の探険は、さほど熱心に進められたわけではなかった。

こうして、一八七五年の世界は、かつてないほど未知の部分が少ない世界となっていた。国別のレベルでさえ、詳細な地図（大部分、軍事目的のために作製が始められた）が、いまや多くの先進諸国で手に入るようになっていた。この種の事業の草分け的な出版物である、イングランドの陸地測量部地図――スコットランドとアイルランドについてはまだだったが――は、一八六二年に完成された。しかしながら、単に地理上の知識が得られるようになったということよりももっと重要なことは、世界の最も遠隔の地域が、鉄道、蒸気船、電信といった交通・通信機関《コミュニケーション》によって、いまや互いに結びつけられ始めていたことである。この交通・通信機関の規則正しさ、膨大な物資や人々を運搬する能力、そしてとりわけそのスピードには、先例がなかった。

一八七二年までには、ジュール・ヴェルヌが記録にとどめた、八〇日間世界一周旅行――これは、不撓不屈のフィリアス・フォッグ氏につきまとった、数々の災難にもかかわらず八〇日間で達成されたのであるが――という偉業が達成されていた。読者は、この冷静沈着な旅行者の道程を思い起こすことであろう。彼はまず鉄道と海峡蒸気船を利用してロンドンからブリンディジへとヨーロッパを横断した。そして、ブリンディジから船に乗って開通したばかりのスエズ運河を通った（これにおよそ七日間）。スエズからボンベイまでの船旅には一三日間かかった。ボンベイからカルカッタまでの鉄道の旅には、鉄路が完全につながってさえいれば三日しかかからなかったはずだった。カルカッタから海路で香港、横浜を経由して太平洋を横断し、サンフランシスコへ達するのには、当時まだ四一日間もかかった。しかし、一八六九年までにはアメリカ大陸横断鉄道が完成していたので、ニューヨークまでの標準七日間の旅に立ちふさがったのは、まだ完全に統御されてはいない西部の危険――野牛の群れ、インディアン等々――ぐらいしかなかった。残りの旅程――リヴァプールまでの大西洋横断とロンドンまでの鉄道路――には、小説構成上サスペンスが必要とされなかったならば、何の問題も存在しなかったであろう。実際、進取の気性に富むアメリカの一旅行代理店は、ほどなく、同じような世界一周旅行を企画したのである。

しかしフォッグ氏がこのような旅行をしたのが一八四八年だったとすれば、どのくらい日数がかかったであろうか。

その旅は、ほとんど完全に海路に頼らねばならなかったことだろう。なぜなら、鉄道はまだ大陸を横断しておらず、事実上、アメリカ合衆国以外には世界のどこにも、大陸横断鉄道など存在していなかったからである。そして、合衆国でも、鉄道はやっと二〇〇マイルほど内陸へ達したばかりであった。一番速い帆船、有名な茶輸送用快速大型帆船《クリッパー》がその技術的達成の頂点にあった一八七〇年ごろに広東まで航海するには、ふつうの場合で平均一一〇日かかり、九〇日以内では航海できなかった。しかもそれ以前には一五〇日かかっていたのである。一八四八年の世界一周航海が、最良の好運に恵まれたとしても、港で費す時間を計算に入れないで、一一ヵ月つまりフィリアス・フォッグ氏の旅が要した時間の四倍もかからずに行われえたとは、ほとんど想像することができない。

こうした長距離旅行の所要時間の短縮は比較的つつましいものであったが、これはひとえに航海速度に関する改良の遅れによるものであった。一八五一年、リヴァプールからニューヨークへの大西洋横断蒸気船旅行の平均所要時間は一一日から一二日半であり、一八七三年にもこれはほとんど変わらなかったが、ホワイト・スター汽船会社はそれを一〇日に縮めたことを誇っていた。[5]〔海上に関する限り〕スエズ運河による海路短縮の場合のように、海路それ自体が短縮されたところを除いては、フォッグ氏が一八四八年の旅行者よりもずっと少ない時間でこなそうと望んだとしても、それはできない相談であった。真の変化は、陸上で――鉄道によって――起こったのである。そしてこれとても、蒸気機関車の技術的に可能な速度をあげることによってというよりもむしろ、鉄道建設が途方もなく拡大されたことによって生じたのである。一八四八年の鉄道列車は、一般的にいって一八七〇年代より速度がやや遅かったが、しかしすでにロンドンからホリヘッドまで八時間半で――一九七四年におけるよりも三時間半多くかかって――行けたのである。〔一八六五年ごろにはサー・ウィリアム・ワイルド――オスカー・ワイルドの父親で有名な釣人――は、自分のロンドンの読者たちに、ちょっとした釣をしにコニマーラまで往復する週末旅行を提案することができたほどである。ただし、この旅行は今日でも鉄道と船を利用するのではこれほどの短時間では不可能だし、飛行機に頼らねば決して楽だとはいえないものなのである。〕遅いとはいっても、一八三〇年代に開発された機関車はきわめて性能がよかった。ただ、一八四八年には、イギリス以外では、鉄道網のごときはとうてい存在していなかったのである。

Ⅱ

本書の扱う時代には、非常に長距離にわたる鉄道網の建設が、ヨーロッパのほとんどいたるところ、アメリカ合衆国、そして他にも世界の数ヵ所で行われた。一見してすぐわかるように、次に掲げる最初の表は全体像を示し、第二の表はいくぶん細かな像を示しているが、一八四五年にヨーロッパ以外の地で鉄道線路を一マイルでももっていた唯一の「低開発」国は、キューバであった。一八五五年までに、五大陸すべてに鉄道が開通していた。もっとも、南アメリカ（ブラジル、チリ、ペルー）とオーストラリアのそれは、ほとんど目にとまらないほど短距離のものであったが。一八六五年までに、ニュージーランド、アルジェリア、メキシコおよび南アフリカで、最初の鉄道が敷設され、また一八七五年までに、ブラジル、アルゼンチン、ペルー、エジプトには、約一〇〇〇マイルないしはそれ以上の鉄道が存在し、セイロン、ジャワ、日本、そして僻遠のタヒチにさえ、最初の鉄道が開通していた。一方、一八七五年までに、世界には、機関車が六万二〇〇〇輛、客車が一一万二〇〇〇輛、そして貨車が約五〇万輛あり、それらによって〔一年に〕推計一三億七一〇〇万人の乗客と、七億一五〇〇万トンの物資が運搬されていた。これは、この一〇年間に毎年（平均して）海路で輸送されたものの約九倍に相当した。一九世紀の第三・四半期は、量的にいって、最初の真の鉄道時代だったのである。

大きな幹線鉄道の建設は、当然、世間の関心を引き広く知られるところとなった。実際、それは全体としてみた場合、その当時に至るまでの人類史上最大規模の公共事業また最高にまばゆい工業技術の達成といってもよいものであった。鉄道がイングランドのなだらかな地形を離れるにつれ、その技術的達成はさらにめざましいものになった。ウィーンからトリエステまでの南部鉄道は、一八五四年にすでに、およそ三〇〇〇フィートの高さでゼンメリング峠を

鉄道開通距離 (単位：千マイル)[6]

	1840	1850	1860	1870	1880
ヨーロッパ	1.7	14.5	31.9	63.3	101.7
北アメリカ	2.8	9.1	32.9	56.0	100.6
インド	—	—	0.8	4.8	9.3
アジア（インドを除く）	—	—	—	—	*
オーストラレーシア	—	—	*	1.2	5.4
ラテン・アメリカ	—	—	*	2.2	6.3
アフリカ（エジプトを含む）	—	—	*	0.6	2.9
世界合計	4.5	23.6	66.3	128.2	228.4

* 500マイル未満.

鉄道建設の進展[7]

	1845	1855	1865	1875
ヨーロッパ				
鉄道保有国	9	14	16	18
鉄道1,000km以上保有国	3	6	10	15
鉄道1万km以上保有国	—	3	3	5
南北アメリカ				
鉄道保有国	3	6	11	15
鉄道1,000km以上保有国	1	2	2	6
鉄道1万km以上保有国	—	1	1	2
アジア				
鉄道保有国	—	1	2	5
鉄道1,000km以上保有国	—	—	1	1
鉄道1万km以上保有国	—	—	—	1
アフリカ				
鉄道保有国	—	1	3	4
鉄道1,000km以上保有国	—	—	—	1
鉄道1万km以上保有国	—	—	—	—

越えていた。一八七一年までに、アルプス山脈ごえの線路は、四五〇〇フィートの高さのところをも走っていた。一八六九年までに、ユニオン・パシフィック鉄道は、ロッキー山脈ごえの際、八六〇〇フィートの高さを走った。そして、一八七四年までには、一九世紀半ばの経済的征服者ヘンリー・メッグズ（一八一一—七七年）のあの偉業、ペルー中央鉄道は、最高一万五八四〇フィートに達する高地を、ゆっくりと蒸気で走っていたのである。これらの鉄道は、山の頂と頂との間を縫うように昇り、岩山の下にトンネルを掘って進んだ。こうしたものと対照すると、初期のイギリスの鉄道のつつましい運行は、こぢんまりとしたものに見えるのであった。最初の大アルプス・トンネルであるモン・スニ・トンネルは、一八五七年に着工され、一八七〇年に完成した。最初の郵便列車が通りぬけたこの七マイル半のトンネルによって、ブリンディジへの旅行は二四時間短縮されたのだった（思えばフィリアス・フォッグ氏はこの事実を利用したのであった）。

技術者たちのこの英雄時代を生きた人々の間に広がっていた、興奮、自信、誇りの気持《ムード》には、われわれも共感せざるをえないものがある。この時代に、鉄道が初めてイギリス海峡と地中海をつなぎ、セヴィリヤ、モスクワ、ブリンディジまでの鉄道旅行が可能になった。また、鉄道線路は西へと進み、一八六〇年代には北アメリカの大草原や山々を横切り、インド亜大陸を横断し、一八七〇年代にはナイル流域を遡り、ラテン・アメリカの奥地へと進んでいった。

鉄道を建設した産業化の選抜突撃隊、つまり、しばしば共同チームに組織され、つるはしとシャベルで想像を絶する量の土や岩を動かした農民の大群や、母国から遠く離れ鉄道を建設したイギリスやアイルランド出身の本職の土工および工夫長たちや、ニューカッスルやボルトンの出身ながらアルゼンチンやニューサウスウェールズに定住して新しい鉄道を走らせた機関士や機械工たちなど、これらの人々をどうして称讃せずにいられようか。また、線路一マイルごとにその骨をうずめていった大勢の苦力《クーリー》*たちを、どうしてあわれまずにいられようか。今日でさえサタジット・レイの美しい映画「大地のうた」（原題「パテル・パンチャリ」）（一九世紀のベンガルの小説に基づく）によって、われわれは、最初の蒸気列車を経験したときの人々の驚き——巨大な鉄の竜が、産業世界それ自体の、あらがちがたく、勇ましい力で、以前は雄牛の引く荷車や荷運びラバしか通らなかった道を驀進してきたときの人々の驚きを、再び味わうことができる。

＊　ニューカッスル出身の機関車の機械工ウィリアム・パティソンのような成功した実業家に、その跡をたどることができる。彼はフランスの鉄道で修理工頭として働くため国を離れ、一八五二年、イタリアでまもなく二番目に大きい機械製作会社となる会社の設立を手伝った(8)。

またわれわれは、人類の風景《ランドスケイプ》——物質的かつ精神的な——のこうした広範な変革を組織し指揮した、シルクハット姿のきびしい男たちに、感動を覚えずにはいられない。当時、五つの大陸に八万人を雇用していたトマス・ブラッシー（一八〇五—七〇年）は、こうした企業家のなかの最も有名な一人にすぎなかった。次に挙げるのは、啓蒙の進む前の時代の将軍たちの会戦での名誉や戦役勲章にも匹敵する、ブラッシーの海外企業のリストである。プラト＝ピストヤ鉄道、リヨン＝アヴィニヨン鉄道、ノルウェー鉄道、ユトランド鉄道、カナダ大幹線、ビルバオ＝ミランダ〔ミランダ・デ・エブロ〕鉄道、東ベンガル鉄道、モーリシャス鉄道、クイーンズランド鉄道、中央アルゼンチン鉄道、レンベルク〔リヴォーフ〕＝チェルノヴィッツ〔チェルノフツィ〕鉄道、デリー鉄道、ボカ＝バラカス鉄道、ワルシャワ＝テレスポル鉄道、カヤオ臨港鉄道。

「産業のロマン《ロマンス》」——この語句は何世代もかかって俗流弁士と自己満足的な企業家たちが、この言葉からその本来の意味を絞りつくしてまさに無意味化してしまうのだが——が、単に鉄道建設のために資金を調達したにすぎない、銀行家、金融業者、株式仲買人たちをもとりまいている。ジョージ・ハドソン（一八〇〇—七一年）やバーセル・ストラスバーグ（一八二三—八四年）のようなゆがんだ、というよりもむしろ自己陶酔した金融業者は、富と社会的名声を獲得したときも爆発的であったが、その破産も炸裂的であった。彼らの破滅は経済史上に期を画す出来事になった。（アメリカの鉄道人たちのうちの純粋な「追いはぎ貴族《ロバー・バロン》」——ジム・フィスク〔一八三四—七二年〕、ジェイ・グールド〔一八三六—九二年〕、提督《コモドア》ヴァンダービルト〔一七九四—一八七七年〕等々——に対しては、このような手心を加えた表現を与えることはできない。彼らはただ、すでに存在している鉄道を買いあげ奪い取っただけであり、それは彼らが手にすることのできた他のすべてについても同様だったのだから。）しかし偉大な鉄道建設者に関しては、最も明白なぺてん師に対してさえ、不承不承ながらも称讃の念を禁ずるのは困難である。ヘンリー・メッグズは、どのような基準に照らしても不誠実な冒険者だった。彼は、南北アメリカ大陸の西縁に沿ったいたるところに、未払いの請求書、賄賂、そして派手な金使いの跡を残しており、まっとうな実業家たちの仲間としてよりもサンフランシスコやパナマのような、悪事と搾取の大中心地に似つかわしい人物であった。しかし、ペルー中央鉄道を一目でも見た者だったらいったい誰が、彼の、悪らつなきらいもあるにせよロマンティックな想像力の発想と達成との雄大さを否定することができようか。

こうしたロマンティシズムと企業と金融との結合は、好奇心旺盛なフランスのサン＝シモン主義者たちの一派によって、おそらく最も劇的に示されたといえよう。これら産業化の使徒たちは、特に一八四八年の革命が失敗したのち、彼らを歴史の本に「ユートピア的社会主義者」として登場させている一連の信条を卒業し、「大実業家」としての、とりわけ交通機関《コミュニケーション》の建設者としての、ダイナミックで冒険的な企業活動に移ったのであった。商工業と技術とによって結合された世界を夢見ていたのは彼らだけではなかった。ほとんど陸地に囲まれていて、世界的企業活動の中心地にはおよそふさわしくないハプスブルク帝国のような国が、トリエステの「オーストリア・ロイド社」を設立し、その船を、まだ建設されてもいないスエズ運河を見越して「ボンベイ号」、「カルカッタ号」と名づけていたのである。しかし、実際にスエズ運河を建設したのは、サン＝シモン主義者のＦ・Ｍ・ド・レセップス（一八〇五―九四年）であった。彼はパナマ運河も計画したが、不幸にも失敗に終わった。

イザーク・ペレール、エミール・ペレールの兄弟は、ナポレオン三世の帝国で本領を発揮した冒険的金融業者としてもっぱら知られるようになった。しかし、エミールこそは、一八三七年フランス最初の鉄道建設を指揮した人物なのである。彼は、作業場の上の宿舎に住み、新しい輸送形態の優秀性をぜひとも立証したいと思っていた。第二帝政の間に、ペレール兄弟は、より保守的なロスチャイルド家とすさまじい争いを繰り広げながら、大陸じゅうに鉄道線路を建設することになった。この建設競争はついにはペレール兄弟の破滅を招くのである（一八六九年）。別のサン＝シモン主義者、P・F・タラボ（一七八九―一八八五年）は、さまざまな仕事をしたなかでもとりわけ、フランス南東部の鉄道、マルセイユ臨港鉄道、およびハンガリーの鉄道を建設した。また彼は、ローヌ河の水運が衰亡したためいらなくなったはしけを買い取り、これをドナウ河を通って黒海まで進む商船隊に利用したいと考えたが、この計画はハプスブルク帝国に受け入れられるところとならなかった。このような人々はいくつもの大陸や海洋にまたがってものごとを考えていた。彼らにとって世界は、鉄路と蒸気機関で結ばれた単一体であった。というのも、実業の地平線は、彼らの夢と同じように全世界に広がっていたからである。このような人々にとって、人間の運命、歴史、利潤は、同一のものであった。

世界的見地から見れば、幹線鉄道網は、国際的な海運網の補完物にとどまっていた。アジア、オーストラリア、アフリカ、およびラテン・アメリカに存在していた鉄道で見る限り、経済的に考えた場合鉄道とは、第一に、大量の一次物資を生産している地域を港へとつなぐ一方策だった。その港から世界の工業地帯や都市地帯へは、物資を船で運べるというわけである。われわれが見てきたように、この時代には船舶の航行速度はいちじるしく速くはならなかった。それを相対的に技術的に高速化しえなかったことは、今日では周知の次の事実がよく示している。すなわち、帆船が、その性能を技術的にさほど劇的ではないとはいえかなり改良したおかげで、新しい蒸気船に対抗しておどろくほどよく面目を保ち続けたことである。なるほど、世界の輸送力のうちに蒸気船が占める率は、一八四〇年における約一四パーセントから一八七〇年における四九パーセントへと、いちじるしく増加してはいたが、帆船がなおわずかながらリードを保っていた。一八七〇年代および一八八〇年代になってようやく、帆船が競争から脱落したのである。（一八八〇年代末までには、世界の輸送力に占める帆船の率は約二五パーセントに減少した。）蒸気船の勝利は、実質的にはイギリス商船隊の勝利、いやむしろ、そのうしろ楯となったイギリス経済の勝利であった。一八四〇年と一八五〇年に、イギリス船舶は、世界の公称の蒸気船トン数の約四分の一——ほぼ——を占め、一八七〇年には三分の一をやや越え、一八八〇年には半分以上を占めていた。言いかえれば、一八五〇年から一八八〇年までの間に、イギリスの蒸気船トン数は一六〇〇パーセント増加し、世界の他の国々のそれはおよそ四四〇パーセント増加したということになる。これは至極当然のことであった。カヤオ、上海、あるいはアレクサンドリアで船に荷物が積み込まれれば、その行き先はおそらくイギリスだったであろう。そして、実にたくさんの船舶に荷物が積み込まれたのである。一八七四年には一二五万トンの船舶（そのうち、九〇万トンがイギリスのもの）が、スエズ運河を通過した。——この運河が操業を開始した最初の年には、五〇万トン以下だった。北大西洋横断定期航路の輸送量は、さらにずっと多かった。一八七五年、アメリカ合衆国の東海岸の三つの主要港には五八〇万トンの船舶が入港したのである。

鉄道と船、これら二つがともに物資と人間を運んだ。しかしながら、ある意味で、われわれの扱う時代における最も驚異的な技術変革は、電信機による意思の伝達にあった。一八三〇年代半ばに、この革命的装置を発明する用意が整ったようである。それは、このような問題の場合に、その突破口が突如として開かれ解決に向かう、神秘的な仕方で整えられていた。一八三六—七年に、ほとんど同時に、大勢の異なる研究者たちが電信機を発明したが、そのなかでクックとホイートストンが一番早く成功を収めた。数年を経ずしてそれは鉄道に用いられ、さらに重要なことには、海底電線計画が一八四〇年から立てられた。だが、偉大なファラデーが一八四七年、グッタペルカによる電線絶縁を提案してからようやくそうした計画も実行に移すことができるようになったのである。一八五三年に、オーストリア人のギントル、二年後にもう一人のオーストリア人シュタルクが、二つの通信を同一電線で逆方向に送りうることを実演してみせた。また、一八五〇年代末には、一時間に二〇〇〇語を送る方式《システム》がアメリカ電信会社で採用された。さらに、一八六〇年ともなると、ホイートストンは、受信機テープとテレックスの元祖である自動印刷電信機の特許を受けた。

イギリスとアメリカ合衆国は、一八四〇年代にすでにこの電信という新しい装置を用いていた。それは、科学者が開発した技術の最初の例の一つであり、精緻な科学理論に基づいていなかったとしたら開発はほとんど不可能であったろう。ヨーロッパの先進地域は、一八四八年以後数年のうちにすばやく電信を採用した。——一八四九年オーストリアとプロイセン、一八五〇年ベルギー、一八五一年フランス、一八五二年オランダとスイス、一八五三年スウェーデン、一八五四年デンマークで採用された。ノルウェー、スペイン、ポルトガル、ロシア、ギリシアは一八五〇年代後半に、また、イタリア、ルーマニア、トルコは一八六〇年代に電信を導入した。いまではおなじみとなった電線と電信柱が増加し、電線敷設距離はヨーロッパ大陸では、一八四九年二〇〇〇マイル、一八五四年一万五〇〇〇マイル、一八五九年四万二〇〇〇マイル、一八六四年八万マイル、一八六九年一一万一〇〇〇マイルとなった。通信数もまた同様に増加した。一八五二年、すでに電信を導入していたヨーロッパ大陸の六ヵ国全部で、二五万足らずの数の通信が送られていた。一八六九年にはフランスとドイツがそれぞれ通信数六〇〇万を越え、オーストリアが四〇〇万以上、ベルギー、イタリア、ロシアが二〇〇万以上、トルコとルーマニアでさえ、それぞれ六〇万から七〇万に達していた。(9)

しかしながら、最も重要な発展は、海底電線が実際に建設されたことだった。その嚆矢は一八五〇年代初めに敷設されたイギリス海峡横断電線であり(ドーヴァー—カレー間、一八五一年、ラムズゲート—オーステンデ間、一八五三年)、敷設距離はしだいに長距離にわたるようになっていった。北大西洋海底電線が一八四〇年代半ばに提案され、一八五七—八年に実際に敷設されたが、絶縁が不十分であったために故障してしまった。電線敷設船として有名な「グレート・イースタン号」——世界最大の船——を用いた二度めの試みが、一八六五年に成功した。国際的な電線敷設が洪水のように次から次へと続き、五、六年のうちに、電線は事実上地球を取り囲むに至った。一八七〇年、一年間だけで、次のような区間に電線が敷かれている。シンガポール—バタヴィア〔ジャカルタ〕、マドラス—ペナン、ペナン—シンガポール、スエズ—アデン、アデン—ボンベイ、ペンザンス—リスボン、リスボン—ジブラルタル、ジブラルタル—マルタ、マルタ—アレクサンドリア、マルセイユ—ボーヌ、エムデン—テヘラン(陸上線)、ボーヌ—マルタ、ソールカム—ブレスト、ビーチー・ヘッド—ル・アーヴル、サンチアゴ・デ・クーバ—ジャマイカ、メエン

＝ボーンホルム―リーバウ〔リエパヤ〕、そして、北海横断電線が他に二、三区間。一八七二年までに、ロンドンから東京、アデレードへの電信が可能になっていた。一八七一年、ダービー競馬の結果が、ロンドンからカルカッタまでたったの五分で急送された。もっとも、達成されたことに比較すると、ニュースの内容それ自体は人々の胸を躍らせるという点でかなり劣ってはいたが。これに比べると、フィリアス・フォッグ氏のあの八〇日間はいったい何といったらいいのであろうか。このような情報伝達のスピードは、単に先例がないとか、実際に比較できるものがないなどというだけのことではなかった。一八四八年の大部分の人々にとって、それは想像を絶することだったでもあろう。

こうした世界的な電信システムの建設は、政治的要素と商工業的要素とをあわせもっていた。アメリカ合衆国は主要な例外であるが、内国電信は、ほとんど完全に国家が所有し経営していたか、あるいはのちにそのようになった。イギリスでさえ、一八六九年、内国電信を国有化して郵政省の管轄下においた。一方、海底電線は、ほとんど完全に、それらを建設した私企業の保有にまかされていた。とはいえ、地図を見れば明らかなように、海底電線は、いずれにせよイギリス帝国にとっては、大きな重要性をもっていた。実際、電信は、軍事目的、治安目的のみならず、行政目的からいっても、政府にとって、きわめて直接的な重要性があった。――たとえば、ロシア、オーストリア、トルコなどの国々で打たれた異常なほど多数の電報を見られたい。商業上の通信ならびに私的な通信がこの原因だったとはほとんどいえないであろう。（一八六〇年代の初めまで、オーストリアの通信数は常に北ドイツをしのいでいた。）領土が大きければ大きいほど、当局にとって、遠い前哨地点との間に迅速な情報伝達の手段を確保することが、ますます有益となった。

明らかに実業家たちは電信を広範に用いたが、一般の市民たちもまもなくその使用法を悟るに至った。――もちろん、主として、親戚との緊急かつ通常ドラマティックな通信のためである。一八六九年までに、ベルギーの全電報の約六〇パーセントが私的なものになっていた。しかし、この装置の最も重要な新しい使用法は、通信数だけでおし測ることはできない。ユーリウス・ロイター（一八一六―九九年）が、一八五一年、エクス＝ラ＝シャペル（アーヘン）

で通信社を設立したとき予見したように、電信はニュースの形式を変革したのである。（一八五八年、彼はイギリス市場にわり込み、その後この市場と深い関係をもった。）ジャーナリズムの観点からすれば、国際ニュースが地球上の十分多くの場所から自由に海底電信で送られ、翌朝の食卓に届きうるようになった一八六〇年代に、中世が終わったのである。特種《スクープ》かどうかは、もはや日数、または、もっと遠い地方からの場合のように、週単位や月単位で判定されるのではなく、時間単位あるいは分単位ですら判定されるようになった。

しかし、こうした情報伝達速度の異常な加速は、一つの逆説的な結果を生むことになった。それは新技術を利用できる場所と、それ以外の部分との間の懸隔を広げた。そのためまだ馬、牛、ラバ、運搬人夫、船などが輸送速度を規定していた地域の相対的な後進性を強めることになったのである。ニューヨークから東京へおよそ数分あるいは数時間で打電できた時代に、「ニューヨーク・ヘラルド」紙の全方策をもってしても、中央アフリカのデイヴィッド・リヴィングストンからの手紙を新聞社が手にするのには八、九ヵ月もかかった（一八七一―二年）とは、まったくもって驚くべきことであった。ニューヨークでその手紙が公表された翌日にロンドンの「タイムズ」紙が同じ手紙を転載できたというのも、これまたますますもって驚異的であった。「無法・未開の西部《ワイルド・ウェスト》」の「無法・未開《ワイルドネス》」と「暗黒大陸《ダーク・コンティネント》」の「暗黒《ダークネス》」〔という表現の違い〕は、ひとつには、このような対照性によるものであった。

探険家、またしだいに単に「旅行家《トラヴェラー》」と呼ばれるようになった人間に対する、公衆の驚くべき熱狂も同様であった。汽船の特等室、寝台車の寝室（両方とも本書の時代の考案だった）、ホテル、ペンションなどが、旅行者《トゥアリスト》の便宜をはかってくれる地域の外側、つまり、技術の辺境地帯《フロンティア》ないしはその奥を旅する人間が「トラヴェラー」なのであった。フィリアス・フォッグ氏は、この辺境地帯を旅したのであった。彼の興味は、ひとつには鉄道、汽船、電信が、いまや地球をほとんど取り囲むに至ったことを明かに示してみせることにあり、いまひとつには世界旅行が日常茶飯事となるのをいまだ妨げている、いく分かの不確実性や、まだ残されている空白な地域に対するものだったといえよう。

ともあれ、その著述がむさぼるように読まれた「旅行家」たちは、大勢のたくましい原住民のポーターたちの背による運搬に頼るだけで、近代的な技術の助けもかりず、未知なるものの危険に直面した人々であった。彼らは、探険家と宣教師たち、特にアフリカの奥地をつき進んだ人々であり、冒険者たち、特に安全でないイスラム地域にまで勇敢にも踏み込んだ人々であり、南アメリカのジャングルや太平洋の島々へ蝶や鳥を採集しにいった博物学者たちなどであった。一九世紀の第三・四半期は、出版者たちがすぐにも悟るように、叢林や原始林を進んだバートンとスピーク、スタンリーとリヴィングストンのあとから出現した新しい優雅な旅行者たちの黄金時代の幕あけだったのである。

Ⅲ

それにもかかわらず、国際的経済網が緊密になっていくにつれて、地理的に非常に遠く離れた地域でさえ、世界の他の部分との、単に言葉の上だけの関係ではなく、直接的な関係へと引き込まれていった。重要だったのは、単にスピードではなく――増大した交通量は、同時に早い速度をも強く要求したが――影響の及んだ範囲の広がりであった。この時代を開始させ、さらに――すでに論じてきたが――その形態を決定するのにあずかって力あった経済的事件、つまりカリフォルニアにおける金の発見（そしてその直後の、オーストラリアにおける金の発見）を例にとると、このことはいきいきと説明することができる。

一八四八年一月、ジェームズ・マーシャルという名の男が、カリフォルニアのサクラメントの近隣、サターズ・ミルで金を発見した。その埋蔵量は莫大だと思われた。カリフォルニアは、ちょうどアメリカ合衆国に併合されたばかりの、メキシコ北部の延長部分で、数人のメキシコ系アメリカ人の大土地所有者、牧場主、漁師、そして、サンフランシスコ湾の便利な港――この港のおかげで八一二人の白人住民からなる村の暮らしが立っていた――を使っていた捕鯨者たち以外には、経済的重要性はまったくなかった。この地方は太平洋に面し、広大な山岳や砂漠や大草原によって合衆国の他の部分から切り離されていたために――その自然的な富や魅力は明らかだったし、もちろんそれは認められてはいたのだが——すぐに資本主義的事業と関連をもつようにはならなかった。ゴールドラッシュはこうした状況にすぐさま変化をもたらした。その断片的なニュースは、その年の八月、九月までに合衆国の他の地方にまで知れわたったが、十二月の大統領教書でポーク大統領がこれを確認するまでは、ほとんど関心を呼び起こさなかった。このゆえに、ゴールドラッシュは、〔四九年にカリフォルニアへ行った〕「フォーティ＝ナイナーズ」の名とひとつものとみなされている。一八四九年末までに、カリフォルニアの人口は、一万四〇〇〇人から一〇万人弱にまでふくれ上がり、一八五二年の後半までに二五万人に達した。サンフランシスコは、すでにほぼ人口三万五〇〇〇の都市となっていた。一八四九年の四月から十二月までの間に、約五四〇隻の船がサンフランシスコ港の波止場に着いた。その出港地はアメリカとヨーロッパとがほぼ半々だった。一八五〇年には、合計約五〇万トンにものぼる一一五〇隻がその波止場に着いた。

カリフォルニアおよび一八五一年以後のオーストラリアにおける、このような突然の発展がおよぼした経済的影響はさまざまに論議されてきた。が、同時代の人々は、その重要性についてまったく疑問を抱いていなかった。一八五二年、エンゲルスはマルクスににがにがしくこう述べている。「カリフォルニアとオーストラリアは、『〔共産党〕宣言』では予想されていなかった、二つの場合です。すなわち、無からの新しい大きな市場の創造がそれです。われわれは、今後これを考慮に入れねばならないでしょう。[10]」アメリカ合衆国の全般的な好況、世界的な経済発展（前出第二章参照）、突然の爆発的な大量移民（後出第一一章参照）、これらがどの程度までカリフォルニアやオーストラリアのゴールドラッシュに起因していたか、ここで決める必要はない。いずれにせよ明らかなことは、ヨーロッパから数千マイル離れたところで起こった局地的な発展が、有能な観察者の意見によれば、ヨーロッパ大陸にほとんど即時的かつ広範囲の影響を及ぼしたということである。世界経済が相互に依存しあっているということをこれ以上よく示すことは、ほとんどできなかったであろう。

ゴールドラッシュが、ヨーロッパやアメリカ合衆国東部の主要都市に、そしてそこの世界的視野をもった商人、金融業者、荷主に影響を与えたとしても、もちろんそれは驚くには当たらない。しかし、世界のこれら以外の地理的に遠く離れた地域へのゴールドラッシュの即時的な影響は、はるかに意外なものであった。もっとも、実際上カリフォルニアへ行くには、海路によるほかなく、その場合には距離はあまり問題にならなかった、という事情が、ゴールドラッシュの影響を大いに助長したのではあったが。黄金熱は海をわたって急速に広がっていった。ニュースを聞くやいなやサンフランシスコの住民の大半と同様太平洋上の船の水夫たちも金鉱地に一攫千金の夢をかけて船から脱走した。一八四九年八月、乗組員に見捨てられた二〇〇隻もの船が水辺をふさぎ、その船材は、結局建築用に使われたのだった。サンドウィッチ諸島（ハワイ）や中国やチリで水夫たちはこのニュースを聞いた。賢明な船長たち——南アメリカの西海岸で貿易を行なっていたイギリス人のように——は、北へ航海するという一見金もうけのできそうな誘惑を拒んだ。運送料と水夫の賃金が、カリフォルニアへ輸出しうるあらゆるものの値段とともに、急騰した。そして、輸出できないものは何ひとつとしてなかった。かくて一八四九年末チリ議会は、国内の船舶の大半がカリフォルニアに引き寄せられ、そこで放棄され動かないのを確認し、外国船が一時的に沿岸貿易を行うことを公認したのであった。また、カリフォルニアが、太平洋沿岸各地をつなぐ本物の貿易網を初めて創造した。そしてその貿易網によって、チリの穀物、メキシコのコーヒーとココア、オーストラリアのじゃがいもや他の食料品、中国からの砂糖と米、そして——一八五四年以後は——日本からの若干の輸入品さえ、アメリカ合衆国に輸送されたのであった。（一八五〇年、ボストンの「バンカーズ・マガジン」が次のように予言していたが、それはゆえなきことではなかったのである。「〔企業と貿易の〕影響が部分的には日本にまで及ぶと予想しても決して不合理ではないだろう[11]」と。）

われわれの観点から見て、貿易よりももっと重要なものは、人間に関することがらであった。チリ人、ペルー人および「さまざまな島々に属するキャックナッカーズ」（太平洋の島民たち）[12]の移住は、初期の段階では注意をひいたが、数の上ではたいして重要ではなかった。（一八六〇年、カリフォルニアには、メキシコ人以外のラテン・アメリカ人が約二四〇〇人、太平洋の島民が三五〇〇人以下しか住んでいなかった。）一方、「このすばらしい発見の最も驚くべき結果の一つは、それが中華帝国の進取の気性に与えた刺激である。これまで、世界で最も無感動で、国外に出るのがきらいな人種と考えられていた中国人が、金鉱の知らせを聞いて新しい人生にのり出し、何千もの人々がカリフォルニアへ殺到したのである。」[13] 一八四九年、中国人は七六人であったが、一八五〇年末までには四〇〇〇人、一八五二年には二万もの人々が上陸し、結局、一八七六年までに約一一万一〇〇〇人、つまり、この州のカリフォルニア生まれではない住民全体の二五パーセントを占めるにいたった。彼らは、技術、知性、そして進取の気性をもたらし、ついでに西洋文明を、東洋のかの最も強力な文化的輸出品、つまり中国料理店――一八五〇年にはすでに繁盛していた――に引き合わせたのである。抑圧され、憎まれ、ばかにされ、そして時にはリンチを加えられながら――一八六二年の不況のときには八八人が殺害された――中国人は、生き残って成功しようとする、この偉大な民族のいつもながらの能力を示した。そして結局、長い人種的煽動のクライマックスとして一八八二年に中国人制限法が制定され、東洋社会から西洋社会へ経済的に誘導された自発的な大量移民のおそらく歴史上最初のものに終止符を打ったのである。

この他には、ゴールドラッシュの刺激は、伝統的な移住者を西海岸に向けただけだった。そのなかでは、イギリス人、アイルランド人、ドイツ人が大多数を占め、他にメキシコ人がいた。

彼らは圧倒的に海路をとってやってきたが、北アメリカの住人（とりわけ、テキサス、アーカンソー、ミズーリ、そして――カリフォルニアへの移住が不釣合に多かった――ウィスコンシン、アイオワからの人々）のなかには、陸路をとったであろう人々もいた。それは大西洋岸から太平洋岸まで三、四ヵ月もかかる難儀な旅だった。カリフォルニアからゴールドラッシュの影響が伝達されていった主要な航路は、一万六、七千マイルの海をわたって東へと延びていた。これはヨーロッパと合衆国東海岸とを、ホーン岬経由でサンフランシスコに結びつけた。ロンドン、リヴァプール、ハンブルク、ブレーメン、ル・アーヴル、そしてボルドーからは、すでに一八五〇年代にサンフランシスコへと直接に航海することができた。しかし四、五ヵ月もかかるこの旅程を、より安全なものにしたいということと並んで、その所要時間を短縮したいとの要求はきわめて強いものがあった。また、広東―ロンドン間の茶貿易のためにボストンとニューヨークの造船家たちが建造した快速大型帆船《クリッパー》は、いまや輸出向けの船荷をも運んでいた。ゴールドラッシュ以前にはホーン岬をまわる船は二隻しかなかったが、一八五一年の後半には二四隻（三万四〇〇〇トン）がこの岬をまわってサンフランシスコに到達した。一方、ボストンから西海岸への旅程は短縮されて一〇〇日以下――一例では八〇日にさえ――の航海となっていたのである。必然的に、さらに短縮が可能な航路の開発が求められた。少なくともパナマ運河が建設されるまで、パナマ地峡は、いま一度スペイン植民地時代と同様積み換えの主要地点となった。パナマ運河は一八五〇年の英米間のブルワー＝クレイトン条約によってただちに企画されたが、実際の工事は、スエズで成功したばかりだったフランスの異端派サン＝シモン主義者、ド・レセップスの手で――アメリカの反対をおし切って――一八七〇年代に開始された。アメリカ合衆国政府はパナマ地峡を横断する郵便事業を育成していた。ニューヨークからパナマ地峡のカリブ海側まで、そしてパナマからサンフランシスコおよびオレゴンに至る蒸気船による毎月の定期便が確立された。本来は政治的・帝国主義的な目的のために一八四八年に開始されたこの業務は、ゴールドラッシュの到来とともに採算をとって余りあるものとなった。パナマは、現在まで残っている、ヤンキー所有の新興都市となった。そこでは、コモドア・ヴァンダービルトやカリフォルニア銀行の創設者W・ラルストン（一八二八―八九年）のような将来の追いはぎ貴族《ロバー・バロン》たちが、世に出る機会をうかがっていた。時間が大いに節約されたので、パナマ地峡はまもなく国際海運の十字路になった。パナマ地峡を通ると、サウサンプトンからシドニーへは五八日間で行くことができた。そして、メキシコとペルーで以前から産出されていた貴金属はいうに及ばず、あのいまひとつの鉱業の大中心地であるオーストラリアで一八五〇年代初めに発見された金もまた、この地峡を通ってヨーロッパや合衆国東部へと運ばれていった。カリフォルニアの金とあわせて、年間約六〇〇〇万ドル相当が、パナマを通って運搬されたでもあろう。一八五五年一月に早くも最初の鉄道列車がパナマ地峡を横断していたというのも、これでうなずけるわけである。この鉄道路はフランスの会社によって立案されていたが、特徴的なことに、実際に建設したのはアメリカの会社であった。

このようなことがらが世界で最も僻遠の一地域で起こった出来事の、眼に見えたほとんど即時的ともいえる結果であった。そうであってみれば観察者たちが次のように考えたのも、当然である。彼らは経済世界を、単に一つの結び合った複合体と考えたにとどまらず、そこでは各部分がよそで起きることに敏感で、その出来事を通じて貨幣、物資、人員が、需要と供給また利益と損失のあらがちがたい刺激に従って、しかも近代的な技術のおかげで、円滑に、そしてますます急激に移動する、そういう連結体だと考えたのである。そうした人々のなかで最も鈍感だった（最も「利にうとい」ので）連中でさえもこの刺激に大量的反応を示したとなれば——オーストラリアへのイギリス人移民は、そこで金が発見されてからのち一年で二万人からほぼ九万人へと増加した——、何が、そして誰が、人々の動きにさからうことができただろうか。とはいえ、明らかにこうした動向から多かれ少なかれ隔絶していた地域も世界には、そしてヨーロッパにさえ、まだ多く存在していた。だが、それらの地域にしても、遅かれ早かれすべてこの動向に引き込まれていくことを誰が疑いえたであろうか。

IV

このように地球のあらゆる地域が引き寄せられて一つの世界となることについては、一九世紀半ばの人々よりも今日のわれわれの方がよく知っている。しかし、われわれが今日この事実を経験する過程と、本書の時代におけるそれとの間には大きな違いが存在する。二〇世紀の場合に関して最も顕著なのは、純経済的・技術的なものに限定されることなく、それらをはるかに越えて進行している国際的な標準化なのである。単なる経済的・技術的な面でも、われわれの世界はフィリアス・フォッグ氏の世界よりずっと大幅に標準化されているが、ただしそれだけなら、より多くの機械、生産設備および事業《ビジネス》が存在するようになったからにすぎない。というのは一八七〇年の鉄道、電信、船舶は、それらがどこにあろうとも、一九七〇年の自動車や飛行場に劣らず、国際的な「モデル」として通用するものだったのだから。しかし当時はほとんど生じていなかったことといえば、文化面での国際的標準化であり、言語のちがいをこえた標準化であった。今日では、そうした標準化のおかげで、少々の時間のずれ程度のことはあれ、同様の映画、ポピュラー・ミュージックの同様のスタイル、同様のテレビ番組、そして実に大衆の同様な生活様式が、世界じゅうにひろがっていくのである。もっとも、当時でもこのような標準化は、ある点までは、少なくとも言語の障害に妨げられない限りは、数からいえばたいして多くなかった中産階級と若干の金持ちに影響を及ぼしはした。当時も、先進世界の「諸モデル」は、先進国民の系譜をひく一握りの者たちによって、より後進的な世界で模倣された。――すなわちイギリス帝国の全領域とアメリカ合衆国のイギリス人、またもっと程度は少なかったが、ヨーロッパ大陸でくらしていたイギリス人によって。ラテン・アメリカ、レヴァント、および東ヨーロッパの一部でくらしていたフランス人によって。中央ヨーロッパ・東ヨーロッパの全領域やスカンジナヴィアでくらしていた、またある程度まではアメリカ合衆国のドイツ＝オーストリア人などによってである。ある共通の目に見えるスタイル、たとえば家具・調度などが過剰にしつらえられているブルジョア家庭の室内のスタイルとか、劇場や歌劇場などのバロック式公共建築といった類いの様式性は見ることができた。もっとも、それも実際には、ヨーロッパ人あるいはヨーロッパ人の血をひく入植者が身をおちつけていた場所についてだけ当てはまることだったが（後出第一三章参照）。しかもこれは、高賃金のおかげで経済的にみてつつましい階級の市場が、またそれゆえその生活様式が民主化された、アメリカ合衆国（およびオーストラリア）を除いて、依然として比較的少数の人々の間のことに限られていた。

一九世紀半ばのブルジョアの予言者たちが、多かれ少なかれ標準化された単一の世界を期待していたことは、疑いの余地がない。そうなれば、従来のキリスト教やイスラム教以上の強力で組織的な伝道によって地球上いたるところに広められた、経済学と自由主義との真理を、すべての政府が認めるでもあろう。つまり、それは、ブルジョアジーの姿にかたどってつくりかえられた世界、ついには国民的差異も消滅してしまうであろうような世界であった。早くも、コミュニケーションの発達が、新しい種類の国際的な統合的・標準化的な組織――国際電信連合（一八六五年）、万国郵便連合（一八七五年）、国際気象機関（一八七八年）、これらはすべて今なお存在している——を要請していた。また、コミュニケーションの発達はすでに——限定された目的のためには問題は一八七一年の国際信号書によって解決されたが——国際的に標準化された「言語」という問題をも提起していた。数年を経ずして、人工的な世界語を案出しようとする試みが流行になった。その先駆けは、一八八〇年に一ドイツ人が考え出したヴォラピュック（「世界＝話す」）という奇妙な名前の言語であった。（こうした言語はどれ一つとして成功を収めることはなく、最も前途有望だと思われたエスペラント——これまた一八八〇年代の考案——ですら駄目だったのである。）早くも、労働運動は、しだいに深まりゆく世界の一体化からその政治的な結論をひき出そうとする世界的組織——インターナショナル（後出第六章参照）——を確立する過程にあった。*

＊ これまたこの時代に誕生した国際赤十字（一八六〇年）がこのグループのなかに入るかどうかは疑問である。なぜなら、それは国際主義の最も欠如した状態、すなわち諸国間の戦争に基づいていたからである。

とはいうものの、こういった意味での国際的な標準化と一体化とは、依然として微弱で部分的なものにとどまっていた。実際、民主主義的な根拠を有しての新しい諸々の国民や新しい諸々の文化の台頭は、ある程度まで国際的標準化や一体化をより困難に、いやむしろもっと回り道を要するものにしていた。それらの諸国民や諸文化は、教養のある少数派の国際的イデオムを用いず、それぞれの言語を用いていたのである。作家が全ヨーロッパ的な、あるいは全世界的な名声を得るということは、翻訳を通してのほかありえなかった。一八七五年までに、ドイツ語、フランス語、スウェーデン語、オランダ語、スペイン語、デンマーク語、イタリア語、ポルトガル語、チェコ語、ハンガリー語による読者たちが、ディケンズの著作の一部または全部を享受しえたということは重要であるが（読者たちは、ブルガリア語、ロシア語、フィンランド語、セルボ＝クロアチア語、アルメニア語、イディッシュ語でも一九世紀が終わる前にこの作品を読めるようになった）、それに劣らず重要なのは、この過程がまさに言語における多様化の進行を意味していたことである。かくて長期的な見通しはともあれ、短期的、中期的には、個別的な競い合う諸国民の形成という姿で発展が進行するということを、同時代の自由主義的な観察者たちも受け入れていた（後出第五章参照）。最大限望みえたものは、これらの国民が、同じタイプの諸制度、経済および信条を体現するようになることであった。世界の一体化は、多様化を伴っていた。世界的な資本主義体系は、競合的な「諸国民経済」の構造を呈していた。かくて自由主義の世界的勝利は、あらゆる民族、少なくとも「文明化されている」とみなされている諸民族の自由主義への回心にかかっていた。疑いもなく、一九世紀の第三・四半期における進歩の唱道者たちは、遅かれ早かれそうなることを確信していた。しかし、彼らの確信のよりどころは不確かなものだったのである。

彼らも、世界的なコミュニケーション網が常に緊密の度を深めていくことを示す点では、なるほど確かな立脚点に立っていた。その最も明白な結果は、物資や人間の国際的な交流、つまり貿易と移住——これについては別の箇所で考察する（後出第一一章参照）——とが非常に増大したことであった。しかし、最も単純に国際的だといえる商工業活動の分野においてさえ、世界の一体化は無条件の利点を意味するものではなかった。というのは、一体化は世界《ア・ワールド・》経済《エコノミー》を創り出したのだったが、そこでは、すべての地域の相互依存度が高くなり一本の糸を引っぱれば他の全部も必ず動き出すという類いのものとなったからである。この事態の古典的例証が国際的不況であった。

すでに示唆したように、主要な二種類の経済変動が一八四〇年代の世界の運命に影響を及ぼした。作物と家畜の出来・不出来に起因する旧来の農業循環《アグレアリアン・サイクル》、そして資本主義経済メカニズムの本質的な一部をなす新しい「景気循環《トレイド・サイクル》」この二つである。一八四〇年代には前者がまだ世界で優位に立っていたが、その影響は、全地球的というよりむしろ地域的な傾向をもつものであった。というのは、最も広い範囲にわたって一様に起こる自然現象——天候と植物・動物・人間の流行病——でさえ、世界の全地域で同時に起こることはほとんどなかったからである。工業化をとげた経済は、少なくともナポレオン戦争終結時から、すでに景気循環に支配されていた。しかし、この影響が及んだのは、実際にはイギリスおよびおそらくベルギー、そして国際体系に連動している他の諸経済の小部門のみであった。農業不調と重ならない恐慌——たとえば一八二六年、一八三七年、ないしは一八三九—四二年のそれ——は、イングランドと、アメリカ東海岸の実業界やハンブルクの実業界をも揺さぶったが、それでもヨーロッパですらもその大部分は、当然のことながら、これに攪乱されずにすんだのであった。

一八四八年以後、二つの発展が起こってこうした事情が変化した。まず第一に、景気循環型の恐慌が、真に世界的規模のものとなった。ニューヨークの銀行倒産とともに始まった一八五七年のそれは、おそらく近代的な型の最初の世界的不況であったろう。（それも、偶然ではなかったかもしれない。カール・マルクスの観察によれば、交通・通《コミュニケ》信機関《ーション》〔の発達〕が、商工業上の混乱の二つの主要な源泉であるインドとアメリカとを、大いにヨーロッパに近づけていたのである。）恐慌は、アメリカ合衆国からイギリスへ、そこから北ドイツ、そしてスカンジナヴィア、逆もどりしてハンブルクへと進行し、累々たる破産や失業の跡を残しながら、かたや海をとび越えて南アメリカにまで達した。ウィーンで始まった一八七三年の不況は、逆方向に、そしてもっと広範に広がった。われわれがこれから見るように、その長期的な影響は——予想されるように——ずっと深いものであった。さて、第二に、旧い農業的な経済変動は、少なくとも産業化をとげつつある国々では、その効力の多くを喪失していた。というのは一つには、食糧の大量輸送のおかげで局地的食糧不足が減少し、価格が均等化する傾向にあったからであり、さらにまた、このような食糧不足の社会的影響が、経済の工業部門において喚起される良好な雇用によっていまや相殺されるようになっていたからである。不作が続けば、まだ農業は影響をこうむるではあろうが、必ずしもその国の他の分野にも影響が及ぶわけではなかった。そのうえ、世界経済の支配力が強まるにつれて、農業の浮沈でさえ、自然の変動よりも世界市場の価格変動にずっと多く左右されることになった。——一八七〇年代、一八八〇年代の大農業不況は、これを明らかに示している。

これらの発展はすべて、世界の、すでに国際経済に引き込まれていた部分にのみ影響を与えた。広大な地域と莫大な人口——事実上、アジア、アフリカの全部、ラテン・アメリカの大部分、そしてヨーロッパでもかなりの部分——

が、いまだ純粋に局地的な交換以外のどんな経済にも属さず、港、鉄道、電信から遠く離れて存在していたのだから。それゆえ一八四八年から一八七五年にかけて世界が一体化されたということを、われわれは誇張すべきではない。結局、当時の著名な年代記作者が指摘したように、「世界経済は、まだほんの糸口についたばかりである。」しかし、彼がまた正しくもつけ加えたように、「こうした糸口によってさえ、われわれは、その将来の重要性を推測することができる。なぜならば、現段階ですでに、人類の生産性のまったく驚異的な変容が示されているからである。」[14] たとえば地中海の南海岸や北アフリカのような、ヨーロッパにごく近い地域のことだけを考えてみても、一八七〇年には、上述してきたところは、エジプトやフランス人入植者たちによって植民地化されたアルジェリアのささやかな小区域を除いては、どこにもほとんど当てはまらなかったであろう。モロッコは、一八六二年になってやっと外国人にその全領土内で営業を営む自由を与えた。チュニジアは、エジプトとほとんど同じように悲惨であったが、一八六五年以後まで、借入金によってその緩慢な進歩の速度を速めることなどまったく思いもつかなかった。アトラス山脈の南、ワルグラ、ティンブクトゥ、タフィレルトで世界貿易の発展の産物である茶が初めて記録されたのは、ようやくこの時代であった。もっとも、まだかなりの贅沢品としてではあったが――茶一ポンドの価格がモロッコの兵士の一ヵ月分の給料に等しかった。一九世紀後半までイスラム諸国では、近代世界に特徴的な人口増加のきざしはまったく見られず、それどころか逆に、サハラ砂漠諸国のいずこにおいても、またスペインでも、一八六七―九年に起こった飢饉と流行病の伝統的な結合（これは、同じときにインドの多くの地方をも荒廃させた）の方が、世界資本主義の興隆と連関したどの発展よりも、はるかに大きな経済的・社会的・政治的重要性をもっていたのである。ただ、アルジェリアにおけるように、世界資本主義の興隆が、そうした災害のもたらす困難の度を深めたとはいえよう。

(1) K. Marx and F. Engels, *Manifesto of the Communist Party* (London 1848).〔大内兵衛・向坂逸郎訳『共産党宣言』岩波文庫、一九五一年、四五ページ〕

(2) U. S. Grant, Inaugural Message to Congress (1873).

(3) I. Goncharov, *Oblomov* (1859).〔米川正夫訳『オブローモフ』中巻、岩波文庫、一九七六年、三〇ページ〕

(4) J. Laffey, 'Racines de l'imperialisme français en Extrème-Orient', *Revue d'Histoire Modern et Contemporaine* XVI (April-June 1969), p. 285.

(5) これらのデータの多くは W. S. Lindsay, *History of Merchant Shipping*, 4 vols (London 1876) からとった。

(6) M. Mulhall, *A Dictionary of Statistics* (London 1892), p. 495.

(7) F. X. von Neumann-Spallart, *Übersichten der Weltwirtschaft* (Stuttgart 1880), p. 336; 'Eisenbahnstatistik', *Handwörterbuch der Staatswissenschafter* (2nd ed.) (Jena 1900).

(8) L. de Rosa, *Iniziativa e capitale straniero nell' industria metalmeccanica del Mezzogiorno, 1840-1904* (Naples 1968), p. 67.

(9) Sir James Anderson, *Statistics of Telegraphy* (London 1872).

(10) Engels to Marx (24 August 1852) (*Werke*, XXVIII, p. 118).〔『全集』第二八巻、一九七一年、九五ページ〕

(11) *Bankers Magazine*, V (Boston 1850-1), p. 11.

(12) *Bankers Magazine*, IX (London 1849), p. 545.

(13) *Bankers Magazine*. V (Boston 1850-1), p. 11.

(14) Neumann-Spallart, *op. cit.*, p. 7.

第四章　紛争と戦争

そしてイギリスの歴史は、国王たちに声高らかにこう語りかける。

もしなんじらが己れの世紀の思想の先頭に立って進むなら、それはなんじらに従い、なんじらの支えとなるであろう。

もし思想のあとを進むなら、それはなんじらを引き立ててゆくであろう。

もし思想に逆らって進むなら、それはなんじらを打ち倒すであろう。

ナポレオン三世(1)

船主や商人や技術者たちのこのような集団で、闘争本能がいかに急速にかりたてられていったかは、よく知られている。……〔ボルティモア・ガン・クラブの〕唯一の関心事は、博愛主義の目的のために人類を絶滅することと、文明の利器とみなされている兵器の改良とにあった。

ジュール・ヴェルヌ、一八六五年(2)

I

歴史家からみて一八五〇年代の大好況は、世界的な工業経済と単一化された世界の歴史との基礎をなしている。すでにみたように、この大好況は一九世紀中葉におけるヨーロッパの支配者たちに休息の時を提供した。この休息の間に、一八四八年の諸革命およびその鎮圧のいずれによっても解決をみなかった諸問題が、繁栄と手堅い行政を経験することによって忘れ去られるか、あるいは少なくとも緩和されたかにみえた。そして、経済の大拡張と、無制限な資本主義的発展に適した制度や政策の採用と、そして大衆の不満の圧力を弱めるに足る安全弁の開放――良好な就職口と移住という――とによって、実際、社会問題はいまや非常に処理しやすくなったように思われた。しかし、諸々の政治的な問題は残っており、一八五〇年代末ともなると、そうした問題はもはや避けられないことが明確になった。それらは各国政府にとって本質的には国内政治上の問題だった。ところがオランダとスイスをむすぶ線以東のヨーロッパの諸国家では、国家のシステムがかかえていた特異な性格のために、国内問題と国際問題とが複雑にからみ合っていた。ドイツやイタリアや、またハプスブルク帝国においては、そしてオスマン帝国においても、さらにはロシア帝国の縁辺においてさえ、自由主義と急進的民主主義とを――少なくとも諸権利および代議制の承認を求める要求を――、民族の自治ないし独立または統一を求める要求から切り離すことはできなかった。そして今度はこのことが、国際紛争を生み出すかもしれないのであった。いや、ドイツ、イタリア、ハプスブルク帝国の場合には、そうならざるをえないのであった。

その理由は次のごとくであった。ヨーロッパ大陸における国境の実質的ないかなる変更に対しても他の列強は利害関心を持っていた。また、そのような事情をまったくおくとしても、イタリアの統一は、北イタリアの大部分が属していたハプスブルク帝国の排除を意味していた。そしてドイツの統一は、三つの問題を提起していた。すなわち統一されるべきドイツは、正確にいって何から構成されるのかという問題、*ドイツ連邦の成員である二大邦国、プロイセンとオーストリアがどのように統一ドイツのなかにうまく収まるのかという問題、中規模の王国からコミック・オペラ風のちっぽけな国にまでわたる、ドイツ内の他の無数の諸邦には何が起こるであろうかという問題がそれである。そしてわれわれが見てきたように、イタリアもドイツも、ハプスブルク帝国の山河と国境とに、切っても切れない関係があった。かくてこの両地域における統一は、暗に戦争を意味したのである。

* 「ドイツ連邦」には、ハプスブルク帝国の半分に満たない部分と、プロイセンの半分以上の部分、ならびにホルシュタイン＝ラウエンブルク

が含まれていた。ホルシュタイン＝ラウエンブルクはまた、デンマーク、ルクセンブルクとも結ばれていたが、ルクセンブルクはドイツとは別のつながりもあった。ドイツ連邦は、当時デンマーク領だったシュレスヴィヒを含まなかった。一方、一八三四年に初めて結成された「ドイツ関税同盟」(Zollverein) は、一八五〇年代半ばまでにプロイセン全土を含んだが、オーストリアのどの部分をも含まなかった。それはまた、ハンブルク、ブレーメン、および北ドイツのやや大きな部分（メクレンブルク、ホルシュタイン＝ラウエンブルクならびにシュレスヴィヒ）をも含まなかった。このような状況の複雑さは想像に難くないであろう。

しかしヨーロッパの支配者たちにとっては幸運にも、国内問題と国際問題とがからみ合ったこうした爆弾は、いまや爆発力を失っていた。いや、革命の敗北に引き続いて起こった経済の好況が、その信管をとりはずしたといった方がよかろう。ただ、大ざっぱにいって、一八五〇年代末から諸国の政府は、穏健的・自由主義的な中産階級およびより急進的な民主主義者によって引き起こされ、時には新たに台頭してきた労働者階級の運動によってさえ引き起こされた、国内的な政治的動揺に再び直面させられることにはなった。若干の政府は、——クリミア戦争（一八五四—六年）におけるロシアや、一八五九—六〇年のイタリア戦争におけるハプスブルク帝国のように、特に戦争に負けたときには——以前よりもはるかに国内の不満や非難にさらされがちだった。それにもかかわらず、孤立させられたり、封じ込められたりした一、二の場所を除いては、これらの新たな動揺は革命的なものとはいえなかった。こうした時代の特徴を示すエピソードは、一八六一年に選出されたきわめて自由主義的なプロイセン議会と、議会の要求に屈する意志などまったくなかった、プロイセン王ならびに貴族階級との間の対決である。自由主義者のおどしが単なるレトリックにすぎないことをよく知っていたプロイセン政府は、対決をあおった。そして、任用しうる最も冷徹な保守主義者、オットー・フォン・ビスマルクを首相として招き入れ、議会に徴税案を拒否させず、またそれを拒否した場合にもそれをものともせずに統治させようとした。ビスマルクは難なくそれをやってのけたのである。

しかしながら、一八六〇年代に関して特筆すべき点は、諸政府がほとんど常に主導権を握っていたということでもない。また、諸政府がいつもなら操作できた状況の掌握力を失うことがあったとしても、それはただ一時的なものでしかなかったということ等でもない。とにかくロシアより西では、政府に対する反対派民衆の要求のいくつかは、常に承認されたということなのである。この一〇年は、改革と政治的自由化が行われた時期であり、そして「民主主義諸勢力」と呼ばれたものに対する若干の譲歩がみられた時期でさえあった。すでに議会制度が存在していたイギリスやスカンジナヴィアや低地地方では、各国内部で選挙権の範囲が拡大され、いうまでもなく、関連した一群の改革も行われた。一八六七年のイギリス選挙法改正法は、実に選挙戦の決定力を労働者階級の投票人たちの手に委ねるものだと信じられたのである。ナポレオン三世の政府が一八六三年までに明らかに都市票を失ったフランスでは――パリの一五人の代表のうち政府支持の代表者は一人しか選出されなかった――帝政を「自由化」するために、しだいに広範な試みが行われるようになった。しかし、雰囲気のこのような変化は、議会制をとっていない君主国においてさらにいっそう顕著なものがあった。

ハプスブルク帝権は、一八六〇年以後まるでその臣民が政治的な意見をまったくもたないかのように、統治しようとする試みをあっさりと放棄した。これ以後、この帝権は、その治下にある無数の騒々しい諸民族の間から、残余の諸民族を政治的に無力化しうるほど十分に強力な連合勢力を見出すことに専念した。もっとも、いまやハプスブルク帝国は、これら諸民族のすべてに一定の教育上および言語上の譲歩をせざるをえなかったのであるが（後出一三六ページ参照）。一八七九年まで、ハプスブルク帝国にとって最も好都合な基盤は通常、ドイツ語を話す構成員である中産階級の自由主義者たちであった。帝国をオーストリア＝ハンガリー二重帝国へと転形させた、一八六七年の「和協」によって独立に近いものをかちえたマジャール人に対しては、ハプスブルク帝権は有効な支配を維持することができなかった。しかし、ドイツで起こったことは、さらにいっそうめざましいものであった。一八六二年、自由主義、民主主義およびドイツ国民主義《ナショナリズム》に対抗して伝統的なプロイセン君主制と貴族制度を維持するという綱領にもとづいて、ビスマルクがプロイセンの首相になった。一八七一年にはこの同じ政治家が、彼自身の力で統一したドイツ帝国の宰相として登場した。ドイツ帝国には、男子普通選挙によって選出され、（穏健な）ドイツ自由主義派の熱狂的な支援に支えられていた（しかし明らかに重要ではない）議会があった。ビスマルクは、どんな意味においても決して自由主義者とはいえなかったし、政治的な意味でもドイツ国民主義者《ナショナリスト》とは決していえなかった（後出第五章参照）。ただ彼は、頭脳明晰であったので、これ以後プロイセン・ユンカーの世界を保全するには、自由主義や国民主義と正面からぶつかるべきではなく、これら両者の枠組を自分に都合のよいようにねじまげて利用するしかない、と洞察することができたのだった。その意味するところは、イギリス保守党の指導者ベンジャミン・ディズレーリ（一八〇四—八一年）が、一八六七年の選挙法改正法を紹介した際に、「水浴中のホイッグ党員を見つけて、その衣服を着て行ってしまうこと」と述べたことを実行するものであった。

こうして、一八六〇年代の支配者たちの政治は、三つの要因によって規定されていた。第一に彼らは、自分では制御できず、適応せねばならぬ経済的・政治的な変化にさらされていた。唯一の選択は——そして政治家たちもこれをはっきりと認識していた——追い風に帆をあげて航海するか、それとも船乗りとしての腕にものをいわせて船を別の方角に巧みに向けるか、このいずれをとるかだった。そして風それ自体は、自然現象であった。第二に、支配者たちは新興勢力に対して、彼らがその擁護に力を尽くしている社会体系や特別な場合には政治構造をおびやかされぬ限りでの譲歩について、またその先へ行けば安全には進みえなくなる限度についても決定せねばならなかった。しかし第三に、支配者たちはかなりの主導権と、巧みな操縦を行う機会とを与えられ、ある場合には事実上、事態の成り行きを思いのままにできた。こうした状況のもとで幸運にも彼らは第一と第二の問題について政策決定を下すことができたのだった。

それゆえ、この時代をあつかった伝統的なヨーロッパ史において最もめだつ政治家たちは、政治的処置と外交術および統治装置の制御とを、最も系統的に結びつけた人々、すなわち、プロイセンのビスマルク、ピエモンテのカミッロ・カヴール伯爵（一八一〇—六一年）、ナポレオン三世などであり、また上流階級による支配の体系を、たくみな統御のもとに拡大するという困難な作業を一番うまくやってのけた人々、たとえばイギリス自由党のW・E・グラッドストン（一八〇九—九八年）、保守党のディズレーリ等々であった。そして最も成功した者は、新旧両方の非公式の政治勢力を、それに賛同するか否かは別にして、自分自身に都合のよいように動かす方法を理解していた人々だった。一八七〇年、ナポレオン三世はこの点で失敗したために失脚した。しかし、この困難な仕事に関し並みはずれて優秀だった二人の男がいた。穏健的自由主義者のカヴールと保守主義者のビスマルクであった。

二人ともきわめて明晰な政治家であった。このことは、カヴールの文体が地味で明快であり、ビスマルクがドイツ語の散文に非常に熟達していたという事実にも反映されているが、全体的に見て、ビスマルクの方がより複雑で大きな人物であった。どちらも、きわめて反革命的で、そうした政治勢力に共感を示すことなどまったくなかったが、その政治勢力の綱領を引きついで、そこから民主的・革命的含みを取り払ったものを、イタリアとドイツで実行に移した。カヴールとビスマルクは次のような仕方で、国家的統一が民衆の影響を受けずに行われるよう注意を払った。カヴールは、新しいイタリア王国をピエモンテの延長線上におくようあくまでも言い張り、その王である（サヴォイアの）ヴィットーリオ・エマヌエーレ二世の称号の番号を変えて（イタリアの）ヴィットーリオ・エマヌエーレ一世とすることを拒んだほどであった。一方、ビスマルクは、プロイセンの至上権のもとに新ドイツ帝国をうちたてたのであった。両者とも柔軟性に富んでいたので、反対派を自分たちの体系に統合できた。が、反対派が支配権をかちとるようなことは許さなかった。

両者とも、複雑きわまりない国際的かけひきの問題に直面し、そして（カヴールの場合には）複雑な国内政治の問題にも直面していた。外国の援助をまったく必要とせず、国内の反対に頭を悩まさなくてもよかったビスマルクには、統一ドイツについて、それが民主的でないことと、プロイセンが支配するのに大きすぎないこと、という条件さえ満たされればよいと考える余裕があった。この意味するところは、オーストリアを排除すること（一八六四年と一八六六年に見事に遂行された二つの短期戦によって、ビスマルクはこれを成し遂げた）であり、ドイツ政治における一勢力としてのオーストリアを無力化させること（ハプスブルク君主国内のハンガリーに自治を許し、それを確固たるものにすることで〔一八六七年〕ビスマルクはこの目的を達成した）であり、そして同時にオーストリアを存続させること（以後ビスマルクは、そのすばらしい外交的才能をこの目的のためにささげた）＊であった。それはまた、どちらかといえば反プロイセン的なドイツの弱小諸邦に対して、プロイセンの至上権をオーストリアの至上権よりも好ましいものと思わせることを意味していた。一八七〇—一年に同じく見事に開始しかつ遂行したフランスとの戦争により、ビスマルクはこれを達成した。一方カヴールは、イタリアからオーストリアを排除するため、同盟国（フランス）を動員しなければならず、またのちには、統一の過程がナポレオン三世の想い描いたものよりもはるかに先まで進行するに至るや、この同盟国の動きを封じなければならなかった。もっと重大なことは、イタリアが一方では上からの統制された操縦により半ば統一されながら、他方では一九世紀中葉における挫折したフィデル・カストロともいうべきあの赤シャツゲリラの主領、ジューゼッペ・ガリバルディ（一八〇七—八二年）の軍事指揮下の民主的＝共和主義的な反対勢力に導かれた下からの革命的な戦争によっても半ばは統一されたことに、カヴールが気づいたことである。一八六〇年にガリバルディを説得して王に権力を手渡さすためには、迅速な思考、誠実な話合い、そして巧みな策をほどこすことが必要だったのである。

＊ というのは、もしハプスブルク君主国が崩壊し、それを構成している諸民族の国家に分かれたならば、オーストリア＝ドイツ人がドイツに加わるのを妨げることは不可能となり、そうなれば入念に築きあげられたプロイセンの至上権がくつがえされてしまうからであった。これは一九一八年以後実際に起こったことなのである。そしてヒトラーの「大ドイツ主義」（一九三八—四五年）の最も永続的な結果は、プロイセンが完全に消滅したことであった。今日プロイセンはその名すら歴史書以外にはとどめていない。

これら政治家たちの活動は、その手腕のすばらしさそのもののゆえに、今なお称讃を博している。しかし、彼らの活動がかくも見事であったのは、個人的な才能とともに、重大な革命の危険も、手に負えない国際的競争もなかったために、彼らが類い稀な機会に恵まれたことにもよるものであった。諸民族の活動や非公式の運動は、この時代あまりにも弱くて自らの力で多くを成し遂げることができず、そのために失敗するか、上から組織された変化の補助物になるほかなかった。ドイツの自由主義者や民主的な急進主義者や社会革命家たちは、声援を送ったり異議を唱えたりしただけで、実際のドイツ統一の過程にはほとんど貢献しなかった。先に見たように、イタリアの左翼は、より大きな役割を果たした。急速に南イタリアを征覇したガリバルディのシチリア遠征は、カヴールに決断を下させている。しかし、重要な達成であったとはいえ、これもカヴールとナポレオンによって創り出された状況がなければ、不可能であっただろう。いずれにせよ、左翼は、それがあって初めて統一が完全なものになると考えていた、イタリア民主共和国の樹立に失敗した。ハンガリーの穏健な郷紳《ジェントリー》階級はビスマルクの保護のもとで自国の自治を達成したが、急進派はこれに失望した。コッシュートは亡命生活を続け、亡命先で死を迎えた。一八七〇年代のバルカン諸民族の反乱はブルガリアに一種の独立をもたらしたが（一八七八年）、しかしこの独立も、列強の利益に合致する限りにおいてのことであった。たとえば一八七五―六年にボスニア人が反乱を起こしたが、トルコによる支配が、おそらくよりすぐれたハプスブルク家による支配に変わっただけだった。これらの場合と反対に、のちに見るように、独立をめざした諸革命は悪い結果に終わったのである（後出第九章参照）。一八七三年に実際に短命の急進的な共和制をうんだ一八六八年のスペイン革命でさえ、急速に君主制に復帰してその幕をおろしたのである。

一八六〇年代の政治を動かした偉大な人物たちについて、次の事実を指摘したからといって、その功績が減ずるわけではない。彼らは劇的な政治的結末を招くことなく大きな国制上の変更をもたらすことができたのであり、さらにもっとはっきり言えば、彼らはほとんど意のままに戦争を開始し終結することができたので、彼らは相当容易に成果をあげることができた。こうした事情のゆえに、この時代には国内秩序も国際秩序も、政治的危険をあまり冒さずにかなり変更することができたのであった。

Ⅱ

このようなわけで、一八四八年以後の三〇年間は、国内政治のパターンにおいてよりも国際関係のパターンにおいて、いっそうめざましい変化が生じた時代であった。革命の時代には、あるいは少なくともナポレオンの敗北以後は、列強政府はきわめて注意深くお互い同士の大きな紛争を避けていた。というのは、経験の示すところによれば大戦争と革命は手をたずさえて到来するように思われたからである。ところが、一八四八年の諸革命が勃発しそして終息してしまうと、外交上の抑制をうながしていたこのような動機も、ずっと弱いものになった。一八四八年以後の一世代間は、革命の時代ではなく戦争の時代であった。ただし、それらの戦争のなかには、国内的な緊張の産物だったり、革命現象あるいは疑似革命現象の産物だったものもあった。そうした型の戦争――中国（一八五一―六四年）とアメリカ合衆国（一八六一―五年）における大きな内乱――は厳密な意味ではここで論じるべきことではない。この時代におきた戦争のもった外交的側面ならびに技術的側面との関連においてのみ論及すべきであろう。そこでこの二つの内乱については、別個に考察することにしたい（後出第七、八章参照）。ここではまず、国際政治と国内政治との興味あるからみ合いを念頭におきながら、国際関係の体系のなかでの緊張と変化とについて考えてみよう。

一八四八年以前の国際政治に関わっていた者がもし生き残っていて、外交政策の問題に関して質問されたら――たとえば、諸革命のはるか前からイギリスの外務大臣を務め、一八六五年に亡くなるまでいくつかの中断をはさみながら外交の舵をとり続けたパーマストン子爵ならば――彼はあらまし次のように説明したであろう。唯一の重要な世界的問題は、その間で生じる紛争が大戦争に帰結しかねない、ヨーロッパの五つの「列強」――イギリス、ロシア、フランス、オーストリア、プロイセン――間の関係である、と。その他に、十分な野心と力とをもっていた重要な国家として存在していたアメリカ合衆国は、無視してよかった。というのは、合衆国の関心はヨーロッパ大陸ではなく他の諸大陸に向けられていたのであり、またヨーロッパ列強のいずれも南北アメリカに対しては、経済的野心以外には積極的な野心を抱いていなかったからである。――しかも、その経済的な野心とて、政府のものではなく、個人的な実業家の関心事なのであった。実際、一八六七年になってもまだ、ロシアはアメリカ合衆国にアラスカを約七〇〇万ドルで売却していたのである。その際アメリカ議会を説得して一般に岩と氷河と極北のツンドラとの集合体としかみなされていなかったものを受け入れさせるために、賄賂をつかいさえしたのである。そしてヨーロッパの列強自身、あるいはそのうちでも非常に重きをなしていた国々——イギリス（その富と海軍のゆえに）、ロシア（その国土の広さと陸軍のゆえに）、フランス（その国土の広さ、陸軍、そして恐るるに足る戦績のゆえに）——は野心もあり、相互不信の火種もあったが、それも外交上妥協をはかれないようなものではなかった。一八一五年のナポレオンの敗北以後三〇年以上の間、列強同士が干戈を交えたことはなく、その軍事行動の展開は、国内的または国際的な破壊活動の鎮圧や、さまざまな局地的な紛争地点への介入や、後進世界への領土拡張などに限られていた。

軋轢をほとんどひっきりなしに引き起こす源が一つ存在した。それは、ひとつには、ゆっくりと分解しつつあったオスマン帝国——さまざまな非トルコ的な要素が、この帝国から離れ去ろうとしていた——の存在と、いまひとつには、東地中海と、現在の中東、およびロシアの東の国境とイギリスのインド帝国の西の国境との間に横たわる地域などをめぐる、ロシアとイギリスの相衝突する野心の存在と、主としてこの二つが結び合わさって生じたものであった。外務大臣たちは、革命による国際政治体制の全体的な崩壊の危険に悩まされていなかった限り、いわゆる「東方問題」なるものに、ほとんど絶え間なく心を奪われていた。しかし、事態は手に負えなくなるほどにはなっていなかった。一八四八年の諸革命がこれを証明していた。というのも、五列強のうち三ヵ国が同時に革命に揺さぶられても、列強による国際政治体制は、事実上、革命によって変化を被ることはなかったからである。実際、フランスというやや例外的な国を除いては、すべての列強の国内政治体制も変わらなかった。

しかし次の数十年間は、驚くほど様子が一変した。第一に、潜在的に最も崩壊しやすいと（少なくともイギリス人によって）考えられていた強国フランスが、もう一人のナポレオンの指揮下に人民主義的《ポピュリスト》な帝国として、革命のなかからその姿を現わした。一七九三年のジャコバン主義が回帰することに対する恐怖も、もはやこれを抑えはしなかった。このナポレオンは「帝国は平和を意味する」と折にふれて言明していたにもかかわらず、世界的規模の干渉ばかり行なっていた。たとえば、シリアへの軍事遠征（一八六〇年）、イギリスと連携した中国への軍事介入（一八六〇年）、インドシナ半島南部の征服（一八五八―六五年）、そして――アメリカ合衆国が他のこと〔南北戦争〕に忙殺されている間に――メキシコへの冒険（一八六三―七年）すら行なった。メキシコにおけるフランスの傀儡マクシミリアン皇帝（一八六四―七年）は、アメリカ南北戦争が終結すると、長くは生き残らなかった。帝国の栄誉が選挙戦において自分に有利に働くとおそらくナポレオン三世が期待したことをのぞけば、このような略奪的行為は、特殊フランス的だったわけではなかった。非ヨーロッパ世界をことごとく犠牲にする活動にフランスもまた参加するに足るほど強力だっただけなのである。これに反してたとえばスペインは、アメリカ南北戦争の最中に、ラテン・アメリカから失われた帝国の影響力をいくぶんなりとも回復したいという雄大な野心を抱いていたにもかかわらず、力がなくてこうした活動に参加できなかったのである。このようにフランスの野心が海外で追求されている限りは、それがヨーロッパの国際政治体制にとりわけ影響をおよぼすこともなかった。しかし、ヨーロッパ列強が競合関係にある地域でフランスの野心が追求された場合には、それは、常に微妙な均衡を保っていた体制をかき乱すことになった。

そうした攪乱の最初の大きな結果が、クリミア戦争（一八五四―六年）だった。クリミア戦争は、一八一五年から一九一四年までの一世紀において、全面的なヨーロッパ戦争に最も近似したものであった。ロシア対イギリス・フランス・トルコの間で行われた、悪名高く無法で大規模な国際的虐殺へと発展した状況には、新しいことも思いがけないこともなかった。この戦争で概算六〇万を越える人々が死に、そのうちほぼ五〇万人が病死であった。――イギリス軍の二二パーセント、フランス軍の三〇パーセント、ロシア軍の約半数が病死した。ところで、それ以前にもそれ以後にも、トルコを分割するかあるいは衛星国にしたいというロシアの政策（この場合は前者）が、列強間の戦争をもくろんだり、必要としたり、実際にみちびきだしたりしたことはなかった。のちの一八七〇年代に入り、トルコ帝国が分解する次の局面の前とその最中には、勢力争いは、本質的には二つの古くからの競争相手、ロシアとイギリスという二国間のゲームとして行われるようになった。他の国々は、しぶしぶ介入するか象徴的に介入するしかできなくなった。しかし、一八五〇年代には、第三のプレーヤーたるフランスが存在し、その上、フランスの行動の仕方と戦略には予想もつかないものがあった。誰もこのような戦争を望んでいなかったことは、ほとんど疑いの余地がない。だから列強が身を引きうるようになるやただちに、「東方問題」には何ら明白で永続的な変化を生ぜしめることもないまま、この戦争は中止された。もっと単純な対決を前提に成り立っていた「東方問題」外交のメカニズムは、——数十万人の生命を犠牲にして——一時的に機能しなくなった、というのが現実であった。

この戦争の直接の外交的帰結は一時的なもので、また取るに足らなかった。ただ、ルーマニア（一八七八年までなお名目上はトルコの宗主権下にあったドナウ河流域の二公国の連合により形成された）が事実上独立した。それよりももっと広範な政治的な結果の方が重大であった。ロシアでは、すでに緊張が増していたニコライ一世（一八二五—五五年）の帝政的《ツァーリスト》専制政治の堅い外殻にひびがはいった。危機、改革および変化の時代が始まり、それはついに農奴の解放（一八六一年）と、一八六〇年代末のロシアの革命運動の出現において頂点に達した。ヨーロッパの残りの部分の政治地図も、まもなく変更されることになった。その過程は、クリミア戦争というエピソードにより促進された国際政治体制の変化によって可能となったか、少なくともそれで容易となった。すでにふれたように、統一イタリア王国は一八五八—七〇年に登場し、統一ドイツは一八六二—七一年に出現した。その付随的な出来事として、フランスにおけるナポレオン第二帝政の崩壊およびパリ・コミューン（一八七〇—一年）が起こったのである。オーストリアはドイツから閉め出され、大幅に再構築された。要するに、イギリスを例外としてヨーロッパのすべての「強国」が、一八五六年から一八七一年までの間に実質的な——ほとんどの場合その領土に関してさえ——変化をみ、そしてそれら列国に伍す新しい大国と考えられるようになる国、イタリアが建設されたのである。

これらの変化の大部分は、直接または間接に、ドイツとイタリアの政治的統一から生じたものである。統一を求めるこうした動きのもともとの推進力が何であったにせよ、その過程は、政府によって、すなわちこの状況においては軍事力によって、進められた。ビスマルクの有名な言葉によれば、それは「鉄と血によって」解決されたのである。

一二年間に、ヨーロッパは四つの大きな戦争を経験した。フランス・サヴォイア・イタリア対オーストリアの戦争（一八五八―九年）、プロイセン・オーストリア対デンマークの戦争（一八六四年）、プロイセン・イタリア対オーストリアの戦争（一八六六年）、プロイセンおよびドイツ諸邦対フランスの戦争（一八七〇―一年）である。これらの戦争は比較的短く、クリミア半島やアメリカ合衆国における、はるかに大規模な虐殺の基準からすれば、特に多くの犠牲者を出したというわけでもない。とはいえ、普仏戦争で約一六万人――その大部分がフランス側――が死んだのである。こうした戦争のせいで、本書が扱うヨーロッパ史の時代は、さもなければ稀にみる平和な一世紀であった一八一五年から一九一四年までの期間における、やや好戦的な幕間期となった。ただし、一八四八年から一八七一年にかけての世界では、戦争はごくありふれたことであったとはいえ、全般的な戦争の恐れが――二〇世紀の人々は一九〇〇年代初めから、事実上間断なくそうした恐れを抱いて生きてきた――ブルジョア世界の市民たちの念頭を去らないというような事態にはいまだたち至っていなかった。全般的な戦争が起こりはしないかという心配はやっと一八七一年以後になって、ゆっくりと人々の間に浸透し始めたのである。国家間の戦争はいまなお政府の熟慮によって開始し終結させることができた。この状況はビスマルクによって見事に活用された。ただ内乱や、パラグアイとその近隣諸国との間の戦争（一八六四―七〇年）のように、純粋な人民戦争へと発展した比較的少数の紛争のみが、二〇世紀ではよく知られている、制御しがたい殺戮と破壊のエピソードとなった。太平天国の乱でどれほどの死傷者が出たかは誰も知らないが、しかし中国のいくつかの地方では、今日に至ってもなお人口がもとどおりになっていないと言われている。アメリカ南北戦争では六三万以上の兵士が死に、死傷者の合計は北軍と南軍全兵士の三三―四〇パーセントにものぼった。パラグアイ戦争では（ラテン・アメリカにおける統計を信頼すれば）三三万人が死に、その主な犠牲となった国の人口は二〇万人に減少した。その二〇万人のうち、男子の数は三万人と推定される。どんな基準によってみても、一八六〇年代は流血の一〇年だったのである。

歴史上のこの時代を、相対的にかくも血なまぐさくしたものは何であったろうか。第一に、それは世界的な資本主義の拡大のプロセスそのものであり、それが非西欧世界の緊張を増大させ、また工業世界の野心を増大させ、またこのプロセスから生じる直接・間接の紛争をも増加させたのであった。かくて、アメリカ南北戦争は、その政治的原因が何であれ、農業的南部に対する工業化をとげた北部の勝利であったし、南部をイギリスの非公式の帝国圏から（南部はイギリス綿工業の経済的付属物であった）アメリカ合衆国の新しい大きな工業経済圏へと移しかえたものだったとさえ言えよう。それは、二〇世紀においてアメリカ大陸の諸国すべてを、イギリスへの経済的依存から、合衆国への経済的依存へと転じさせることとなる道を踏み出す、巨大な、しかし初期の一歩だったともみなしうるであろう。パラグアイ戦争は、ラプラタ河流域がイギリスの世界経済へと統合されていくその一環として起こったと考えれば、最も妥当であろう。つまり、その体勢と経済とが大西洋に向けられていたアルゼンチン、ウルグアイ、ブラジルが、自給自足的な経済からパラグアイを無理矢理に引きずり出したというわけである。パラグアイは、インディオたちが白人による植民を首尾よく拒んでいたラテン・アメリカ唯一の地域であり、おそらくは当初イエズス会が支配していたおかげで、自らの手で久しく国を保持してきたのであった（後出第七章参照）。* 太平天国の乱とその鎮圧は、第一次アヘン戦争（一八三九—四二年）以来、中華帝国に西洋の鉄砲と資本が急速に流入していったことと切り離すことはできない（後出一八三—四ページ参照）。

＊ 白人の征服に抵抗した他のインディオたちは、白人入植地が広がるにつれて、うしろへと押しやられた。ひとりラプラタ河上流域でのみ、インディオの定住地が確固たるものとしてとどまっていたのであり、そしてそこではスペイン語やポルトガル語よりもむしろグアラニー語が、原住民の間でも定住者の間でも実際の意思疎通の言語となっていた。

この時代を血なまぐさくした理由の第二は、われわれが見てきたように——特にヨーロッパでは——戦争が、政府のとるべき政策の通常の手段として再び登場したことであった。諸国の政府は、戦争の結果革命が起こっては困るので戦争は避けねばならぬとはもはや考えず、またパワー・メカニズムはそれ自体、諸政府の行動を一定の限度内にとどめておくことができるものだ、と正しくも確信していたのだった。誰にでも進出の余地があると明白に思われていた拡大の一時代に、経済競争は局地的な衝突以上のものになることはほとんどなかった。その上、この古典的な経済的自由主義の時代には、事業《ビジネス》の上での競争は、それ以前にもそれ以後にもみられないほど政府の援助からほとんど完全に独立していたのである。この時代には誰も——一般にそう思われているところとは逆にマルクスでさえ——ヨーロッパにおける戦争の原因が、第一義的に経済的なものだとは思っていなかったのである。

しかも第三に、これらの戦争は、いまや資本主義の新しい技術を用いて行うことができたのだった。（こうした技術は、写真機や電信を通じて新聞における戦争報道をも変容させたために、いまや戦争報道は、戦争の現実を文字の読める公衆の前により生々しく伝えることになった。しかし、一八六〇年の国際赤十字の設立や、一八六四年にそれを承認したジュネーヴ会議の他には、このことはほとんど何の影響も与えなかった。だが、二〇世紀になってもなお、当時よりさらに恐ろしい殺戮に対する有効な抑止機構は、生み出されてはいないのである。）ヨーロッパ人軍隊による小規模の侵入の場合は別にして、アジアやラテン・アメリカの戦争は、実質的に前科学技術的なものにとどまっていた。独特の無法ぶりをさらけ出したクリミア戦争は、すでに利用可能であった技術を適切に用いることに失敗したが、一八六〇年代の戦争は、すでに兵員や物資の動員・輸送に効果的に鉄道を使い、迅速な情報伝達に電信を役立て、また装甲軍艦とそれに付随する装甲貫通重砲を開発し、ガットリング機関銃（一八六一年）や、近代的な爆薬——一八六六年にダイナマイトが発明された——も含めた、大量生産による火器を用いることができた。こうした戦争の仕方は、工業経済の発展にとって重要な結果を招いたのである。ゆえにこれらの戦争は、全体として、それ以前のどの戦争よりも近代的な大量戦争に近くなった。アメリカ南北戦争では、全人口三三〇〇万人のうち二五〇万の人々が動員されたのだった。ただし工業世界におきたこれ以外の戦争は、もっと小規模のままであった。というのも、一八七〇—一年の普仏戦争に動員された一七〇万人でさえ、これら二ヵ国の七七〇〇万人前後の住民の二・五パーセント未満、あるいは武装可能人口二二〇〇万の八パーセントを占めるのみだったからである。しかし、一八六〇年代半ば以降、三〇万人以上をまき込んだ巨大な会戦が、異例ではなくなったことは注目に値する（ザドヴァ〔一八六六年〕、グラヴロット、セダン〔一八七〇年〕)。ナポレオン戦争では、全体を通じてみてもこのような大会戦はただ一つしかなかったのである(ライプチヒ〔一八一三年〕)。一八五九年のイタリア戦争におけるソルフェリーノの会戦でさえ、ナポレオン戦争における一つを除いた他のいずれの会戦よりも大規模だったのである。

われわれはこうした戦争や政府主導の政策のもたらした国内的な副産物をすでに見てきた。しかし長い目でみれば、それらが国際関係の上にひき起こした結果の方が、いっそう劇的だったのである。というのも、一九世紀の第三・四半期に国際政治体制は根本的に改変されたからである。——この改変は当時の大部分の観察者たちが認めたよりもずっと深甚なものであった。国際政治体制で変わらなかった唯一の側面は、発展をとげた世界が低開発世界に対していちじるしく優越した立場にあったことである。このことは、この時代に西洋の模倣に成功した唯一の非白人国、すなわち日本の歩んだ道によって、現実に強調されるところとなった(後出第八章参照)。近代技術は、それを持たない政府を、どんな政府であれこれを持っている政府の意向に従わざるをえなくしたのである。

一方、強国間の関係も変化した。ナポレオン一世の敗北以後半世紀の間、本質的に工業国であり資本主義国である強国はただ一つしかなく、また純粋に世界的な政策、すなわち世界的海軍力を有する強国もただ一つしかなかった。それはイギリスである。ヨーロッパには、潜在的に決定的な力をもつ陸軍を保有する強国が二つ存在してはいた。が、その力は、本質的に資本主義的なものではなかった。つまり、ロシア軍は膨大で頑健な人口に依拠し、フランス軍は革命的な大衆動員の可能性と伝統とに依拠していたのである。オーストリアとプロイセンは、これらに匹敵するほどの政治的・軍事的重要性をもたなかった。南北アメリカには、群を抜いた強国がただ一つ、つまりアメリカ合衆国が存在していた。合衆国はわれわれが見てきたように、勢力争いの行われている地域にあえて足を踏み入れることはしなかった。(一八五〇年代以前には極東は勢力争いの地域には含まれていなかった。)しかし、一八四八年から一八七一年までの間に、いやもっと正確に言えば一八六〇年代に、二つのことが起こったのである。第一に、工業化が拡大するにつれ、イギリスのほかにも本質的に産業資本主義に立脚する強国がうまれた。アメリカ合衆国、プロイセン

（ドイツ）、そして以前よりも産業資本主義化の度合がずっと進んだフランス、のちに加わる日本といった国々がそれである。第二に、工業化の進展はしだいに、富と工業能力を国際的勢力関係における決定的要素としていった。こうして、ロシアとフランスの相対的地位が下がり、プロイセン（ドイツ）の相対的地位が非常に上がったのである。第三に、ヨーロッパ以外の二つの国家、アメリカ合衆国（南北戦争で、北部のもとに統一された）と日本（一八六八年の明治維新とともに組織的に「近代化」にのりだした）が、独立強国として台頭したことにより、世界的紛争の可能性が初めて生み出されたのである。ヨーロッパの実業家と政府が、彼らの活動を海外へますます広げようとし、極東や中東（エジプト）といった地域で他の強国と抜きさしならぬ関係に陥っていくにつれ、この可能性はさらに強まった。

勢力構造のこうした変化は、海外ではまだ大きな重要性をもたなかった。だがヨーロッパ内部では、その影響はただちに感得された。クリミア戦争が示したように、ロシアはヨーロッパ大陸における潜在的に決定的な勢力ではなくなっていた。普仏戦争で示されたように、フランスもまた同様であった。逆に、いちじるしい工業的・技術的な力と、ロシアを除いた他のどのヨーロッパ諸国よりもかなり多数の人口とを合わせもった、新しい強国ドイツが、世界のこの部分における新たな決定的勢力となり、一九四五年までその地位を保ったのである。オーストリア＝ハンガリー二重帝国へと形態を変えた（一八六七年）オーストリアはなお、長い間そうであったように、「列強」の一つにとどまっていた。だがそう扱われたのは、ただ国土の広さと国際的な便宜のゆえであった。もっとも、新しく統一されたイタリアよりは強力だったけれども。イタリアも、多数の人口と外交上の野心のゆえにパワー・ゲームへの参加者として扱われた。

その結果、形式的な国際政治体制は実勢からしだいにかけ離れていくようになった。国際政治は全世界にまたがる政治となった。そこには、少なくとも二つの、ヨーロッパ以外の強国が効果的に介在することになるが、これは二〇世紀になって初めて明らかになる。さらに、国際政治は、資本主義的工業諸強国による一種の寡占状態を呈するようになり、それら諸国がいっしょになって世界に対して独占的な力を行使しながら、しかもそれら相互の間では競争が行われていたのである。もっともこれは、われわれの対象としている時代が終わったのちの「帝国主義」の時代になって初めて明らかになることである。一八七五年ごろにはこれらすべては、まだほとんど眼に見えなかった。とはいえ、新しい勢力構造の基礎は、一八七〇年代以後の国際舞台の観察者たちにとって拭い去ることができなくなってきた、全面的なヨーロッパ戦争の恐れも含めて、一八六〇年代にすえられたのである。実際には、こういった戦争はその後さらに四〇年間起こらなかった。これは二〇世紀に今日まで何とか切りぬけてきた期間よりも長かった。しかし、列強間の戦争、あるいは中規模強国間の戦争すらなかった約三〇年間*（本書執筆の時点で）を振り返ることのできるわれわれ自身の世代は、戦争の欠如は戦争が起こりはしないかという絶えざる恐怖をも味わわせるものだということを、他のどの世代よりもよく知っている。それはさておき、諸々の紛争が生じたにもかかわらず、自由主義の勝利の時代は安定していた。だが一八七五年以後は、もはやそうではなかった。

* 一九五〇―三年に朝鮮において起こったアメリカ合衆国と中国との間の紛争は例外である。当時、中国はまだ主要な強国とは考えられていなかった。

(1) Prince Napoléon Louis Bonaparte, *Fragments Historiques, 1688 et 1830* (Paris 1841), p. 125.
(2) Jules Verne, *From the Earth to the Moon* (1865).

第五章　諸国民の形成

しかし国民とは何か。……なぜオランダ人は一個の国民《ネーション》であり、ハノーファーやパルマ公国の場合はそうではないのか。

エルネスト・ルナン、一八八二年(1)

民族《ネーション》とは何か。誰もこの言葉を使いつつもその意味を知らないというのに。

ヨハン・ネストロイ、一八六二年(2)

もしひとつの偉大な民族が、彼ら自身のうちにのみ真理は発見されうることを信じないなら、もし彼らが、自分たちだけがその真理にふさわしい者であることを、またその真理によって他の者たちを救うために立ち上がるべく定められていることを信じないなら、彼らはたちどころに単なる人種学的な存在に没落してしまい、もはや偉大な民族ではなくなってしまうだろう。……この信念を失った民族はもはや民族ではない。

F・ドストエフスキー、一八七一―二年(3)

諸国民。ここにすべての民族を統合すること(?)

ギュスターヴ・フローベール、一八五二年ごろ(4)

I

この時代に国際政治と国内政治とが密接に結びつけられていたという場合、この二つを結びつけていた最も明白なきずなはいわゆる「ナショナリズム」であった。もっとも一九世紀中葉にはまだ「ナショナリティの原則」として知られていただけだったが。さて、一八四八年から一八七〇年代にかけて国際政治を特色づけたのは何だっただろうか。西欧の伝統的な歴史叙述はこの点に関してははっきりとしている。つまりそれは国民国家群からなるヨーロッパ世界の創出だった。時代のこの側面と、明らかにそれと関係はしている他の諸側面との関係——すなわち経済的進歩や自由主義、そしてまたおそらくはそれ以上に民主主義といった諸側面——との関連については、かなり不確かなものがあるかもしれない。ただ、ナショナリティの問題が中心的な意味をもったのは確かである。

他にどんな特色をもっていたにせよ「諸民族の春」だった一八四八年は、特に国際的視角からすれば明らかに何よりも、民族の自己主張のときであった。あるいは競合する諸民族の自己主張のときであった。ドイツ人、イタリア人、ハンガリー人、ポーランド人、ルーマニア人などが、チェコ人やクロアチア人、デンマーク人などと同様、独立する権利とその民族のすべてを包摂する統一国家を形成する権利とを、圧政的な統治者に対して要求した。ただし、自分たちの権利を犠牲に供する用意があるかのようにみえた強大な民族のその革命的情熱についてはしだいに懸念がもたれるようになったが。フランスはすでに独立の国民国家であった。しかしだからといって民族的主張をもたなくなっていたわけではなかった。

革命派は敗れた。しかしその後の二五年間のヨーロッパの政治は同じ熱望に支配されていた。すでに見たように、そうした熱望は、現実には、何らかの革命的でない方法か、または単に革命の片鱗をともなっただけというような方法で実現されたのだった。フランスは偉大なナポレオンのカリカチュアのもとで「偉大な国民」に、しかしまさにそのカリカチュアに立ち戻った。イタリアとドイツはサヴォイアとプロイセンの王権のもとで統一された。ハンガリーが事実上の自治をえたのは一八六七年の「和協」の結果である。ルーマニアは二つの「ドナウの二公国」が合併して国家となった。一八四八年革命に適切な出番をえるのに失敗したポーランドだけは、一八六三年の反乱によっても独立も自治も獲得しえずにおわった。

ヨーロッパの西の極でも、南東の極でも、ひとしく「民族問題」がおこっていた。アイルランドのフィニア会は、飢餓とブリテンへの憎悪から合衆国へわたらざるをえなかった何百万という同胞に支えられて、ラディカルな反乱という形態で問題を提起した。多民族国家のオスマン帝国の固有の病患は、バルカン半島でこの帝国がかくも長きにわたって支配してきたキリスト教徒諸民族の反乱という姿をとった。ギリシアとセルビアは、それぞれが要求した大きさよりはずっと小さい版図ながらも、すでに独立を達成していた。ルーマニアは一八五〇年代の末に一種の独立をかちえた。一八七〇年代初期の民衆の諸暴動は、トルコにおける新たな国内的・国際的危機の噴出を促した。この危機は一八七〇年代末にはブルガリアの独立を生み、バルカン諸民族の「バルカン化」に加速度をつけた。各国の外務大臣たちを常に悩ませてきたいわゆる「東方問題」は、今や何よりも、諸「国民」を代表するものと主張もし、またそう信ぜられもする、版図の不確定な、新しい、数もまだ不確定な国家群の間に、ヨーロッパ・トルコの地図をどのようにひき直すか、という問題となっていた。その少し北で、ハプスブルク帝国が抱える国内問題は、いっそう明白に民族問題であった。帝国を構成する諸民族のうち若干のものは——潜在的にはそのすべてが——おだやかな文化的自律の要求から帝国離脱にいたるまでの、さまざまな要求を掲げていた。

ヨーロッパの外でも、国民国家の建設は劇的であり目をうばうものがあった。南北戦争はアメリカの国家的統一性を分裂からまもろうとしたこころみ以外の何だったろうか。明治維新は日本における、新しくかつ誇り高い「国家」の登場以外の何だったろうか。ウォルター・バジョット（一八二六—七七年）が「国民国家の形成」と呼んだ事態が世界じゅうで生じており、この時代の支配的特徴をなしていることは否定すべくもなかった。

しかしこの現象の本性についてはほとんど探究されていないこともきわめてはっきりしていた。「国民《ネーション》」は自明の事柄とされていたのである。バジョットの言によれば、「われわれはネーションなるものを理解するのに困難を感じる人間など考えることはできない。それは『人がそれについてたずねない事柄』である。とはいえこのネーションなるものについては、そう手短かに説明したり定義したりすることはできない[5]」だろう。ただ、この説明や定義が必要だと考える者は少なかったのだ。たしかに、イギリス人ならイギリス国民であるとはどういうことなのか理解していただろう。が、フランス人、ドイツ人、イタリア人またはロシア人もその国民的アイデンティティに疑いをもつことはなかっただろうか。おそらくはそういうこともなかっただろう。しかし国民国家形成のこの時代には、そうした信念こそは、主権をもった国民国家への、諸国民の、必然的な、必要にして願わしくもあった再編成を暗に示唆するものだった。国民国家は、「国民」の成員の定住によって地域的に確定された、地つづきの領土をもっていた。しかしまた国民とは過去の歴史と、共通の文化により、またその人種的構成により、そしていよいよもって言語によって規定されるものであった。しかしこうした連関づけには論理的なものはなにもなかった。他の集団から一連の標識によって自己を区別する、異なる人間諸集団が存在し、またそれが人類の歴史と同じだけ古いことは否定しえないが、それが一九世紀に「国民性」(nationhood) とみなされたものであるということは、確定的なことでも古いことでもなかった。いわんや——その版図が「国民」の定住地とたまたま一致していた領域国家のケースをのぞいて——そうした人間集団が一九世紀的な領域国家として新たに組織されたという事実においておやである。若干の古い領域国家——イギリス、フランス、スペイン、ポルトガルそしておそらくロシア——の場合などはめだった不都合なしに「国民国家」として規定されえたとしても、やはり一九世紀的な領域国家は新しいものであった。一般的なプログラムとして国民国家ではないもののなかから国民国家を形成せんとする願望は、フランス革命の産物だった。かくしてわれわれはこの本があつかう時期における、民族およびナショナリズムの成立と、国民国家の創出とを、むしろ明確に区別する必要がある。

問題は単に論理的なものであるだけではなく実践的なものでもあった。ヨーロッパは――世界の他の地域はふれないとして――それが妥当であるにせよないにせよ、その国家ないし国家形成への意志に疑いのない「民族」と、その点がかなり疑問のある「民族」とに分けられた。第一のものについては、政治史的事実、文識者層における制度的ないし文化的な歴史が最もたしかな手がかりである。かくてフランス、イギリス、スペイン、ロシアはそれらの人民がフランス、イギリス等々の国家と一致するからまさしく「国民」なのであった。ハンガリーとポーランドが国民であるのは、ハプスブルク帝国のうちにあってもハンガリー王国は別個の国として存在したからであり、ポーランド国家は一八世紀末に滅ぼされるまで長らく存在していたからであった。ドイツが国民であるのは、その無数の領邦が――単一の領域国家に統一されたことはなかったが――いわゆる「ゲルマン人の神聖ローマ帝国」を長期にわたって形成していたこと、またさらにドイツ連邦を形成したこと、そしてまたすべての教養あるドイツ人が同一の文字と文学とを共有してきたこと、によっていた。またイタリアは政治的統一体ではないにもかかわらず、そのエリート層においては、おそらく最も古い共通の文字文化を有していたことから、ひとつの国民でありえていた。* 等々といった具合である。

* 近代のイギリス人、ドイツ人またはフランス人は、彼らの国語で書かれた一四世紀の作品を、他国語を学ぶのと同じくらい勉強しなくては読むことができない。これに対して教育をうけたイタリア人はすべて、近代の英語国民がシェークスピアを読む場合よりもたやすく、今日でもダンテを読むことができる。

このように、ひとつの国民であることの「史的」標識に関しては支配層ないし教育あるエリートの制度と文化とが決定的な重要性をもっている。ただし彼らの制度と文化とが一般民衆の制度と文化と一致するか、あるいは、少なくともこれと明らかに相容れないことはないとしてだが。しかしナショナリズムをもちあげるイデオロギー的な議論は、はるかにラディカルであり、かつ民主的で革命的だった。その場合には、歴史や文化はどうだったにせよ、アイルランド人はアイルランド人であってイギリス人ではなく、チェコ人はチェコ人であってドイツ人ではなく、フィンランド人はロシア人ではなかった。そして国民は他の国によって搾取されたり支配されたりしてはならないのだった。こうした要求をあとおしするために歴史に関する議論がみいだされたりつくりあげられたりもした。そうしたものはいつでも発見されえたのだ。——もっとも、本質的にはチェコ人の運動は聖ヴェンツェスラウスの王冠の復興などという要求に依拠しようとはしなかったし、アイルランド人の運動は一八〇一年の合併の撤回という要求に依拠しようとしたわけではなかった。ところでこうした国民性の差違の基礎は、必ずしもただちに識別しうる肉体的外見という意味での「人種的」なものとは限らず、また言語的なものでもなかった。当面の時代において、アイルランド人（そのほとんどは英語を話した）の運動、ノルウェー人（その文字文化はデンマーク語とあまりちがわなかった）の運動、あるいはフィンランド人（そのナショナリストたちはスウェーデン語もフィンランド語も話した）の運動も、言語的理由をその主張とはしなかった。また問題が文化的なものである場合も、いわゆる「高度文化」にそうした要求が立脚することはなかった。それは諸民族のなかでは少数の人々にしか関心のないものであり、むしろ口伝文化——歌、民謡、叙事詩など——や「民衆《フォーク》」——庶民、実際上は農民——の習俗や生活様式にこそ、それは立脚していた。「国民的復興」の第一段階はこうした民衆《フォーク》の遺産を収集し、再発見し、その誇りをかちとることであった。ただしそれ自体としては政治性をもたなかった。しばしばこの仕事における先駆者たちは、バルト海沿岸でラトヴィアやエストニア農民の民話や古来の風習を収集したドイツ人のルター派教師たちや知性豊かな郷紳たちのように、外国の教養ある支配層ないしはエリート層の人間だった。そしてアイルランド人がナショナリストとなったのは〔アイルランド伝説の〕小妖精《レプラコーン》を信じていたからではなかった。

　ではなぜ彼らはナショナリストであったのか、またどこまでナショナリストであったのか、については後段で論じる。ここで重要なことは、「非歴史的」ないし「準《セミ》歴史的」な民族は同時に小規模な民族だったということである。それは一九世紀のナショナリズムに、あまり知られていないディレンマを持ちこむことになった。「国民国家」のチャンピオンにとっては、単に国民的であるというだけではなく、「進歩的」——成長しうる経済や技術、国家組織および軍事力を発展させることが可能であることが、つまり少なくとも相対的には大きな国民であることが、自明の前提とされていた。その民族は近代的なリベラルで進歩的なそして事実上ブルジョア的な社会発展の「自然」な一単位でなければならない、とされていた。「独立」と同じくらい「統一」性のあることが原則であり、統一についての歴史的な議論が――たとえばイタリアやドイツのように――欠けていた場合にも、可能性のある限りは、プログラムとしては提示されたのだった。バルカン半島のスラブ人が一度でも自分たちをひとつの国民だと考えたためしがあるとの証左はどこにもない。しかし一九世紀の前半に登場したナショナリスト・イデオローグたちはシェークスピア同様リアルではないが「イリュリア」を背後に、「ユーゴスラブ」国家を考えた。それはセルビア人、クロアチア人、スロヴェニア人、ボスニア人、マケドニア人その他ユーゴスラブ・ナショナリズムをかかげる人々を統合するべきものであった。しかし、ユーゴスラブ・ナショナリズムは今日に至るもなお、彼らのクロアチア人、スロヴェニア人等々としての感情とは何らかの葛藤をはらむものなのである。

最も雄弁に典型的に「諸国民からなるヨーロッパ」を説いたジューゼッペ・マッツィーニ（一八〇五―七二年）は一八五七年に彼のえがく理想のヨーロッパ地図を提起したが、(6) それはたった一一の国民を単位に構成されていた。明らかにマッツィーニの「国民国家」観念は、ウッドロー・ウィルソンが一九一九―二〇年にヴェルサイユで民族原則による欧州地図の塗りかえを主宰した際に示した、唯一の体系的な再構想とはきわめてことなっていた。ウィルソンのヨーロッパ地図は二六ないし（アイルランドを含めれば）二七の主権国家で構成されており、かつ彼の基準にのっとれば、まだ若干の場合について主権の要求を擁護しうるものでもあった。マッツィーニの場合少数民族はどうあつかわれていたか。それは何らかの自律性を与えられて、またはそれなしで、とにかく連邦その他の仕方で可能な国民国家へと統合されるべきものとされた。ただその際、スイスと、サヴォイア、チロルのドイツ語圏、ケルンテン、スロヴェニアとの統合などを提起するような人間は、たとえばハプスブルク帝国が民族原則を踏みつけにしていることを批判できる立場にはないのだ、という認識は、マッツィーニの頭にはうかばなかったようである。

国民国家を進歩の観念と結びつけていた人々の最も単純な議論は、少数で後進的な民族に対しては「真の」民族としての特徴を否認するか、歴史の進歩が彼らをより大きな「真の」民族のうちにおける単なる地方的特性にしてしまってもかまわないと論じるか、さらにはいずれかの文化民族《クルトゥアフォルク》への同化によって実際に消滅させてしかるべきだとか主張した。この考え方は非現実的だとは思われなかった。実際、メクレンブルク人はドイツの一員となっても、高地ドイツ語よりはオランダ語に近く、バイエルン人には理解しえないその方言を禁止されはしなかったし、また、そうした点からしてラウジッツのスラブ人たちも基本的にゲルマン人の国家を受容することを拒みはしなかった（今もそうであるように）のだから。プロヴァンス語やオック語を話す者はもちろん、ブルターニュ人、バスク人の一部、カタロニア人の一部、フランドル人の一部、などの存在は、彼らをも構成員にもつフランスの国民的統一と完全に両立しうるように思われた。アルザス人が問題となったのはもうひとつの大きな国民国家――ドイツ――がその服属を主張したからにすぎなかった。さらに、そうした小範囲でのみ使われる言語集団の、その教育あるエリートが、何の憂いもなく自らの言語の消滅を期待してさえいる諸実例もみとめられた。多くのウェールズ人は一九世紀中葉にはこの点あきらめていた。一部のウェールズ人は、後進的地方に進歩をもたらす一助となると、この変化を歓迎した。

そうした議論には反平等主義という強力な要因と、いっそう強力な自己弁護がみとめられた。ある民族――そうした論者自身の属する民族はもちろんこれに含まれるわけだが、数が多く、「進んで」おり、確固たる地位をもつ民族――は、歴史によって勝ち残るべく、あるいは（ダーウィン主義的な用語を好む論者の言い方によれば）生存競争の勝利者たるべく定められている。他の連中はそうではない。――というのである。しかしこうした主張も、他の民族を圧伏せんとする民族の意図的陰謀だ、とすぐさま説明されるべきではない。圧伏される側の代弁者がそのようにとったのは当然だが。というのはそうした主張は、国外の民族に対してと同様、その民族内部の地域的な言語や文化に関しても言われたのであったし、またそうした言語の消滅を求めたのでもなく、単に「言語」から「方言」という地位へのその降格を求めていただけなのであったから。カヴールは統一イタリアにおいてサヴォイア人にその言葉（それはイタリア語よりもフランス語に近かった）の使用を禁止しようとはしなかった。彼自身、最も内輪のことがらについてはそれを使っていた。カヴールやイタリアのナショナリストたちは、ただ単に、イタリアにはただひとつの公用語および指示媒体、すなわちイタリア語が存在すべきだと主張しただけだった。それ以外の言語は沈没するなり、できる限りいきのこるなりするがよい、としたのであった。イタリアの場合は、シチリア人もサルジニア人もその独立の民族性を主張しはしなかったので、彼らの問題はせいぜい「地域主義《リージョナリズム》」として再規定されればそれでよかった。一八四八年にチェコ人を代弁する人々が、ドイツの自由主義派からの、フランクフルト国民議会への出席要請を拒絶したときのように、少数民族が自らの民族主義を主張した場合にのみ、こうした事情に政治的な意義が生じた。ドイツ人もチェコ人の独自の存在を否定するつもりはなかった。ただ彼らは、まったく正当に、すべての教育を受けたチェコ人はドイツ語を読みまた書き、高度のドイツ文化を共有していると考えて、ついでに（誤って）それゆえチェコ人はドイツ人なのだ、と考えたのだった。ドイツ人には、チェコのエリートたちがチェコ語も話し地方的な庶民の文化を共有してもいるという点は、庶民一般、わけても農民の政治的心性などと同様、政治的には何ら重要ではない、と思われたのだった。

少数民族の民族的熱望に直面して一個の「諸国民からなるヨーロッパ」を唱える論者たちは三つの撰択をせまられた。まず少数民族の存在の正当性を全体として否定することもできた。また少数民族の運動を地域的自律を要求する運動へと格下げすることもできた。あるいは少数民族の存在を否認しえない事実だが、また処理できない現実として受けとめることもできた。ドイツ人はスロヴァキア人とともにスロヴェニア人、ハンガリー人などに対して第一の態度をとった。*カヴールとマッツィーニはアイルランド人の運動に関して第二の態度をとった。アイルランド人が、疑うべくもない大衆的基盤をもったひとつの民族運動にナショナリズム的パターンを与えるに至らなかったことほど逆説的なことはない。チェコ人に関してはあらゆる政治家たちが第三の態度を強いられていた。一八四八年以後は、チェコ人の民族運動は完全な独立をもくろんでいないとはいえ、もはや言いくるめえないものとなっていた。可能ならばもちろん政治家たちはそうした運動を無視しようとしたのだった。外国人は誰も最も古く確立された「国民」国家のいくつかは事実上複数民族国家（イギリス、フランス、スペインなど）であることに目をとめようともしなかった。というのはウェールズ人、スコットランド人、ブルターニュ人、カタロニア人等々は何らの国際的問題を提起してはいなかったし、また彼ら（おそらくはカタロニア人は例外として）は自分の国の国内政治においても何も重要な問題を提起していなかったからである。

＊ この態度はしかし、社会革命派がとった態度――少なくとも当面の時代の――つまり民族主義に対して何ら積極的な意味をみとめず、それゆえ純粋に操作的な観点でこれに接するという態度とは区別して考えねばならない。すなわちマルクスにとって、一八四八年にはハンガリーおよびポーランドの民族主義は善であった。それらは革命勢力の側に動員されていたからであった。チェコ人とクロアチア人の民族主義は悪であった。それは客観的には反革命の側に立っていたからであった。こうした見方のうちには大民族の民族主義の要素があることを否定しえない。きわめて明白に、非常にショーヴィニスティックなフランスの革命派（とくにブランキ派）においてみとめられるし、またフリードリヒ・エンゲルスについてさえ、同様な見方があることを否定するのは簡単でない。

II

このように、国民国家を形成せんとする運動と「民族主義」との間には根本的な差違が存在した。前者は後者に立脚していると主張しつつ政治的構築物を建設せんとする企図であった。何らかの目的からして自分を「ドイツ人」であると考えた人々の多くも、単一のドイツ国家、特殊な形でのドイツ国家の存在を考えてはいなかったことは疑いない。国歌にあるような、西はムーズ河から東はニエメン河まで、北はデンマークの海峡（ベルト海峡）から南はアディジェ河まで、この地域に住むすべてのドイツ人を含むドイツ国家という考えなどは空想であった。むろん、ビスマルクは彼がこの「大ドイツ主義」の企図を否定したのは彼がドイツ人である以上にプロイセン・ユンカーでありプロイセンの官僚だったからだといわれればこれを拒否しただろう。現実に国家を統一した彼はドイツ人ではあっても、ドイツ・ナショナリストではなかったのだ。おそらく確信的な「小ドイツ主義」ナショナリストでさえもなかった。（彼の国家には、もとは神聖ローマ帝国に属していて今はオーストリア帝国領となっている地域は含まれなかった。しかしプロイセンがポーランドからうばった、もともと神聖ローマ帝国の領域だったためしのない地域が含まれていたのだ。）国民国家の形成とナショナリズムが分離した極端なケースはイタリアの場合だった。イタリアはサヴォイア王によって一八五九―六〇年、一八六六年および一八七〇年にほぼ統一された。メッテルニヒがまったく正しくものべたように、「単なる地理上の表現」にすぎなかった、アルプスからシチリアまでのその全土を統べる、単一の行政権力は古代ローマ以後には歴史上まったく存在しなかった。一八六〇年の統一の際、日常生活においてイタリア語を話すものと推定されたのはわずかに人口の二・五パーセントであった。その他の人々はまったく異なった言葉を用いていたのであり、一八六〇年代にイタリア政府からシチリアに派遣された学校教師はイギリス人とまちがえられるしまつだった。(7) ただし、おそらく上述の数値よりはずっと多くの人々が、――とはいえやはりかなり少数派だったが――その当時も自らを何よりもイタリア人であると考えてはいただろう。しかしマッシモ・ダゼリョ（一七九二―一八六六年）が一八六〇年に「われわれはイタリアを造った。今やイタリア人を造らねばならぬ」と叫んだのは奇妙ではなかったのだ。

ともあれ、その性質と企図とが何であれ、「民族理念」を掲げる運動は成長し広がっていった。それらはしかし、それほどしばしば――むしろ通常は――二〇世紀初頭までに標準的な（そして極端な）ナショナリズムの綱領となったものを表現してはいなかった。すなわち各「民族」のための、完全に独立した領土的、言語的に同一の世俗的な――そして概して共和制的・議会制的な――国家をめざす*といったものではなかったのである。しかし、この時代の民族主義は何ほどか野心的な政治的変革を求めていて、その点こそ彼らをして「民族主義者」たらしめていたのだった。われわれは、あと知恵による時代錯誤と、最も声高だった民族主義指導者の思想と彼に従った人々が現実にもっていた思想とを同一視したいという誘惑とを避けつつ、これらの運動を見すえねばならない。

＊シオニズムはその最も極端な要求をみると、こうした性格を明確に示している。それは領土をかちとり、言語を確立し、もっぱら共通の宗教の信奉によって歴史的に統一性を与えられてきた民族の政治的な構造を世俗化する、という要求を含んでいたのである。

さて次に旧来のナショナリズムと新しいナショナリズムとの実体的な差違を見落してはならないだろう。前者は永らく固有の国家を持ってきた民族ばかりか、まだ固有の国家を持ってはいないが永らくそれを望んできた民族の場合をも含んでいる。ブリテン島全土の人間はどの程度ブリテン人感情を持っていただろうか。この当時ウェールズないしスコットランドの自治をめざす運動は実際上存在しなかった。そうかといってブリテン人という感情も強くなかった。イングランド民族主義なるものは存在した。しかしそれはブリテン島内の少数民族には共有されてはいなかった。アメリカ合衆国へのイングランドからの移住者たちは民族的自負が高く、アメリカ市民化することに熱心ではなかった。ただしウェールズ人とスコットランド人の移民はそうした忠誠心は何ら持っていなかった。彼らはイギリス市民権のもとでと同様アメリカ市民権のもとでも誇りをもってウェールズ人、スコットランド人でありつづけることができたし、こだわりなく帰化することができた。ではフランス人は「偉大な国民」の一員としてどのような感じ方をしていただろうか。これはよくわからない。しかし世紀初頭の徴兵統計は、西部と南部の若干の地域では（特殊なケースとしてのコルシカ人の場合はいうまでもなく）強制的な兵役が、フランス市民としての国民的義務としてではなく、不快な負担として感じられていたことを記録している。ではドイツ人たちは周知のごとく、将来の統一ドイツの版図、性格および構造についてそれぞれ異なる見解を持っていたが、そのうちのどれだけが、ドイツの統一に真剣だっただろうか。一般の了解では、ドイツの農民はそうではなかった。民族問題が政治を支配した一八四八年の革命においてさえもそうではなかった。さて、これらの国々はいずれも大衆的なナショナリズムと愛国主義の存在を否定しうべくもない国々であった。したがってこうしたことは、民族主義の普遍性と等質性とを自明なものとみなすことがいかに愚かであるか、を示している。

次に他のほとんどの国々では、とりわけ新興の国々では、一九世紀中葉にはただ神話と宣伝上でのみナショナリズム運動は自明視されたのである。「民族理念」を信奉する何ほどかより大きな中核集団が、民族的な新聞その他の文献を出版するようになり、民族的な諸団体を組織するようになり、また教育的・文化的な施設を設立するようになると、またさまざまなより直接的に政治的な活動にたずさわるようになると、「民族主義」運動は当初の感情的で土俗的な時期をのりこえて政治化する傾向を示した。ただし概してこの段階ではそうした運動はまだ一般大衆からの真剣な支持を得ていなかった。そうした運動は、地域のブルジョアジーないし貴族（そうしたものが存在したとして）と一般大衆との中間の階層に、主としてになわれていた。とりわけ教育ある人々、つまり教師、聖職者中の下層部、都市の商店主および手工業者、また階層社会にあって抑圧された百姓の子が登りつめた階層の人々にになわれていた。最終的には学生たち――民族意識にめざめた大学の学部や神学校や高等学校の――が、ここに手っとり早い活動的な闘争者の一団を提供するのだった。もちろん、より「歴史のある」国民の場合には、ただ外国の支配を除去するだけで国家を再建できたから、ここでは地域的なエリート――ハンガリーやポーランドの郷紳《ジェントリー》やノルウェーの中間層的な官吏のような――が、より直接的に政治的な中核部を、ときにはナショナリズムのためのより大きな基盤をも形成した。全体として民族主義のこの段階は、北ヨーロッパ、西ヨーロッパおよび中央ヨーロッパでは一八四八年から一八六〇年代までの時期に終わった。バルト海沿岸とスラブ地域の小規模な諸民族の場合には、この時期にようやくこの段階に入ろうとしていた。

明白な理由から、一民族のうちで最も伝統主義的な、後進的ないし貧しい部分――「教育ある」エリートのつけた道をあとから歩いた労働者、使用人《サーヴァント》、農民――は、そうした運動に最もおくれてまきこまれた。大衆的民族主義の時代は、こうして通常は民族主義的な、自由主義的＝民主主義的な中間層の諸組織の影響下に――独立の労働者政党や社会主義政党によってその影響力が相殺されなかった限りで――つくられたが、それは何ほどか経済的および政治的な発展と連動していた。チェコ人の居住地域では民族主義運動は一八四八年の革命とともに出発したが、一八五〇年代の絶対主義支配下では後退した。しかし政治的条件もきわめて好都合だった一八六〇年代の急速な経済発展の時期には運動は非常に成長した。きっすいのチェコのブルジョアジーは今や機能的なチェコ銀行を設立し、ついにはプラハにきわめて金のかかった国民劇場（一八六二年に仮オープン）を開設するのに十分な財力をたくわえていた。ここでの論点に関してさらに言えば、ソコール体育クラブ（一八六二年）のような大衆文化的な諸組織が今や田舎にも広まったし、オーストリアとハンガリーの和協に反対する政治的キャンペインは、一連の広汎な青空大衆集会——一八六八—七一年の間に一五〇万人の参加者をみたと推定されるおよそ一四〇回にわたる集会(8)——を通じて行われた。こうしたことは大衆的な民族運動における新しいものと文化的「インターナショナリズム」とをたくまずして示している。こうした活動をいいあらわす適切な言葉が欠けていたので、チェコ人たちは、最初彼らがそれを手本にしようとしていたアイルランドの運動から「ミーティング」という用語を借用した。* まもなくよりふさわしい伝統ある呼び名が、つまり「ターボル」という呼び名がチェコ人の民族的闘争の範をのこした一五世紀のフス派の運動をふりかえってつくり出された。この「ターボル」という呼び名は、次には、フス派とは歴史上何の連関をももたないクロアチア人の民族主義運動の集会の名にもつかわれることとなった。

＊　「ミーティング」という言葉はフランスやスペインの労働者階級の大衆集会でも借用された。しかしそれはおそらくイギリスの労働運動の経験をふまえてのことであろう。

さて、こうした種類の大衆的民族主義は新しいものであり、イタリアやドイツのエリート的なまたは中間層的な民族主義とはまったくちがっていた。ところでいまひとつの大衆的な民族主義がつとに存在していたのだ。そしてそれは、経済的、政治的に何ら大きな結果を生まなかったにせよより伝統主義的であり、より革命的でもあり、また地方的な中産階級からはより独立的でもあった。しかし農民と山岳住民による、外国人の支配に対する反乱をも「民族主義」と呼んでもよいのだろうか。それは被抑圧意識と、外国人嫌いと、古来の伝統への結びつき、真摯な信仰、人種的自己同一意識の漠たる感覚、等々によって団結しているものにすぎなかった。ただそうした反乱が何らかの理由で近代的な民族運動と結びついたときにのみそうした反乱もまた「民族主義」と呼びえただろう。南東ヨーロッパにおいて、そうした結合が生じていたかどうかに関しては、論議の生じうるところである。ここでは民衆蜂起がトルコ帝国の多くの部分を、とりわけ一八七〇年代（ボスニア、ブルガリア）において、うちこわしたのだった。ただしそうした蜂起が民族主義をとなえる独立の国家（ルーマニア、ブルガリア）をつくり出したことは否定できない。とにかく周囲の、また国内のスラブ人、ハンガリー人、ドイツ人との言語のちがいを意識していたルーマニア人の場合や、またこの時代に知識人や政治家たちが汎スラブ主義のイデオロギーへと発展させようと試みた何らかの「スラブ性」を意識していたスラブ人のような場合について*は、せいぜい原《プロト》＝民族主義《ナショナリズム》と言うべきものであろう。しかしこのスラブ人の場合でさえ、おそらく、ギリシア正教の大帝国たるロシアに対するギリシア正教徒の一体感が、この時代の原＝民族主義に現実性を与えた力だったのである。

* 汎スラブ主義はロシアの保守的で帝政的な政治家たちの共鳴を得た。彼らにとって汎スラブ主義はロシアの勢力圏を拡大させる要因となった。また汎スラブ主義はハプスブルク帝国におけるより小規模なスラブ諸民族の政治家たちの共鳴をも得た。彼らに対して汎スラブ主義は強力な同盟者を提供し、そしておそらく（その見込みはより少ないが）小規模で明らかに発展しえない諸民族の集合体ではなく「妥当な」大国民を形成する期待をも抱かせたのである。（アナーキストのバクーニンにみられた革命的・民主的汎スラブ主義は、ユートピア的だとして無視してよいだろう。）こうした事情のゆえに、汎スラブ主義は、ロシアを国際的な反動の主たる砦とみなしていた左翼の強い反対を受けた。

しかしそうした運動のうちひとつは疑いなく民族主義的であった。アイルランド人の場合がそれである。そのいまだ残存しているアイルランド共和軍（ＩＲＡ）とともに、アイルランド共和主義者団（「フィニア会」）は一八四八年以前の時代にさかのぼる革命的秘密結社の直系の継承者であり、その種の組織では最も長命なものであった。民族主義政治家に対する田舎の大衆の支持は新たに生じたものではなかった。アイルランドにおいては、外国人による征服、貧困、弾圧、そしてカトリックのアイルランド農民に対するほとんどがアングロ＝プロテスタントからなる地主階級による抑圧、こういった要素が組み合わさって、最も非政治的な人々をも活性化させていたのである。一九世紀前半にはこうした大衆運動のリーダーたちはアイルランドの（少数しかいない）中産階級に属していた。彼らの狙いは――教会という唯一の有効な民族的組織もその目的を支持していたのだが――イギリスとの関係の穏健な調整だった。これに対して、一八五〇年代末期にはっきりと姿を現わすフィニア会の新しさは次のようなところにあった。つまりフィニア会は中産階級の穏健派からは完全に独立しており、支持はすべて大衆の間から――明白な教会の敵対と農民の一部からの明白な敵対にもかかわらず――与えられていた。そしてさらにそれは武力闘争によるイギリスからの完全な独立の企図を最初に前面におし出したのだった。古代アイルランドの英雄的神話に由来する名称にもかかわらず、フィニア会のイデオロギーはまったく非伝統主義的であった。ただしその世俗化された、反教権的でさえある民族主義も、フィニア会アイルランド人の多くにとって民族意識がカトリック教の信仰に依拠した（そしていまだにそうである）、という点をおおいかくすことはできなかったけれども。アイルランド共和国の樹立を目指す武力闘争への集中は、社会的また経済的な、さらには国内政治的プログラムの軽視へと導いた。そして彼らの反英武力闘争の英雄的な戦士たちや殉死者たちの伝説は、いまもってそれを定式的にのべようとする者にとって過激なのである。それは一九七〇年代にまで生きつづけている「共和主義の伝統」であり、アルスターの内乱で再生し、「暫定派《プロヴィジョナル》」IRAにおいて再生している。しかし社会主義的な革命派と手を握ることにフィニア会側が傾き、社会主義者の側からも、フィニアン主義の革命的性格を承認しようとしていたからといって、この点に幻想をいだいてはならない。*

* マルクスはフィニア会を強く支持したし、その指導者たちと文通していた。

しかしだからといって、飢えとイギリスへの憎しみからアメリカ合衆国へわたらざるをえなかったアイルランド人労働者大衆によって財政的支持が与えられていたこの運動について、またその支持者がアメリカとイギリスのアイルランド人移民プロレタリアート――今日のアイルランド共和国にあたる地域には工業労働者はほとんど存在しなかった——や、そして旧いアイルランドの「農村テロリズム」の根拠地の若い農民や農業労働者たちから供給されたこの運動について、その新しさと、歴史的な意義とを過小評価してはならない。この運動の中核となったのはこうした男たちや革命的な都市のホワイトカラー労働者の最下層であり、その指導者たちは自らの生命を反乱にささげていた。それは二〇世紀における低開発国の革命的な民族主義運動を予想させるものであった。ただ、二〇世紀になると民族解放と社会的変革とを結び合わせてきわめて強い力にする社会主義的組織という中核、あるいはおそらくは社会主義イデオロギーの霊感さえ、フィニアン主義には欠けていたのである。アイルランドにおいては社会主義なるものはどこにも存在していなかったし、社会主義組織などいうに及ばなかった。社会革命家でもあったフィニア会員、なかでもマイケル・ダヴィット（一八四六—一九〇六年）もただ「土地同盟」において、大衆的ナショナリズムと大衆的農村的不満との恒常的に潜在的な関連を明確にしえたのみであった。しかもこの点でさえも、本書のあつかう時代が終わってから、一八七〇年代末期から一八八〇年代にかけての大農業不況の期間にはじめて明らかにされたのだった。フィニアン主義は勝ち誇る自由主義の時代における大衆的ナショナリズムであった。それはイギリスの支配を拒否し、抑圧された民族のために革命による完全な独立を要求した。そして独立が何らかの仕方で貧困と搾取とのすべての問題を解決するのをもっぱら期待した。しかしこの点においてさえフィニアン主義はあまり効果をあげえなかった。フィニア会員の自己犠牲とヒロイズムにもかかわらず、彼らの散発的反乱（一八六七年）と侵入（たとえば合衆国からカナダへの）とはいちじるしく効率がわるく、彼らの劇的な攻撃はその種の作戦の常として、一時的な世評を、時としては悪い世評を、えたのみであった。彼らはカトリック的アイルランドの独立をかちとるべき力をはぐくんだが、しかしそれ以外には何もはぐくまなかったから、アイルランドの将来はこの小さな農業国の中産階級の穏健派つまり裕福な農業家と小さな町の商人たちにゆだねられるほかなかった。そして彼らがフィニア会の遺産を受けとることとなったのである。

アイルランドの事例は特異ではあったが、それでもこの時代にナショナリズムが大衆的な力となってきたことは少なくとも白人住民の国々では否定できない。「労働者は祖国をもたない」と述べた『共産党宣言』はしばしば考えられているほど非現実的ではなかったにしても、ナショナリズムは労働者階級の間では政治意識と足並みをそろえて高まっていった。革命それ自体の伝統が（フランスにおけるように）国民的なものであり、新しい労働運動の指導者や論者たち自身、国民問題に（一八四八年にはほとんどどこでもそうだったように）深くかかわっていたのである。「国民的」な政治意識に対立しえたものは現実には「労働者階級の国際主義」ではなく、むしろいまだ国民国家という尺度よりはずっと小さな、あるいは国民国家に無関係な下位の政治意識であった。政治的左翼にあって国民的な忠誠と国際的プロレタリアートの大義といった超国民的忠誠との間で明確な選択をなしえたものは少数であった。左翼における「国際主義」とは、現実には他の国家において同じ大義のために戦う者たちへの連帯と支援を意味していた。また政治的亡命者の場合には、どこであろうと自分がいるところでの闘いに参加する用意ができていることを意味していた。しかしたとえばガリバルディやパリ・コミューンのクリュズレ（アメリカのフィニア会員を援助した）やポーランド人の無数の闘士たちの例が証明しているように、このことは情熱的な民族主義的信念と両立しえぬものでもなかった。

左翼の国際主義とは、諸国の政府その他が前面に押し出した「国益」の定義を受け入れることの拒否をも意味しえた。しかしまた、一八七〇年の普仏戦争に際してこれを「同胞殺し」であるとする抗議に参加したドイツとフランスの社会主義者は彼らなりに認識するナショナリズムに無感覚ではなかった。パリ・コミューンは社会的解放のスローガンによってと同じくらいパリのジャコバン的愛国感情からも多くの支持を引き出したし、リープクネヒトとベーベルに指導されるマルクス主義的なドイツ社会民主党は、彼らに対する支持の多くを、プロイセン流の国家政策に反対する一八四八年の急進的な民主主義的ナショナリズムへのアピールによって得ていた。またドイツの労働者が憤慨したのは、ドイツ的な愛国主義にではなく反動主義に対してだった。反動主義の最も許容しがたい側面は、社会民主主義者を vaterlandlose Gesellen（祖国をもたぬ者たち）と呼んで、彼らに対し単に労働者である権利を否定するばかりでなく、よきドイツ人であることを否定することであった。もちろん、ひとつの政治意識が、何らかの仕方において民族的に規定されないでいることはほとんど不可能であった。プロレタリアートもまたブルジョアジーと同じく概念上においてのみ国際的な存在なのであった。現実には、プロレタリアートもまた、国民国家または人種的・言語的な差違によって規定された諸グループの集合としてのみ存在した。つまりイギリス人、フランス人、あるいは多民族国家の国民として、またドイツ人、ハンガリー人ないしスラブ人として、という具合に。そして国家制度を形成し、市民社会を支配していた人々のイデオロギーにおいては「国家《ステート》」と「国民《ネーション》」は一致するはずだったから、そこでは国家の名のもとに行われる政治が、国民の名のもとに行われる政治を意味するはずであった。

Ⅲ

さて、民族的な感情や民族的忠誠心（諸民族が国家を成すに至ったにせよその逆となったにせよ）がいかに強力であったにしても、「ネーション」は自然発生的に成長したものではなく、人工的な産物であった。それはあるきわめて古い人間集団の成員が「よそもの」に対して共有していたもの、ないし共有していると思っていたことどもを具現化していたが、なお歴史的に新しいものである。いや単に新しいというだけのことではなかった。事実、ネーションは建設されねばならなかった。かくして、国民的統一を強制することのできる制度が決定的になった。それは第一義的に国家《ステート》であり、とりわけ国家的教育、国家的雇用そして（徴兵制をしいていた国々では）兵役*が重要であった。先進諸国における教育のシステムは、この時代にあらゆるレベルで相当な拡充をみせた。しかし、大学生の数は現代の水準からみればきわめて少ないものだった。神学生をのぞくと一八七〇年代にはドイツが一万七〇〇〇名の大学生を有して先頭に立ち、イタリアとフランスがずっと少なくそれぞれ九〇〇〇から一万名でこれを追い、さらにオーストリアでは八〇〇〇名ほどであった。[9] 大学生の人数は民族主義的な圧力のあったところと、アメリカ合衆国のような高等教育のための機関が急増しつつあったところを除くとそれほど増大しなかった。[**] 中等教育は中産階級の増加とともにふえていった。しかし（中等教育機関が彼らのために作られたブルジョアジー上層と同様）中等教育機関もまたエリート的なものであった。――ただし、ここでもまた公立「高等学校《ハイ・スクール》」が、その民主主義的な勝利の歩みをみせはじめていた合衆国（一八五〇年にはまだ国全体で一〇〇校しかなかった）の場合は別であった。フランスでは中等教育を受けた人の数は人口の三五分の一（一八四二年）から二〇分の一（一八六四年）に増えた。ただし、中等教育を終了しえた者は――一八六〇年代前半には彼らは年平均にして五五〇〇名ほどであった――兵籍登録者の五五分の一ないし六〇分の一にすぎなかった。それでもこの数はそれが九三分の一でしかなかった一八四〇年代にくらべればずっと改善された数値だった。[(10)] ほとんどの国々は全面的に教育制度をもたないか、あるいはまったく制限された教育制度であるか、の中間のどこかに位置していた。一八八〇年代のイギリスでは不適当にも「パブリック・スクール」と呼ばれた二二五の純然たる私立学校で教育を受けたのは二万五〇〇〇名の男子だったのに対し、教育熱心なドイツでは一八八〇年代には約二五万名の生徒がギムナジウムに入っていた。

＊　徴兵制はフランス、ドイツ、イタリア、ベルギーおよびオーストリア＝ハンガリー帝国で行われていた。

＊＊　一八四九年から一八七五年までに設立された一八の新しい大学のうち、九つはヨーロッパの外のもの（合衆国に五つ、オーストラリアに二つ、アルジェと東京に一つずつ）であり、五つは東欧のもの（イャッシィ、ブカレスト、オデッサ、ザグレブおよびチェルノヴィッツ〔チェルノフツィ〕）であった。イギリスには二つの小規模なものの設立がみられた。

しかしいちばん大きな前進は初等教育の学校についてみられた。一般の理解ではその目的は単に読み書きと算数の基礎を教えることだけではなく、そこに収容した生徒に社会の諸々の価値（諸々のモラル、愛国心その他）を強制することにあった。それはこれ以前には世俗国家においては見のがされていた教育の分野であり、その拡充は政治への大衆の参加の増大と密接に結びついていた。このことはイギリスにおいて一八六七年の選挙法改正の三年あとに国営の初等教育制度が設立されたことや、フランス第三共和制下の最初の一〇年に初等教育制度が広範に拡大されたことによって立証されている。この進歩はまさに衝撃的だった。一八四〇年から一八八〇年代までの間に、ヨーロッパの人口は三三パーセント増えたが、学校にかよう子供たちの数は一四五パーセントもふえている。学校の多いプロイセンにおいてさえ一八四三年から一八七一年の間に小学校の数が五〇パーセント以上増加した。またこの時代のイタリアで四六〇パーセントという最も急速な就学率の上昇がみられたのも教育における後進性のゆえばかりではない。統一後の一五年間に小学校生徒の数が二倍に増えている。

事実、新しい国民国家にとっては、こうした教育施設は決定的な重要性をもっていた。というのはそれを通じてのみ、「国語」(一般にそれはより早い時代の民間の努力で形づくられてはいたが)は現実に人々の書き言葉また話し言葉――少なくともいくつかの用途のための――となりえていたからである。* ここからして、国家の重要な諸機関をコントロールするための――たとえば自らの言語で学校教育を行うこととか、行政のための言葉として自らの言語を用いるとかいったことを実現するための――「文化的自律」の獲得への闘争という民族運動の決定的な重要性も生じえたのである。母親たちから方言を教えられるだけで文字を知らない人々や、支配階級の優勢な言語に全体として同化した少数民族の場合は問題はなかった。ヨーロッパのユダヤ人は安んじてその固有の言語――中世ドイツ語に由来するイディッシュ語と中世スペイン語に由来するラディノ語――を Mame-Loschen (母語) として内輪で使いつつ、異教徒の隣人に対してはどんな言語でも安んじて使ってコミュニケーションを行なっていた。彼らはブルジョアになると自分の旧来の言語を捨て去って、自分をとりまく貴族階級や中産階級の言語、すなわち英語、フランス語、ポーランド語、ロシア語、ハンガリー語、そしてわけてもドイツ語を用いるようになった。** この段階でのユダヤ人たちは民族主義者ではなかった。彼らが「民族」言語に重きを置かなかった点は、彼らが固有の国家領土を持ちえなかったこととともに、ユダヤ人を一個の「国民」と呼べるかについて、多くの人に疑問を持たせる原因となっていた。こうした問題は、中産階級や、後進的ないし従属的地位にある民族出身の教育をうけたエリートにとって決定的に重要だった。「公用」語を生まれながらに話す人々が重要で威信ある地位に優先的に採用されることに特に反感を感じていたのはそうした人々である。強制された二重言語生活が（チェコ人の場合のように）ドイツ語しか話せないボヘミアのドイツ人に対して優越した履歴を実際に与えていたような場合でさえもそうだったのである。あるいはクロアチア人がオーストリア海軍の士官になるのに、なぜ小さな少数派の言語であるイタリア語を学ばねばならないのか、というわけである。

＊　いわゆる「マス・メディア」――この段階では新聞――は標準語による大量の文識者大衆が創出されてはじめてマス・メディアたりえた。

＊＊　イディッシュ語とラディノ語とを標準的な文字言語へと高めようとする運動は最初は一九世紀中葉から展開した。次にこれをとりあげたのはユダヤ人の革命（マルクス主義）運動であって、ユダヤ・ナショナリズム（シオニズム）ではなかった。

そして国民国家が形成されるにつれ、そして進んだ文明のもとで公的な地位や職業が増えるにつれ、また学校教育が普及するにつれ、そしてとりわけ田舎に住んでいた人々が都市に移り住むようになるにつれて、こうした反感はいよいよもって広く増幅されるようになった。学校や高等教育機関は、教育のためひとつの言語を強制することにおいて、同時にひとつの文化、ひとつの国民性をも強制するからである。等質的な人々の住む地域ではこれは問題にならなかった。一八六七年のオーストリア憲法は初等教育を「土地の言葉」で行うことを承認していた。しかしスロヴェニア人やチェコ人が、それまでドイツ人の住んでいた都市に移住したからといって、なぜ教育を受ける代償としてドイツ人化することを強制されなければいけないのか、というわけである。彼らは少数派であった場合にもなお固有の学校をもつ権利を要求した。あるいはまたプラハやリュブリァナ（ライバッハ）のチェコ人やスロヴェニア人は、その土地でドイツ人を多数派から小さめの少数派の立場に追い落してしまったのに、なぜいまだに街路の名前や市の行政指示がドイツ語であるのを目にしなければならないのか、というわけであった。ハプスブルク帝国のオーストリア側半分の政治は、政府が多民族的に政治を考えねばならないのできわめて複雑であった。しかし他の諸政府がそれぞれ依拠すべき国民を形成する強力な武器たる学校教育を、マジャール化、ドイツ化、あるいはイタリア化をめざして体系的に利用しはじめたらどうなることだっただろうか。ナショナリズムの逆説は、それにもとづく国民を形成することが、結果的に、今や同化と劣位のどちらを選ぶかを強いられることになった人々の、対抗ナショナリズムをつくり出してしまうという逆説である。

自由主義の時代はこの逆説を認識しえなかった。自由主義の時代は、自分たちが承認し、みずからそれを体現していると考え、また適当な場合には積極的に支持もした、かの「ナショナリティの原則」を本当に理解してはいなかったのである。同時代の観察者たちは、国民とナショナリズムとはいまだ未定形であり変形可能だと考えていた点で、あるいはそのようにみなして行動していた点で、明らかに正しかった。たとえばアメリカ国民の形成は、海を越えて移民することによって、何百万人というヨーロッパ人が容易にかつ急速に母国への政治的忠誠と、母国の言語および文化に関する公的な地位の要求とを放棄するだろうことを前提にしていた。合衆国（またはブラジルもしくはアルゼンチン）は多民族国家たろうとしたのではなく、固有の国民性のなかに移住者を吸収しようとしていたのだ。そしてアメリカでこの時代におこったことは――一方で移住者たちの共同体は新世界の「るつぼ」のなかでもその自己同一性を失わなかったし、彼らはむしろより自覚的にまた誇り高くアイルランド人、ドイツ人、スウェーデン人、イタリア人等々でありつづけた面があったが――、まさにそのとおりだったのである。しかもなお、移住者の共同体は、アメリカのアイルランド人がアイルランドの政治にとって重要だったように、その出身国にとっては重要な民族的な力でありえた。しかし合衆国のうちでは、移民の共同体は主として市政選挙の候補者にとって大きな意味があるという程度のものにとどまった。たとえばプラハのドイツ人はまさにその存在によってハプスブルク帝国に最も影響するところの大きい政治問題を提起していた。しかし合衆国においては、シンシナティやミルウォーキーのドイツ人はそうではなかったのだ。

こうして民族主義はいまだにブルジョア的自由主義の枠組のもとでとりあつかうことができ、またそれと協調しうると思われた。諸国民からなる世界は自由な世界となり、自由な世界は諸々の国民からなる、と信じられていた。しかしその後の歴史は、この両者の関係がそれほど単純ではないことを示すこととなった。

(1) Ernest Renan, 'What is a Nation' in A. Zimmern (ed.), *Modern Political Doctrines* (Oxford 1939), pp. 191–2.
(2) Johann Nestroy, *Haeuptling Abendwind* (1862).
(3) Shatov in F. Dostoievsky, *The Possessed* (1871–2).
(4) Gustave Flaubert, *Dictionnaire des idées reçues* (*c.* 1852).
(5) Walter Bagehot, *Physics and Politics* (London 1873), pp. 20–1.
(6) D. Mack Smith. *Il Risorgimento Italiano* (Bari 1968), p. 422 に引用されている。
(7) Tullio de Mauro, *Storia linguistica dell' Italia unita* (Bari 1963).
(8) J. Kořalka, 'Social problems in the Czech and Slovak national movements' in : Commission Internationale d'Histoire des Mouvements Sociaux et des Structures Sociales, *Mouvements Nationaux d'Indépendance et Classes Populaires* (Paris 1971), I. p. 62.
(9) J. Conrad 'Die Frequenzverhältnisse der Universitäten der hauptsächlichsten Kulturländer' *Jahrbücher für Nationalökonomie und Statistik* (1891) 3rd ser. I, pp. 376 ff.
(10) これらの資料はR・アンダーソン博士のおかげで利用できた。

第六章　民主主義の諸勢力

ブルジョアジーは知るべきである。第二帝政期の間に彼らのかたわらに民主主義の諸勢力が成長してきたことを。この諸勢力はかくも堅固に陣地を構築しており、あらたにそれに戦いをいどむことは狂気のさたであろう。

アンリ・アラン・タルジェ、一八六八年(1)

しかし民主主義の進展が一般的な社会発展の結果である以上、進歩した社会は、一方で政治権力のより大きな分配を要求するとともに、同時に、民主主義の過剰から国家を守ろうとするであろう。もし過剰な民主化があらゆるところに広がるようなことがあれば、それは適切に圧伏されるだろう。

サー・T・アースキン・メイ、一八七七年(2)

I

民族主義は諸国の政府によって承認されたひとつの歴史的な力であったが、「民主主義」あるいは国家の問題についての庶民の役割の増大という事実も、もうひとつの歴史的な力であった。このふたつは、この時期の民族主義運動が大衆運動となっていたために、ひとつのことであった。実際、すべてのラディカルなナショナリズム指導者は、まさにこの点においてこれらふたつはひとつのことだ、と考えていた。とはいえ、すでに見たように、実際には大部分の民衆、たとえば農民は、彼らの参政権が真剣に考慮されていた国々においてすらいまだナショナリズムの影響の外にとどまっていた。また、とりわけ新しい労働者階級は、少なくとも理論上は国民的な連帯よりも、国際的な階級的利害を上におく運動におもむくことに急であった。いずれにしても、支配階級の観点からすれば、重要だったのは「大衆」が何を信じているか、はさておき、彼らの信念がいまや政治において効力をもちはじめた、という事実であった。支配階級の定義によれば、大衆は数が多く、無知で危険だった。大衆が危険だったのは、まさに支配者たちが大衆の惨状にあまりにも関心がなさすぎると見る自分の眼を大衆が信じすぎ、また彼らこそ国民の大多数なのだから、政府は主に大衆の利益につかえるべきだ、と示唆する単純な論理を信じたがる無知な性向があるからであった。

しかしながら、西欧の工業化された先進諸国では、遅かれ早かれ、こうした人々のために政治制度のうちに場が与えられねばならないことはいよいよもって明らかとなってきていた。しかし、ブルジョア的世界の基本的なイデオロギーを形成していた自由主義には、こうした特別の事態に対する理論的用意がそなわっていないこともはっきりしてきた。自由主義に特徴的な政治組織とは、選出された者による議会を通じての代議制的政府であって、その場合議会は社会的利害もしくは諸集団を代表する（封建時代の国家におけるように）のではなく、諸個人の集合体、つまり法的に平等な身分の者たちの集合体を代表するものなのであった。頂点に立っている人々は、その利害関心や用心にのっとって、あるいはある種の常識によってさえ、すべての人間が政府の重要な諸問題を決定してゆく能力を平等に持っているわけではないと考えていただろう。すなわち無学な者たちは大学を卒業した者たちよりも、迷信深い者たちは啓蒙された者たちよりも、無思慮で貧しい者たちは財産をつくることでその合理的な行動能力を証明しえた者たちよりも、政府の重要問題に関して決定能力が小さい、と。とはいえ、こうした議論は、最も保守的な者以外の底辺の人々には何ら確固たるものとしては伝わりはしなかった。しかもそれは、二つの大きな弱点も持っていた。まず、法の下の平等が理論上こうした差別を許容しなかった。次に、むしろいっそう重要だったのは、社会的流動性と教育上の進歩——どちらもブルジョア社会にとって基本的なものだ——とが増すにつれ、中産階級とその下の社会層との区別をつけるのが実際上むずかしくなり、こうした差別をすることがいよいよ困難となったことである。ブルジョアジーの価値体系の多くを受容し、また資力の許す限りはブルジョア的な行動を採用するようになった「尊敬すべき」労働者や中産階級下層から成る巨大な大衆のなかのどこに、また増大する大衆のなかのどこに、差別の線を引けばよかったのだろうか。どこで線を引くとしても、そうした大衆のかなりの部分を取り込むとなると、それはブルジョア的自由主義が、社会の繁栄にとって基本的に重要だと考えてきたいくつかの観念を支持しない、そしてそれらに熱烈に反対する市民の相当の一団を含みこんでしまう結果となりそうだった。それればかりか、最も決定的だったのは、一八四八年の諸革命が、大衆が支配者の閉鎖的サークルにどれほど突入できるものか、を示したことであった。また産業社会化の過程はそれ自身、革命的でない時期においてさえも大衆の圧力を恒常的に大きくしてゆくものだ、という事実であった。

しかし、一八五〇年代はほとんどの支配者たちにとって息抜きの余地を与えた。一〇年間以上にわたって彼らはヨーロッパでは上述のごとき問題に悩まされることはなかった。とはいえ、政治史と憲法史の時計の針を単純に戻すことのできなかった国もあった。すでに三つの革命を経験していたフランスでは政治から大衆を排除することなど夢想家のくわだてだった。これからは何らかの仕方で大衆を「とりこま」ねばならなかった。かくてルイ・ナポレオン（ナポレオン三世）の、いわゆる第二帝政はいっそう新しい型の政治の実験場となった。ただし、この実験の性格が特殊であったために、もっとのちの時代の政治形態についてそれから明白に予測することを困難にしていた。この実験は、この体制の頂点に立っていたとらえにくい男の趣味に――彼の能力にはおそらく荷が勝ちすぎていたが――合っていた。

ナポレオン三世は国民との関係ではきわめて不幸であった。同時代の最も強力な論客たちが彼に反対して同盟するという不運に見舞われたからである。カール・マルクスとヴィクトル・ユゴーの連携した毒舌だけでも、つまりその他の、当時は同じくらい影響力があったより小粒の論客たちの毒舌をぬきにしても、ナポレオン三世の記憶を葬るのには十分効果があった。さらに、彼は国際政治上の企図に関し、また国内政治上の企図に関してすらいちじるしく不首尾だった。あのヒトラーという男の場合には、邪悪な、精神病的で恐るべき人間が、おそらくは避けられなかった破局にいたるまでに、尋常ならざることどもを達成した——最後まで国民の固い支持を維持していた、というだけではなく——という事実は否定しえないから、世界の世論の満場一致の非難にもかかわらず彼の名は残るだろう。しかしナポレオン三世はまったくもって平凡であり、また狂気でもなかった。カヴールとビスマルクに出し抜かれたこの男に対しては、わずか数週間の戦争のあとでその帝国が崩壊する以前に、人々の支持は危険なまでに低下していた。「ボナパルティズム」をフランスにおける政治的一大勢力からひとつの歴史的逸話にしてしまったこの男は、歴史のなかではどうしても「小ナポレオン」として軽くあつかわれることになろう。彼は与えられた役まわりを上手に演じることさえできなかったのだ。油で固めた長いひげをたくわえ陰気で秘密めいた、しかししばしば魅惑的でもあった彼の容姿は、不健康のためにだんだんそこなわれたし、自分とフランスの偉大さをまさに確立すべき戦争におびえていたこの人物は、ただ職権上皇帝らしく見えただけだった。

　彼は本来政治屋《ポリティシャン》、舞台裏の政治屋であった。そして結果的には失敗した政治屋だった。ただ運命と私的な背景とが彼にまったく数奇な役まわりを演じさせた。一八四八年以前の帝権要求者として——ただボナパルト家の出だという彼の系図学的主張は疑いを持たれていたとはいえ——彼は革新的な考え方をしなければならなかった。彼は民族主義のアジテーターたち（彼は自らカルボナリの運動に参加している）とサン＝シモン主義者たちの世界に育った。この経験から彼は、ナショナリズムや民主主義のような歴史的な力が不可避であることへの強い、おそらくは過度の信仰を持つようになった。また社会問題や政治的手法についてのある種の異端性への信仰についても同じ傾向があった。それらはすべてのちに非常に役に立った。革命は彼にボナパルトの名のゆえに圧倒的多数で大統領に選挙されるという大きな機会を与えた。ただしその票にはいろいろな思わくがかかっていたが。しかし彼は一度得た権力の座にとどまるためにも、また一八五一年のクーデターののちに自ら皇帝たることを宣言するのにも、投票による支持を必要とはしなかった。とはいえもし最初に投票で選出されていなかったなら、彼のあらゆる陰謀能力をもってしても、将軍たちや他の権力欲や野望の持ち主たちを説得して自分を支持させることはできなかったであろう。こうして彼はアメリカ合衆国以外の大国家で、普通選挙（ただし男子のみ）によって権力をにぎった最初の支配者となり、そしてこのことを決して忘れはしなかった。彼は当初は、人民投票《プレビシット》による皇帝《カエサル》として、ちょうどド・ゴール将軍のように（選出された代議士の議会はまったく重要性をもたなかった）投票を操作しつづけた。一八六〇年以後はいよいよ議会主義というおなじみの付属物をも操作するようになった。その時代に受け入れられている歴史的真理の信奉者として、彼はおそらくこの「歴史の力」に対しても、さからいうるとは考えていなかったのだろう。

選挙にもとづく政治に対するナポレオン三世の態度はあいまいだった。このことはきわめて興味深い。「議会主義者」として彼は、当時政治の基本的なゲームだと考えられていたことを行なった。つまり、イデオロギー色のごく薄いルースで変転つねなる盟約集団をなしている代議士諸個人――こうした集団を現代の政党と混同してはならない――のなかから、自分にとって十分な多数派を編成するというゲームである。かくして一八六〇年代にアドルフ・ティエール（一七九七―一八七七年）ら、七月王政（一八三〇―四八年）からの生きのこりの政治屋たちがその名声を回復したり、未来の第三共和制のスターたちジュール・ファーヴル（一八〇九―八〇年）やジュール・フェリー（一八三二―九三年）やガンベッタ（一八三八―八二年）などが名を成したりすることとなった。ナポレオン三世はこのゲームがとくに上手だったわけではない。とくに選挙戦と報道関係とに対する堅固な官僚統制をゆるめることをえらんだ場合には。他方において彼は選挙戦の闘士として、人民投票という武器をつねに準備していた（これはまたもド・ゴール将軍と同じである。ただしおそらくド・ゴールよりも大きな成功をおさめた）。それは一八五二年には彼の勝利を確立した。圧倒的な勝利――相当な「操作」もあったのだが、なおおそらくは本当のところ賛成七八〇万票、反対二四万票、棄権二〇〇万票という勝利がもたらされた。人民投票はさらに、彼の没落の前夜の一八七〇年にも、なお反対一六〇万票に対する賛成七四〇万票という多数をもって、悪化する議会内状勢を彼に有利にくつがえすことができたのだった。

こうした大衆的な支持は政治的に組織だったものではなかった（もちろん官僚の圧力を通じての組織化は別として）。現代の大衆的指導者とは異なり、ナポレオン三世は「運動」を持っていない。しかし、もちろん国家元首としてそれはほとんど必要がなかったのだ。また彼への支持の中身は全然等質的でなかった。彼自身としては、「進歩派」——とにかく都市部では何につけても彼に冷淡だったジャコバン＝共和主義者たちの票——に支持されることを望んだ。また彼が旧式の正統的自由主義者よりもその社会的・政治的な重要性を評価していた労働者階級に支持されることを彼は望んだ。時として彼は後者の重要な代弁者たとえばアナーキストのピエール＝ジョゼフ・プルードン（一八〇九—一六五年）の支持を得、また一八六〇年代の興隆しつつあった労働運動と協調しようとし、これを懐柔しようと真剣な努力を試みた（彼は一八六四年にストライキを公認した）ものの、結局労働運動と左翼との伝統的で論理的な親近性を断ち切ることには失敗した。かくてナポレオン三世は現実には保守派、とりわけ国の三分の二を占める西部の農民層に依存することになった。これらの人々にとって彼こそはまさにナポレオンであった。私有財産への脅威に断固対決する堅牢な反革命的政権であった。またそうした人々のうちのカトリック教徒にとっては、彼はローマ教皇の守護者でもあった。外交的な理由からすれば彼はこの後の方の役割からはのがれたかっただろうが、内政的な理由がそれを許さなかった。

しかし彼の支配はいっそう重要だった。カール・マルクスは彼一流の洞察でナポレオン三世とフランス農民との関係の本質を次のように観ていた。

「彼らは、議会を通じてにしろ国民公会《コンヴァンシオン》を通じてにしろ自分の階級の利害を自分の名において主張する能力をもたない。彼らは自分を代表することができず、〔だれかによって〕代表されねばならない。彼らの代表者は、彼らの代表者であると同時に彼らの主人として、彼らの上に立つ権威として、あらわれねばならない、つまり、彼らを他の階級から保護し上のほうから彼らに雨と日光をおくる無制限な統治権力として、あらわれねばならない。したがって分割地農民の政治上の勢力は、ぎりぎりのところ、執行権力が社会をおのれに従属させるばあいにもっともよくあらわれるのである。(3)」

ナポレオン三世はそうした執行権力だった。二〇世紀の多くの政治屋たち——民族主義者、人民主義者、そして最も危険な政治屋の姿としてファシスト——は、「自分の階級の利害を自分の名において主張する」ことのできない大衆に対して、ナポレオン三世が先駆的にとり結んだのと同種の関係を再発見することになった。二〇世紀の政治屋たちはまた、革命後のフランス農民に似た社会層が国民のなかに存在するのを発見することともなった。

革命的な憲法が生きつづけていたスイスをのぞいて、一八五〇年代には他のどのヨーロッパ諸国も、普通選挙(男性のみ)制によって政治が機能していたところはなかった。* (名目的には民主的だったアメリカ合衆国においても、参政権はフランスに比べておどろくほど小さかったことはおそらく特に注意されるべきだろう。一八六〇年にリンカーンは、ほぼフランスと等しい人口のなかでわずか四七〇万の有権者のその半数より少ない得票数で大統領に選出されている。) 代議制の議会はイギリス、スカンジナヴィア、オランダ、ベルギー、スペインおよびサヴォイア以外では真性の権力や影響力を持ってはいなかったが、一般化してはいた。ただし常にきわめて間接的な選挙だったり、古い土地所有権、ないしはなにほどか厳格な年齢、ないし財産資格による制限が、選挙人と被選挙人の両方について設定されたりしていた。ほとんど常に、この種の代議制議会は、より保守的な、任命制ないし世襲制ないし職権上の構成員からなる第一院によって圧力をかけられ、抑制されていた。二七五〇万の人口のうちに一〇〇万の有権者のいたイギリス(連合王国)の場合、たとえば、人口四七〇万のうち六万ほどが有権者だったベルギーに比べれば明らかにより制限は弱かった。しかし両国とも、いわゆる民主主義のもとにはなかったし、またそのようになろうとしてもいなかった。

* スイスの国会議員は財産による制限なしに二〇歳以上のすべての男子によって選出された。しかし第二院の議員は州《カントン》を代表するものだった。

一八六〇年代に民衆の圧力が再び高まると、政治をそれから切断しておくことは不可能になった。われわれのとりあつかう時代の終わりには、ただツァーリズムのロシアと、帝政トルコのみがヨーロッパにおける単純な専制君主国として生きのこっていた。普通選挙制はもはや革命によって成立した政体だけの特権ではなくなっていた。新たなドイツ帝国は、主として装飾的な目的のためではあったが、帝国議会議員を選出するのにこれを用いた。この時期、何ほどかより広範な選挙権の拡大をまぬかれた国家はごくわずかしかなかった。かくして従来は投票が真に重要性をもった少数の国だけを悩ましていた諸々の問題——すなわち、リストによる投票か立候補者への投票かの選択だとか、「選挙の幾何学」すなわち、社会的および地理的な選挙民・選挙区のゲリマンダリング〔選挙区不正編成〕の問題だとか、第二院に対して第一院が行いうるチェックの問題だとか、執行機関のもとにのこされる諸権限はいかにとか、こうした一連の問題が今やほとんどの政府を悩ませることとなった。ただ、それらはまだあまり先鋭化してはいなかった。イギリスの第二次選挙法改正法は有権者をおよそ二倍に増やしたものの、なおそれは全人口の八パーセントを越えてはいなかったのだ。またようやく統一されたイタリア王国ではそれはただ一パーセントに達するのみだった。（一八七〇年代中期の、フランス、ドイツ、およびアメリカにおける選挙から判断すると、この当時、成年男子選挙権による有権者は、実際のところ人口の二〇—二五パーセントに当たるはずだった。）とはいえさまざまな変化は生じていたし、いっそうの変革はただその時期がおくらされていただけだった。

代議制政体へのこうした前進は政治の世界にふたつのまったく異なる問題を提起した。当時のイギリスの用語法でいえば the classes（「上流階級」）と the masses（「一般大衆」）のそれぞれの問題である。すなわち、上層および中産階級〔つまりブルジョアジー〕のエリートと、公式の政治の場からはおおむねしめだされていた貧しい人々のそれぞれの問題である。この両者の中間には中間的な階層である、小商店主、職人、その他の「小《プチ》ブルジョア」、自作の小農民などが存在したが、彼らは少なくとも部分的には代議制政治にすでに巻きこまれてもいた。旧来の地主的な世襲貴族たちも新しいブルジョアジーも、人数の強みを持ってはいなかった。貴族たちとちがってブルジョアジーは数の力を必要とした。というのは、貴族もブルジョアジーも（ともに少なくともその上層は）富を持ち、またおのおのの社会では一種の私的な権力や勢力を持っていて、それはとりもなおさず彼らが少なくとも潜在的には「名望家」――政治的影響力をもつ人――であったということだが、ただ貴族だけは、投票戦から守られた政治制度によってあつい庇護をうけていたからである。つまり、貴族院やそれに類似した上院や、または何ほどかプロイセンやオーストリアの議会にみられたような、悪名高い「階級選挙制度」による人数的に有利な代表権によって貴族たちは庇護されていたし、また残存していた――とはいえ急速に消滅しつつあった――旧制度的特権的地位によって庇護されていたのである。それに、貴族たちはいまだヨーロッパにおいて広く存在した政府形態だった君主制のもとで通常、階級としての体系だった政治的保護をうけてもいた。

これに対してブルジョアジーは、自分たちの富や、ブルジョアジーの存在の不可欠さを武器とし、またこの時代に彼らと彼らの思想とを「近代」国家の基礎たらしめた歴史的運命に依って立っていた。とはいえ、彼らを現実にひとつの政治システム内の勢力たらしめたものは、頭数、すなわち票数を持っていた非ブルジョア階層の支持を動員しえた彼らの能力であった。これを失った場合には、――一八六〇年代末のスウェーデンでのように、またのちに純然たる大衆政治が台頭するや他でもそうなったように――ブルジョアジーは少なくとも国家の政治では票を獲得しえない無力な少数派におちこむほかはなかった。（市政レベルでは彼らは地位をよく保った。）こうなるとブルジョアジーには、小ブルジョアや労働者階級や、もっとまれには農民からの支持を保守することが、少なくともそうした階層への指導性を保守することが決定的な意味をもつことになった。しかしおおまかに言って、歴史のこの段階では、ブルジョアジーは成功を収めていた。代議政体においては時たまの中断をのぞいては自由主義派（それは通常は都市の、また産業的ビジネス階級の典型的な政党だった）が概して権力を持ち、かつは官職を占有していた。イギリスでは一八四六年から一八七四年まで、このような事態のもとにあった。オランダでも一八四八年以後少なくとも二〇年間はそうであった。ベルギーでも一八五七年から一八七〇年までそうであった。デンマークでも一八六四年の敗戦の衝撃をうけるまでは何ほどかそうであった。オーストリアとドイツでは一八六〇年代中ごろから一八七〇年代末まで自由主義派が形のうえで政府の主たる支持者だった。

しかしながら、下からの圧力が増大してくるにつれ、より民主的にラディカルな（進歩的、共和主義的）分派が——すでに何ほどか独立していたところは別として——自由主義派から分裂する傾向を示した。スカンジナヴィアでは一八四八年（デンマーク）および一八六〇年代（ノルウェー）に農民の政党は「左翼」（Venstre）として、または農業的な反都市的圧力団体（スウェーデン、一八六七年）として分離した。プロイセン（ドイツ）では、非工業的な南西部に基盤をもつ民主主義ラディカルの一派は、一八六六年以後ビスマルクと同盟したブルジョア的な国民自由党に従うことを拒否した。そのうちの一部は反プロイセン的なマルクス主義の社会民主党に参加する傾向を示した。イタリアでは穏健派が新生統一王国のたのみの綱となったのに対し、共和派が反対党でありつづけた。フランスではブルジョアジーは長らく自分の旗のもとで前進することはもちろん、自由主義の旗によってさえ進むことができなくなっており、彼らの立候補者はいよいよもって煽動的な旗印のもとで民衆の支持をとりつけねばならなかった。「改良」派と「進歩」派は「共和」派に道をゆずり、そして次にはそれが「急進」派に道をゆずり、そしてそれは第三共和制下でさえ「急進社会党」に道をゆずった。それらの旗印はいずれも実体的には同一の、あごひげをはやし、フロック・コートをまとい、雄弁で、しばしば金で裏張りされた賢人《ソロン》たちの新世代をかくしていた。彼らは選挙上の左翼の勝利がみのると、急速に穏健派にかわるのだった。ただイギリスでだけ、急進派は自由党の恒常的な一翼でありつづけた。おそらくは農民と小ブルジョアとがよそでのようにひとつの階級として存在して、急進派の政治的独立を確保するということがなかったからであろう。

とはいえ、実際には、自由主義が力をもちつづけていた。というのは、自由主義は、経済発展のために有効だと信じられていた唯一の政策を提示していた（ドイツ人が「マンチェスター主義」と呼んだもの）からであり、またほとんど常に科学、理性、歴史および進歩を代表すると――こうしたことがらに何らかでも通じている人々によって――目された勢力を象徴していたからである。この限りでは、一八五〇年代と一八六〇年代のほとんどすべての政治家と公僕とは彼らのイデオロギーにかかわりなく自由主義者であった。ちょうど今日ではもはやだれもそうではないのと同様に。これにかえるべき彼ら自身の現実的な方法を急進派は何も持ってはいなかった。いずれにせよ、急進派にとっては自由主義派への純然たる反対派につくことは、不可能ではないにしても、当時少なくとも政治的にはまず考えられないところだった。かくて自由主義派と急進派とはともに「左派」を形成していた。

純然たる反対派（いわゆる「右派」）は、論議のいかんに関係なく「歴史の力」に反抗する人々でなりたっていた。一八一五年以後のロマン主義的反動派の時期のように本当に過去に戻りたいと欲した人々は、ヨーロッパにおいては少数であった。したがって右派の意図はただ、眼前の容赦ない進歩に対して、それをおしとどめるか、または単に速度を落させようというのにすぎなかった。この企図は「前進」と「安定」、「秩序」と「進歩」との両派の要求をみたすべく右派がかかえていた知識人によって合理化された。かくして保守主義はしばしば、これ以上の進歩がまたも危険なまでに革命をひきよせるだろうと感じるに至った自由主義的なブルジョアジーの成員や集団をひきつけることができた。当然のことだがそうした保守主義的な政党は、眼前の自由主義的な政策と直接にその利益が衝突するはめになっていた特殊な諸集団（たとえば土地均分論者、また保護貿易主義者）の支持をうけてもいた。あるいは彼ら自身の自由主義にもかかわらず自由主義派に反抗していた人々――たとえばベルギーで、ワロン人ブルジョアジーとその文化的優位に憤慨していたフランドル人たちのような――の支持をもうけていた。そしてまた疑いもなく、とりわけ農業的な社会では、当然血縁や地縁的な対立が、本来それとは無関係だったイデオロギー的な分裂に合流した。ガルシア・マルケスの小説『百年の孤独』のアウレリャーノ・ブエンディーア大佐は、彼がリベラルだったからでもなく、またリベラルという言葉の意味も知らないままに、保守派政府を代表する地方官吏によって暴虐を受けたために、コロンビアの内陸で三二回にわたる自由派蜂起の第一回目を組織するのだった。ヴィクトリア時代中期のイギリスの場合に、肉屋たちがすぐれて保守主義的で（農業との関連性？）雑貨屋は圧倒的に自由主義的だった（外国貿易との関連性？）ことについては、何ほどか論理的または歴史的な理由があったのかもしれない。しかし確固たる説明はなされていない。そしておそらく説明されねばならぬことはむしろ、なにゆえどこにでもある商店主のこのふたつのタイプが同一の政見を（それが何であれ）共有するのを拒否したのか、ということである。

それにしても、保守主義は本来、伝統と旧い秩序ある社会、慣習と変化のなさ、を擁護する人々に、つまり新しいものに反対する人々にになわれていた。したがって保守主義にとっては公式の教会制度がきわめて重要な意味を持った。公式の教会組織は自由主義が支持するすべてのものによって脅かされてもいたが、同時に自由主義に対抗してきわめて強力な力を動員する能力をいまだ持ってもいた。とりわけ妻たちや娘たちにいちじるしくみられる敬虔さや伝統主義を利用して第五列〔裏切者〕をまさにブルジョア権力の中心部に送りこむという方法や、誕生や結婚や死に際しての儀式の聖職者による支配や、教育関係の大きな諸分野への聖職者による統制などはいうまでもない。しかしこうした統制力は激しい挑戦を受けてもいた。そしてそれはいくつかの国では保守対自由主義の政治闘争の主要な内容を成すものだった。

すべての公式の教会はまさに公式の教会だという事実によって保守主義派だった。もっとも、台頭しつつある自由主義の潮流に対してあからさまな敵対的態度を表明したのはその最も大きなもの――ローマ・カトリック――だけではあったが。一八六四年に教皇ピウス九世は『謬説表』で教会の見解を明確にした。この著は次のようなものを含む八〇の謬説を等しく許しがたいものとして呪詛している。それらは「自然主義」（それは人と世界とに対する神の行為を否定する）や、「合理主義」（神に問うことなしに理性を用いること）や、「穏和な合理主義」（科学と哲学において、教会の監督を拒否するもの）や、「無差別主義」（何らかの宗派を自由に選ぶことまたは自由に無宗教となること）や、非宗教的な教育や、教会と国家との分離の主張や、そして「ローマ教会の司教は進歩、自由主義および近代文明と和解し協働しうるし、またそうするべきだ」という見解一般（謬説その八〇）などであった。必然的に、右派と左派とを分かつものは主に聖職者と反聖職者のちがいであり、左派は主としてカトリック諸国の非信者たちであり、また――とりわけイギリスでは――国教会の外に立つ少数派ないし独立の諸教派の信者から成っていた*（後出第一四章参照）。

* 国教会側が少数派だった国々では、国教会の地位は変則的なものだった。オランダのカトリックは優位に立つカルヴィニストに抗して自由主義の側に立つこともありえた。ドイツのカトリックはビスマルクの帝国にあって右派たるプロテスタントにも左派たる自由主義派にもくみすることができず、一八七〇年代に特殊な「中央党」を形成した。

「上流階級」による政治においてこの時期新しかったのはやはり、なにほどか立憲主義的な政治のにない手だった自由主義的なブルジョアジーの出現であった。このことは絶対主義の没落とともに、特にドイツや、オーストリア＝ハンガリーおよびイタリアなどヨーロッパの人口の約三分の一の住む地域でみられた。（そしてまた大陸において三分の一を少し欠ける人口が、いまだ自由主義的ブルジョアジーがそのような役割を果たしていない政府のもとで生きていた。）定期刊行物の増加――イギリスと合衆国以外ではそれはまだほとんど完全にブルジョアジーの読者にのみむけられていた――は、この変化をいきいきと示している。一八六二年から一八七三年までの期間にオーストリア（ハンガリーをのぞく）では定期刊行物の数は三四五から八六六に増加した。ただし内容的にはそうした刊行物は、一八四八年以前の名目上の、もしくは純然たる、選挙による議会にもよく知られていたもの以外はほとんど紹介していないのである。

選挙権はほとんどの場合厳しく制限されていたので、現代の大衆政治、またその他何らかの大衆政治社会において生じるような諸問題は生じうべくもなかった。しばしば舞台上の中産階級の一団は、彼らが代表していると称した真の「人民」にほとんどとってかわることができるほどだった。一八七〇年代初期のナポリとパレルモのような極端なケースはまれだった。そこでは何らかの学校の卒業生であるというおかげで選挙人名簿に登録された者がそれぞれの有権者の三七・五パーセントおよび四四パーセントいたのである。むしろ、プロイセンにおける、一八六三年の自由主義の勝利などというのも、次の事実を思うと感銘は弱まって見える。すなわち都市の票の六七パーセントが自由主義派によせられたといっても、それは実際には都市の有権者の二五パーセントを代表するのみで、限られた選挙権保有者のうちでもそのほぼ三分の二はわざわざ町の投票所まで出かけはしなかったのである。(4) かくて限定された選挙権と民衆の無関心とに特徴づけられる国々にみられた一八六〇年代の自由主義の輝かしい選挙戦における勝利とは、少数の尊敬すべき都会のブルジョアの政見以上に何を代表したといえるだろうか。

プロイセンでは、少なくともビスマルクは自由主義をそれ以上のものとは見ていなかった。その結果彼は自由主義的な議会と君主主義政府との憲法紛争（それは軍制改革案をめぐって一八六二年に生じたが）を、端的に議会をかえりみぬ統治によって解決したのだった。ブルジョアジー以外には誰も自由主義の後楯はおらず、またブルジョアジーには本物の力つまり、武装した力、または政治的な力を動員する意志も能力もない以上、一六四〇年の長期議会や一七八九年の三部会についてのどんな言説も空しいものでしかなかったのだ。* ビスマルクは語の最も厳格な意味での「ブルジョア革命」は不可能であることを認識していた。というのはブルジョアジー以外の人々が動員されるならそれは真性の革命となるだけであり、しかもどんな場合にせよ実業家や大学教授が自分でバリケードを構築することなどはまず考えられないからであった。とはいえこの認識は、ビスマルクが自由主義的なブルジョアジーの経済的、法的およびイデオロギー的な企図を――それがプロテスタント的プロイセン君主制における土地貴族の優越と結びつけうる限りでは――利用するのをさまたげはしなかった。彼は自由主義派を絶望させて大衆との同盟へと追いやることは欲しなかったし、いずれにせよ近代ヨーロッパの国家にとっては自由主義派のプログラムが明らかに常道であった。少なくともそれは避けられないものと思われた。周知のごとくビスマルクはみごとな成功を収めた。大多数の自由主義的なブルジョアジーはビスマルクからの政治的実権抜きのプログラムの提供を受け入れた。彼らには他に選択の余地はなかった。彼らは一八六六年に国民自由党の結成へと自らを再編成したが、それは本書のとりあつかう時代の残余の期間を通じて、ビスマルクの国内政治運営の基盤となった。

＊　これと反対に、若干の後進諸国で少数派たる自由主義派に現実の力を与えたのはリベラルな地主層の存在であり、その支配していた地区には実質上政府の影響力は及ばなかったのである。あるいはまた自由主義の利益のために蜂起する用意のあった将校たちの存在であった。これがいくつかのイベリア半島諸国での事態であった。

ビスマルクとその他の保守主義者たちは、大衆という存在が、都市的な実業家にみられる意味での自由主義者では決してないことを知っていた。それゆえむしろ時々ビスマルクたちは、選挙権の拡大という脅迫を自由主義者たちにつきつけることができると感じていた。実際彼らはベンジャミン・ディズレーリが一八六七年にしたように、またより穏健にベルギーのカトリック教徒が一八七〇年にしたように、選挙権の拡大を実行しかねなかった。が、ビスマルクたちの誤りは、大衆もまた彼らと同じ意味で保守主義者であると考えたことだった。もちろん、ヨーロッパのほとんどの地域の大多数の農民はいまだ伝統主義者であり、すぐさま教会、国王あるいは皇帝、また階層上彼らの上に立つ者たちへの支持を——とりわけ都会人の悪しき企図に対抗して——提供する用意があった。フランスにおいてさえ、西部および南部の広い地域では第三共和制下にブルボン王家支持者への投票が続いていた。そしてまた疑いもなく、無害な民主主義の理論家ウォルター・バジョットが一八六七年の選挙法改正ののちに指摘したように、労働者たちさえ含めて、その政治的行動が彼らの「目上」への敬意によって規定されている多くの人々が存在したことも事実である。しかしひとたび政治という舞台に登場したとなると遅かれ早かれ大衆は必然的に、単によく計算された群衆シーンのエキストラとしてではなく、むしろ一個の俳優として演技することとなったのである。保守派にとって後進的な農民は多くの場所でいまだ頼りになったとしても、増大する工業的都市的人口はそうではなかった。ただし都市住民の望んだのは古典的な自由主義ではなかった。しかしまた、都市住民が望んでいたものは保守主義的な支配者たち——そのなかでも、特にますます生粋の自由主義的な経済政策と社会政策を遂行しようとしていた人々——にとって歓迎すべきものでもなかったのだ。この間の事情はやがて一八七三年の自由主義的な拡張の崩壊につづいた経済的不況と不安定さの時代に明らかになった。

Ⅱ

政治のなかでその独立の意識と役割とを確立するに至った最初の、また最も危険な集団は、新しいプロレタリアートであった。その人数は二〇年にわたる工業化のなかで増大していた。

労働運動は一八四八年の諸革命の挫折とその後一〇年にわたる経済的拡張の時期にも弱体化はしたが破壊されてはいなかった。一八四〇年代の社会不安を「共産主義の妖怪」に変え、プロレタリアに対して保守主義および自由主義ないし急進主義にかわる政治的展望を与え、新しい社会的未来像を提供したさまざまな理論家たちは、オーギュスト・ブランキのように獄中にいるか、カール・マルクスやルイ・ブランのように亡命しているか、コンスタンタン・ペクール（一八〇一―一八七年）のように忘れられているか、あるいはエチエンヌ・カベ（一七八八―一八五七年）のようにその三つすべてを経験していた。ある者は、P―J・プルードンがナポレオン三世のもとでそうだったように、新しい体制と折合いをつけてさえいた。つまり資本主義の切迫した没落を信じる者たちに都合がよい時代とはおよそ言えなかった。一八四九年ののち一、二年は革命の再現についてまだいくらか希望を持っていたマルクスとエンゲルスは、その後次の大きな経済恐慌（一八五七年）に期待したが、それ以後は長期的な展望で考えざるをえなかった。社会主義は完全に死滅した、といえばおそらく誇張だが、イギリスにおいてさえ、一八六〇年代と一八七〇年代には、イギリス生まれの社会主義者は小さめのホールにいごこちよく集まることができたことだろう。またおそらく一八六〇年に社会主義者だった者は一八四八年にすでに社会主義者だった者以外にはほとんどいなかったことだろう。カール・マルクスがこの時期政治からの隔絶を強いられていたことに関しては、それが彼をして理論を成熟させ『資本論』の基礎をすえることを可能ならしめたとして感謝すべきかもしれない。ただし彼自身はそう思ってはいなかったが。それにしても労働者階級の政治組織、ないし労働者階級に献身せんとする政治組織で残っていたものも、一八五二年の共産主義者同盟のように崩壊したりイギリスのチャーティズムのようにしだいに無力化したりした。

とはいえ、より穏健な経済闘争や自衛的なレベルでは、労働者階級の組織は存続していたし、その成長をおさえることもできなかった。しかしこのことは、ヨーロッパのほとんどどこでも、労働組合とストライキとは――イギリスでは部分的にもせよ注目すべき例外がみられたが――法律上禁止されていたにもかかわらず生じたのであった。ただし諸々の友愛協会（共済会）や協同組合《コーオペラティヴズ》（大陸では主として生産の、イギリスでは主として商店の）は許容されうるとみられていたが。しかもそうした組織が顕著に繁茂していたとはいえない。イタリアでは（一八六二年）、そうした共済会が最も強力だったピエモンテでも、平均加入者数は五〇名を少し割っていた。[5] 労働者の組合が真の重要性を持ったのはただイギリス、オーストラリアおよび――奇妙にも――合衆国においてだけだった。オーストラリアと合衆国にはそれは主として階級意識にめざめ、また組織されたイギリス人の移住者とともに渡来したのだった。

イギリスでは単に機械製造工業の熟練工たちや、より旧式の職種における職人たちばかりではなく、高度な技術をもつ成年男子紡績工という中核のおかげで、綿工業労働者たちも強力な地域的な組合を維持していた。それは何ほどか全国的に有効な連帯をもっていた。また一、二の事例では――合同機械工組合（一八五一年）、大工およびさしもの大工合同組合（一八六〇年）――戦略的にとまではいかないにせよ、財政的に連帯した全国的な組織も存在した。それらは少数派ではあったが無視できるものでもなく、また熟練工の間では若干の場合には多数派をなしていることもあった。さらにそれらの組合はただちに労働組合主義が発展するための基盤を準備していた。合衆国では組合はおそらくいっそう強力だった。ただしそれは世紀も終わりに近づいての、まことに急速な工業化の衝迫に立ち向かうことができるほどではなかったけれども。しかも合衆国の労働組合は、オーストラリア植民地という組織的労働の天国における組合ほどには強力ではなかった。オーストラリアでは建設労働者たちは早くも一八五六年には八時間労働制を現実にかちとっており、これは他の職種においてもまもなく行われたのだった。明らかに労働者の市場的優位性が、人口過少でダイナミックな経済活動のみられたこの国において以上に強かったところはなかった。しかも一八五〇年代のゴールドラッシュが何千という人々を誘惑して連れ去ったため、残った堅実な者たちの賃金が上昇することとなった。

眼のある観察者たちは、労働運動の既述のような相対的な意義喪失状況が永続するとは見ていなかった。実際、一八六〇年ごろからプロレタリアートが、他の一八四〇年代の登場人物とともに舞台に帰ってくること――より穏健な姿勢になっているにせよ――は明らかとなってきた。プロレタリアートは予期されざる速さで登場したが、こののちその運動と同一視されるイデオロギー――社会主義――もすぐこれに続いて現われた。この登場の過程は政治的行動と産業的行動と、また民主主義からアナーキズムまでのさまざまな種類のラディカリズムと、また階級闘争、階級的連帯と、そして政府ないし資本家の譲歩と、これら一切の奇妙なアマルガムであった。しかしなかんずく労働運動は国際的であった。それは単に自由主義の再興の場合のように同時的にいくつもの国々で生じたからというのではなくて、労働者階級の国際的な団結、ないしラディカルな左翼の国際的な団結（それは一八四八年に先だつ時期がのこした遺産だった）と切りはなせないものだったからである。それは現実に「国際労働者協会」すなわちカール・マルクスの第一インターナショナル（一八六四―七二年）として組織され、またこれによって組織化された。『共産党宣言』が述べていたごとく「労働者は祖国をもたない」というのが本当かどうか、については論議の余地があろう。たしかにフランスとイギリスの組織された、ラディカルな労働者たちはいずれもそれぞれの仕方で愛国的であった。――フランスの革命的伝統はかくれもなく民族主義的であった（前出第五章参照）。しかし、生産諸要素が自由に移動しうる経済体制のなかでは、非イデオロギー的なイギリスの労働組合でさえ、雇主による海外からのスト破りの輸入を阻止すべきだと感じることができたのである。依然としてすべての急進派にはいずこの左翼の勝利または敗北も、彼ら自身への即時的かつ直接的な意味をもつものと考えられていた。イギリスでは、インターナショナルは、再燃した選挙法改正のための教宣運動と、一連の国際的な連帯運動との結合のなかから出現した。国際的な連帯とは、ガリバルディおよびイタリア左翼との一八六四年の、またアメリカ南北戦争（一八六一—五年）でのエイブラハム・リンカーンと北部との、さらに一八六三年には不運なポーランド人との連帯などであり、それらはすべて政治的な度合のきわめて低いきわめて「労働組合主義」的な形態の労働運動を強化する結果となるはずだ、とまったく正しく信じられていた。また、ひとつの国の労働者たちと別の国の労働者たちとの単なる組織上の接触といったものも、——まさに一八六二年の万国博覧会に際してフランスの労働者たちに大がかりな代表団をロンドンにおくるのを許可したときにナポレオン三世が発見したごとく——それぞれの国の労働運動に影響を生じさせずにはおかないのであった。

ロンドンで設立され、急速にカール・マルクスの有能な指導下に掌握されることとなったインターナショナルは、次のようなかたちで発足した。すなわち、島国的で、かつ自由主義＝急進派的なイギリスの労働組合指導者たちと、イデオロギー的には混合的だがしかしいっそう左翼的なフランスの組合闘士たちと、そしていよいよ種々さまざまで調整しがたい見解をもった旧くからの大陸での革命家出身の定かならぬ参謀たちと、こうした奇妙な結びつきから成っていた。そして彼らのイデオロギー上の闘争がインターナショナルをついには破壊することともなった。それはつとに他の多くの歴史家たちの興味を引きつけてきたところだから今ここでは立ち入る必要はあるまい。大づかみにいえば、「純粋」な（すなわち実際は自由主義ないし自由主義＝急進派の）労働組合主義者たちと、より野心的な社会変革の展望をもった者たちとの最初の大きなイデオロギー戦は、社会主義者たちの勝利となった（マルクスは彼の主たる支持者だったイギリス人たちについては、大陸派の間の闘争にまきこまれないように注意していたのだったが）。これに続いてマルクスと彼の支持者たちとはプルードンの「相互扶助主義」の支持者であるフランスの戦闘的な、階級意識にめざめてはいるが反知識人的な職人たちと対決し、その次には、ミハエル・バクーニン（一八一四—七六年）のアナーキスト同盟の挑戦——それは訓練された秘密機関、フラクションその他の高度に組織的な方法をとって活動していたためにいっそう手ごわいものだった（後出第九章参照）——に対決した（そしてこれらを打ち破った）。しかしそれ以上インターナショナルの統御は維持しえなくなり、マルクスは一八七二年ひそやかにその司令部をニューヨークに移すことで処理をつけた。ともあれ、この時期には、インターナショナルもまたその一部分であり、かつある程度まではその調整者でもあった偉大な労働者階級の背骨は折られてしまっていた。にもかかわらず――事情の進展が示したごとく――マルクスの思想は勝利を収めた。

しかし、一八六〇年代にはこのことはただちに予言しうるものではなかった。一八六三年以後のドイツで発展をとげたマルクス主義の――いやむしろ社会主義の――大衆的労働運動はただひとつだった。(実際、合衆国における発育不全の全国労働改革党〔一八七二年〕――国際労働者協会と提携していた野心的な全国労働者連盟〔一八六六―七二年〕の政治的付帯組織――を除いては、「ブルジョア」ないし「小ブルジョア」政党から独立して、全国的な規模で機能している政治的な労働運動はただひとつしかなかったのだ。)それはフェルディナンド・ラッサール(一八二五―六五年)の業績であった。彼はなかなか色どりゆたかな私生活の犠牲となった(ラッサールはある女性をめぐる決闘でうけた傷がもとで死んだ)輝けるアジテーターだった。彼は自分をマルクスの信奉者だと考えていたが、ラッサールは、誰であれあまりかけはなれてはいない人物なら誰にでも追従したのである。ラッサールの全ドイツ労働者協会(Allgemeiner Deutscher Arbeiterverein〔一八六三年〕)は公式には社会主義というよりむしろ急進的民主主義の立場であり、直接のスローガンは普通選挙権の要求であった。しかしそれは熱烈な階級意識をもち、また反ブルジョアで、――初期には加入者の数は少なかったとはいえ――現代の大衆政党のように組織化されてもいた。ただしそれはマルクスにとっては特に歓迎すべきものではなかった。マルクスは二名のより全面的な彼への帰依者(ないし少なくともより満足できる人々)すなわちジャーナリストのヴィルヘルム・リープクネヒトと若くて才能豊かな轆轤《ろくろ》工アウグスト・ベーベルの指導する別の競合的な組織を支援していた。この団体はドイツ中部に基盤をもち、公式にはより社会主義的であったが、逆説的にも(反プロイセン的な)一八四八年当時以来の民主主義左派との連帯という、より弾力性のある政策をとった。ラッサール派はほとんどまったくプロイセンの運動であり、ドイツの問題についてはは基本的にはプロイセンに即した解決という考え方をとった。しかしそれは一八六六年以後は明らかに流行の解決法だったのであり、ドイツ統一期の一〇年間には強烈に感じられていたそうした差違はもはや重要性をもたなくなってきていた。しかしマルクス主義者たちは（運動の純粋にプロレタリア的な性格を固執すべしと主張したラッサール派の離脱者たちとともに）一八六九年社会民主党を設立し、ついには一八七五年ラッサール派と融合し――そして結局は効果的にラッサール派を乗っ取って――強力なドイツ社会民主党（SPD）を形成したのだった。

重要なのは、このどちらの運動も彼らが（とりわけラッサールの死後は）自分たちの理論的指導者また導師《グールー》とみなしていたマルクスと、なんらかの仕方で結びついていたことである。それらはどちらも急進的＝自由主義的民主主義から自らを解放し、独立の労働者階級の運動として機能していた。そして両者とも（北ドイツには一八六六年に、全ドイツには一八七一年にビスマルクによって与えられた普通選挙権にもとづいて）ただちに大衆的な支持を獲得した。両者の指導者たちは国会に選ばれた。バルメン――フリードリヒ・エンゲルスの生地――ではすでに一八六七年に三四パーセントが社会主義者に投票し、一八七一年には五一パーセントに達したのだった。

インターナショナルはいまだ労働者階級の何ほどか重要性のある政党を生み出していなかったとはいえ（二つのドイツの政党は公式にはインターナショナルに加盟してさえいなかった）、いくつかの国々で、労働者が大衆的・工業的な労働組合運動の形をとって出現したことと関わりをもっていたし、少なくとも一八六六年以降はそれの組織だった育成にのりだしたのだった。しかしそれが実際どの程度までのものだったかはあまり明らかではない。（国際労働者協会は最初の国際的な労働争議の高まりとたまたま時期を一にして設立されたが、そのうちの若干のもの、たとえば一八六六―七年のピエモンテの毛織物労働者の争議とは、インターナショナルはまったく無関係であった。）とはいえ特に一八六八年以降はそうした争議はインターナショナルと協働した。そうした運動の指導者たちが、いよいよもってインターナショナルにひきつけられるようになり、あるいはすでにその戦闘員とさえなりつつあったからである。この労働紛争とストライキの波はスペイン、ロシアにまで至るヨーロッパ大陸じゅうに広がり、一八七〇年にはサンクト・ペテルスブルクにも諸ストライキが起こった。それは一八六八年にはドイツとフランスをおそい、一八六九年にはベルギーをおそい（何年間か力をふるった）、その少しあとでオーストリア＝ハンガリーをおそった。一八七一年にはついにイタリア（イタリアでは一八七二—四年に頂点に達した）にも、また同年スペインにも波及した。一方イギリスでもストライキの波は一八七一—三年に高まっていた。

新しい労働組合が成長してきた。それがインターナショナルに大衆的支持を与えた。いまオーストリアでの数値のみをみると、報告されたインターナショナルの支持者はウィーンでは一八六九年から一八七二年の間に一万から三万五〇〇〇に増え、チェコ人区域では五〇〇〇からほぼ一万七〇〇〇に、シュタイエルマルクとケルンテンでは二〇〇〇だったのがシュタイエルマルクだけでもほぼ一万に増えている。[6] この数値は後代の水準からみれば大したものではない。しかしそれははるかに大きな動員力を示していたのであり——ドイツの組合は未組織労働者たちをも代表する大衆集会においてのみストライキの決定を行うようになった——、そしてそれは確実に諸国の政府をおびえさせた。とりわけ一八七一年、インターナショナルの人民的アピールの頂点がパリ・コミューン（後出第九章参照）と時を同じくした時点では。

諸国の政府と、少なくともブルジョアジーの一部は一八六〇年代のかなり早い時期に労働者の立ち上がりを認識していた。自由主義は経済的な自由放任《レッセ・フェール》の正統主義にあまりに深く結ばれていたので、社会改良の政策について真剣に考えることはできずにいた。ただ若干の民主主義的にラディカルな人々はプロレタリアートの支持を失う危険を鋭く意識しており、社会改良という犠牲を払う用意さえできていた。そしていわゆる「マンチェスター主義」が一度も完全な勝利を収めることのなかった国々では、官吏も知識人たちもこの点の必要性をいよいよ考慮するようになっていた。かくしてドイツでは興隆する社会主義運動の衝撃のもとで、「社会主義の教授たち」（講壇社会主義者 Kathedersozialisten）とやや不適切な名で呼ばれたグループが、一八七二年に、影響力に富む社会政策学会（Verein für Sozialpolitik）を形成した。この学会はマルクス主義者による階級闘争に代わるべきものとして、というよりむしろそれに対する予防処置として社会改良を唱道した。*

＊「社会主義」という言葉は「共産主義」というもっと人を激昂させやすい言葉とちがって、国家による経済活動と社会改良を勧めるすべての人についてまだ漠然と用いることができた。そして一八八〇年代の社会主義労働運動の全般的台頭をみるまでは、そうした用語法は広く行われていた。

いずれにせよ、自由な市場メカニズムに対するどんな公共的干渉も一種の破壊工作だとみなしていた人々でさえ、今や労働者の組織とその活動とを、もしそれらを手なずけようというのであればまずは承認せねばならないことを悟るに至った。すでに見たように、ナポレオン三世やベンジャミン・ディズレーリはもちろんのこと煽動家的な政治屋たちは選挙戦における労働者階級の潜在的な力を鋭く意識していた。一八六〇年代の全ヨーロッパでは、少なくとも若干の限られた労働者の組織とストライキとを許容すべく法律が修正された。あるいはもっと正確に言うならば、自由市場の理論のなかに労働者の集団的自由取引のための場を設けることがその目的であったのである。しかしながら労働組合の法律上の位置はきわめて不確かなままでありつづけた。ただイギリスにおいてのみ、労働者階級とその運動の政治的な重み――一般に、労働者階級は人口の多数を構成しているとの認識の一致がみられた――は、何年間かの過渡期（一八六七―七五年）のあとで事実上その完全な法的承認をかちとるにも十分なものだった。しかしこの法的承認には労働組合主義にとってあまりに好都合なものがあったので、それ以後周期的に、彼らがかちとった自由を削減しようとする試みがおこったのだった。

しかしこれらの改革のねらいはひたすら、労働者が独立の政治的勢力として立ち現われるのを防止することに、いやそれ以上に革命的勢力として立ち現われるのを防止することにあった。すでに非政治的ないし自由主義＝急進派の労働運動の発展をみていた国々ではこのねらいは成功した。すなわち、イギリスやオーストラリアのように、組織された労働者の力がすでに強力だったところでは、ずっとのちに至るまで労働者の独立の政党の方は出現しなかったし、その後もその政党は基本的に非社会主義的でありつづけたのである。しかし、前にみたように、ヨーロッパのほとんどの国々では労働組合運動はインターナショナルの時代に出現し、主に社会主義者たちに指導され、労働運動は政治的に社会主義とひとつとなり、わけてもマルクス主義とひとつになっていた。かくてデンマークでは、一八七一年にストライキと生産者協同組合を組織することをめざして国際労働者協会が設立されたが、その一部は一八七三年に政府によって協会が解散させられたのち独立のいくつかの組合を形成し、のちにそれらのほとんどは「社会民主主義同盟」へと再統合したのだった。こうしたことこそインターナショナルの最も重要な達成であった。それは労働運動を独立したものとし、また社会主義的なものともした。

他方において、インターナショナルは労働運動を反乱へと導きはしなかった。諸国の政府に与えた恐怖感にもかかわらず、インターナショナルは即座の革命を企図しはしなかった。マルクス自身――以前にくらべて革命的でなくなったわけではなかったが――即座の革命を真剣に予想しうるとは考えていなかった。事実、プロレタリア革命をおこそうとする唯一のこころみだったパリ・コミューンに際してのマルクスの態度はきわめて慎重なものだった。彼はパリ・コミューンには成功の一縷《いちる》の望みもない、とみていた。それがかち取りえたかもしれない最良の成果はヴェルサイユ政府と取引することだった。パリ・コミューンの不可避的な敗北のあと、彼は最も感動的な筆致でその死亡記事を書いたが、このみごとな小冊子（『フランスの内乱』）のねらいは将来の革命家たちのために指針を与えることにあった。そして彼はこれに成功した。ともかく、パリ・コミューンが現にいきていた時期には、インターナショナルすなわちマルクスは沈黙を守った。一八六〇年代にはマルクスは長期的展望のために仕事をし、短期の展望についてはひかえめであった。彼は独立した政治的労働運動が少なくとも主要な工業諸国で確立されたことで満足していたであろう。その労働運動は（合法的にそれが可能だったところで）大衆運動として、また政治権力奪取のために組織され、また自由主義＝急進主義（単純な「共和主義」とナショナリズムをふくめて）の知的影響や、マルクスが前の時代からの遺物としていくらかは許容していた一連の左翼イデオロギー（アナーキズム、相互扶助主義など）から解放されていたのだった。マルクスはそうした諸々の運動に対して「マルクス主義的」たることを要求しさえしなかった。実際、所与の状況のもとではそれはユートピア的だっただろう。マルクスはドイツ以外では、若干の旧い亡命者をのぞいては事実上まったく帰依者を持ってはいなかったから。彼は資本主義がただちに崩壊するとも、また滅亡の危機にひんしているとも見てはいなかった。彼は良好に陣地を構築している敵に対する長期戦を遂行しうる部隊を組織する上での第一歩を達成することを希望したにすぎなかった。

一八七〇年代の初期にはしかし、労働運動はこうしたつつましい目標すら達成しそこなったかに見えた。イギリスの労働者たちはかたく自由主義派の指導のもとに服しつづけ、その指導者たちはあまりに虚弱で堕落していて、今や選挙戦における決定的影響力をもちながらも議会に有効な代表を送ることさえできなかった。フランスの運動はパリ・コミューンの敗北の結果荒廃していた。その荒廃のなかには旧くさいブランキズム、サンキュロット主義そして相互扶助主義よりましなものの徴候を認めることはできなかった。一八七三―五年に労働運動のたかまる大波がおしよせたが、それは一八六六―八年の時期にくらべて強力だとはいえない労働組合を、むしろある場合には本当により弱体な組合をのこしていった。インターナショナルそれ自体、旧くさい左派の影響力を排除することができなくて崩壊した。その旧くさい左派の失敗はあまりに明らかであった。パリ・コミューンは死滅しており、ヨーロッパにおけるあとただひとつの革命、すなわちスペインの革命は急速に終焉しつつあった。一八七四年にはブルボン家がスペインに舞いもどっており、次にスペインに共和国が成立するのをほぼ六〇年おくらせていた。ただドイツにおいてのみ、特別な前進がみられた。また、明らかに新たな、しかしまだ姿の定かでない革命の展望が低開発諸国にみとめられそうであった。そして一八七〇年以降マルクスは若干の期待をロシアにとどめるようになった。しかしながら、諸々の運動のなかで最も直接的な関心をひいたもの、すなわち世界の資本主義の要塞たるイギリスをゆさぶると見られていたアイルランドのフィニアン運動は明白にうちたおされていたのだった（前出第五章参照）。

マルクスの晩年には退却と幻滅の気分がみなぎっている。彼は比較的少ししか書かず、*政治的には何ほどか不活発だった。とはいえ今となってみれば、一八六〇年代の二つの達成は永続的なものだったことがわかる。そのとき以後、独立の、政治的な大衆的社会主義労働運動が組織されることとなった。マルクス主義以前的な社会主義左派の影響は大部分打破されていた。そして結果的に、政治の機構は恒久的に変革されることとなったのである。

＊　エンゲルスによって『資本論』第二巻、第三巻および『剰余価値学説史』として整理された膨大な遺稿は実際には一八六七年の『資本論』第一巻の出版以前に書かれたものである。マルクスの主要な著作のうち、パリ・コミューンの崩壊以後に書かれたものとしては若干の書簡をのぞけば『ゴータ綱領批判』（一八七五年）があるのみである。

しかしこうした変化のほとんどは、主としてマルクス主義の大衆政党の共通の戦線としてインターナショナルが再生する一八八〇年代の終わりまで明らかにはならなかった。しかし一八七〇年代においてさえ、少なくともひとつの国は新しい問題に直面せねばならなかった。それはドイツである。ドイツでは短い挫折のあと、社会主義への票（一八七一年には一〇万二〇〇〇票）は明らかに再びおさえがたい力で増大しはじめ、一八七四年には三四万票に、一八七七年には五〇万票に達した。誰もこれをどうあつかえばよいのかわからなかった。大衆はもはや受動的でも、伝統的な「長上」やブルジョアジーの指示に服するものでもなくなっており、大衆の指導者たちをとりこむこともできなくなっていたから、彼らは政治の枠組におさまらなくなっていたのだ。ビスマルクは、他の誰とも同様、いやむしろ誰よりも上手に自分自身の目的のために自由主義的な議会政治というゲームを行うことができたが、彼は法によって社会主義的な活動を禁止することのほかには、何も手段を考えることができなかった。

（1）H. A. Targé, *Les Déficits* (Paris 1868), p. 25.

（2）Sir T. Erskine May, *Democracy in Europe* (London 1877), I, p. lxxi.

（3）Karl Marx, *The Eighteenth Brumaire of Louis Bonaparte* (*Werke*, VIII, pp. 198-9).〔伊藤新一・北条元一訳『ルイ・ボナパルトのブリュメール十八日』岩波文庫、一九五四年、一四五ページ、『全集』第八巻、一九六二年、一九四—五ページ〕

（4）G. Procacci, *Le elezioni del 1874 e l'opposizione meridionale* (Milan 1956), p. 60; W. Gagel, *Die Wahlrechtsfrage in der Geschichte der deutschen, Liberalen Parteien 1848-1918* (Düsseldorf 1958), p. 28.

（5）J. Ward, *Workmen and Wages at Home and Abroad* (London 1868), p. 284.

（6）J. Deutsch, *Geschichte der österreichischen Gewerkschaftsbewegung* (Vienna 1908), pp. 73-4; Herbert Steiner, 'Die internationale

Arbeiterassoziation und die österr. Arbeiterbewegung', *Weg und Ziel* (Vienna, Sondernummer, Jänner 1965), pp. 89–90.

第七章　敗北者たち

借金という危険な手法も含めたヨーロッパのさまざまな習慣の模倣が、近年では好まれている。しかし、東方の支配者たちのもとでは、西洋文明は実り豊かではない。そして西方の習慣は、傾いた国家を再建するかわりに、そのより急速な崩壊へとおびやかしているように見える。

サー・T・アースキン・メイ、一八七七年(1)

神の言葉は近代的な甘い人間生活を正当化するものではない。……すべての東方の諸国においては、政府に対する恐れと畏敬を確立することが必要である。そうしてのちに、そうあってのみ、政府の恩恵も理解されるようになるのだ。

J・W・ケイ、一八七〇年(2)

I

ブルジョア的世界の経済学的、政治学的、社会学的および生物学的思想に対し基本的な隠喩を提供した「生存競争」においては、ただ「最適者」のみが生存しえた。そしてその適性は単に生存することによってではなく、むしろ支配することによって証明されえた。かくして世界の人口のより大きな部分は、経済的、技術的、そしてそれゆえの軍事的な優越性が明らかで揺ぎないと思われた者たちの犠牲となった。すなわち北西および中央ヨーロッパの諸々の国民経済と諸国家の、またそこからの海外への移民が居を定めていた国々とりわけ合衆国の犠牲となった。ただし三つの主要な例外であるインド、インドネシア、北アフリカの若干部分を除けば、一九世紀の第三・四半期に公式の植民地となったところあるいは植民地だったところはほとんどなかった。(オーストラリア、ニュージーランドおよびカナダのようなアングロ・サクソンの定住地域は念頭におかなくてよい。それらはまだ公式に独立国とはなっていなかったが、明らかに「原住民《ネイティヴ》」――この用語はそれ自体としては価値評価から中立でありながら、実ははっきり劣等視を含むようになっていた――が住む地域とはちがったあつかいを受けていたからである。)もちろん、これらの例外は無視しうるものでもない。インドだけでも、一八七一年に世界の人口の一四パーセントを占めていたのだから。経済しかしまたインド、インドネシア、北アフリカ以外のところでの政治的独立などたいした意味ももたなかった。軍事的観点からみると、的にはそれらの国々は資本主義の触手のおよんだ限りは、そのなすがままにまかされていた。軍事的観点からみると、それらの国々の劣位は目をおおうものがあった。砲艦と派遣軍とは万能の力に見えた。

現実には、弱体な、もしくは伝統的な諸政権をヨーロッパ人が脅迫したときにはそれら砲艦や派遣軍は見かけほど決定的ではなかった。それらの政権がヨーロッパの軍隊を陸上の陣形を整えた会戦でうちやぶることのできた事態――海上ではそれは決して可能でなかったが――、そしてイギリスの行政官たちが讃嘆をこめて好んで「軍隊人種《マーシャル・レイス》」と呼んだものもまた数多く存在したのである。トルコ人は兵士として称讃に値する評判を得ていたし、事実その力はサルタンの反逆者をうち破り虐殺しえただけではなく、彼らの最も危険な敵対者たるロシア陸軍にも十分あたることができ、かくてヨーロッパ列強の間での張り合いがオスマン帝国を存続させたのと同じくらい効果的にオスマン帝国を保守しえ、少なくともその崩壊を遅らせえたのである。イギリス兵は、インドのシーク教徒とパターン人や、アフリカのズールー族に、またフランス兵は、北アフリカのベルベル族に相当の尊敬を払った。経験の示すところではまた、とりわけ外国軍がその土地の人々の支持を得られないへんぴな山岳地帯で、派遣軍は恒常的な変則的戦闘ないしゲリラ戦にひどく悩まされた。ロシア人は何十年もコーカサスでそうした抵抗とたたかっていたし、イギリスはアフガニスタンを直接統治するこころみをあきらめ、インド北西部の辺境を監視することで満足することにした。最後に、少数の人員による外国からの征服者が広大な国を恒久的に占領することはきわめて困難で高くつき、占領なしに先進国がその意志をこうした国々に強制できる力さえ得られれば、軍事占領はほとんど価値のないことに思われた。もちろん必要とあれば占領が行われうることを誰も疑いもしなかったけれども。

世界の過半の部分は、こうして自分の運命を自らきめる立場にはなかった。せいぜい、いよいよもって重くのしかかってくる外国の力に反応しうるのみであった。概観すると犠牲となった世界は四つの主要な部分から成っていた。第一には、アジアとイスラム世界における、非ヨーロッパ人帝国ないし独立した大王国の残存したものがあった。オスマン・トルコ、ペルシア、中国、日本およびより小さなモロッコ、ビルマ、シャムおよびヴェトナムの国々である。こうしたもののなかでより大きなものはともかく生き残ったが、しだいに一九世紀資本主義の新しい力のもとにうちくずされていった。別に考察する日本をのぞいて（後出第八章参照）。より小さなものは本書が扱う時代が終わると結局――イギリスとフランスの勢力圏の緩衝地帯として残されたシャムをのぞいては――占領されてしまった。さて、第二には、アメリカ大陸におけるスペインとポルトガルの旧植民地で、名目上独立している国々があった。また第三には、サハラ以南のアフリカがあった。これについてはこの時代には何ら大きな関心をひかなかったから多く語る必要はない。第四番目には、主にアジアの、すでに公式に植民地化されているか、または占領されている地域があった。

これらすべての国は、西欧による公然たる、あるいは非公然たる征服という事態に対してどう対処すべきか、という根本的な問題に直面した。拒むにはあまりに白人は強力なのは明らかだった。ユカタン半島のジャングルのマヤ・インディアンは一八四七年に西欧人を放逐し彼らの古い習慣に復帰しようとしたようであり、一八四七年にはじまる「人種戦争」の結果ある程度まで現実に成功を収めた。それはついに――二〇世紀に入って――シサル麻とチューインガムとが彼らを西欧文明の軌道につれもどすまでつづいた。しかしこの場合は例外である。ユカタン半島は孤絶しており、最も近接した白人権力（メキシコ）は弱体で、イギリス（その植民地のひとつが隣接していた）はマヤ・インディアンの努力に水をかけはしなかった。遊牧民の襲撃者と山岳部族とは白人をくいとめつづけたと思われる。彼らの奇跡はこの土地が遠く離れていて経済的にも利にうすい土地柄だったからというだけではなく、まさに彼らの力強さによってもたらされたことをも思うべきである。しかし非資本主義世界における、政治的に組織化された多くの諸民族の場合には、白人文明の世界を避けることができるかが問題ではなく、どのようにその衝撃に対応すべきかが問題だった。白人文明を模倣することによって対応するか、その影響力に抵抗するか、あるいはこの両方を結合することによって対応するか、であった。

世界のなかの従属的な部分では、二つの部分がヨーロッパの支配に強制された「西欧化」を行なっていたか、またはその途上にあった。二つの部分とは、アメリカ大陸の諸々の旧植民地および世界各地に現存する植民地である。

ラテン・アメリカは、スペインおよびポルトガルの植民地たる状態から脱して形式上は主権国家の集合体となって登場した。そこではスペインおよびポルトガル的過去の制度的遺産に、周知の一九世紀的なパターン（イギリスおよびフランスの）での自由主義的・中産階級的な諸制度や法律が重ね合わされていた。スペインおよびポルトガル的過去の遺産としては土着の人々――インディオ、混血、およびカリブ海地域とブラジルの沿岸では多くアフリカ人だったが――の、地域的色彩をおびているにもせよ、情熱的で深く根を下ろしたローマ・カトリシズムが特筆される。*資本主義的世界の帝国主義は、その犠牲者たちをそのように教化しようなどという体系的なこころみは行わなかった。これらの国々はすべて農業国であり、河川、港湾および荷運びラバ隊を利用して到達できないところにある限り、遠い世界市場にはまったく接しえないも同然だった。奴隷制プランテーション地域と到達困難な内陸の部族や北や南の端の遠方の辺境をのぞけば、ラテン・アメリカの国々には主として、さまざまな色の皮膚をした農民と牧畜者が住んでおり、彼らは大土地所有者によって直接的に農奴化されつつ、あるいはずっとまれには独立を保って、自足的な共同体をなして住んでいた。それらの国々は、大土地所有者の富によって支配されていたが、大土地所有者たちの立場は、彼らに対する若干の統御――農民（その大半はインディオだった）の共同体への若干の保護を含めて――の維持をこころみたスペインの植民地支配が廃棄されると、いちじるしく強化された。それらの国々はまた大地主などが動員することのできる武装した者たちによって支配されていた。この事情があのラテン・アメリカの政治的風景にはつきものの、自分の私兵の上に立つカウディリョの基盤を成していた。ラテン・アメリカ大陸の国々は基本的にほとんどすべて寡頭政治のもとにあった。このことは実際には、ナショナルな権力とナショナルな国家とが——共和国がきわめて小さい場合か、少なくとも時おりは独裁者がずっと遠方の服従者たちにまで恐怖をふき込めるほど残忍である場合をのぞいては——弱体だということを意味していた。これらの国々が世界経済と関係をもった場合には、それは主要産物の輸出入と海運とを支配する外国人を通じてであった（チリは自国の豊かな船舶をもっており例外だった）。輸出入と海運を支配したのはこの時代では、若干のフランス人とアメリカ人もあげられるがほとんどがイギリス人だった。これらの国の政府の運命は外国貿易からの利益の分け前と借入金——これまた主としてイギリス人からの——獲得の成功にかかっていた。

＊　アフリカ起源の諸祭儀は何ほどかカトリシズムと混淆しつつ奴隷地域に残ったが、ハイチの場合をのぞいてはこの主要宗教と競争すべくもなかった。

独立後の最初の一〇年は経済的および、多くの地域では、人口統計上の退潮がみられた。ただし土着的な皇帝のもとでポルトガルからの平和的独立を達成し分裂と内乱とを回避しえたブラジルと、太平洋に面し温暖な細長い地条をなして孤絶するチリとは特筆すべき例外であった。新しい体制によって行われた自由主義的な改革は——世界じゅうで共和国の最も多く集中しているこの地域で——いまだ実践的には効果を生まなかった。若干の最も大きく、したがって最も重要な国家では、たとえば独裁者ロサス治下（一八三五—五二年）のアルゼンチンでは、革新には敵対する、国内志向をもった土着の寡頭政的為政者たちが支配していた。しかし一九世紀の第三・四半期における全世界にわたる資本主義の驚異的な拡大がこうした事態を変えることになった。

まず第一に、パナマ地峡の北では、スペインとポルトガルが去ってのちこれまでラテン・アメリカが受けたこともないような「先進」諸国のより直接的な介入が生じた。その主な犠牲者となるメキシコは、一八四七年アメリカ合衆国による侵略により広大な領域をうばわれた。第二に、ヨーロッパ（およびより程度は小さいが合衆国も）は、この広大な未開発地域から輸入するに値する商品を発見した。ペルーのグアノ、キューバや他の多くの地域のタバコ、ブラジルその他の綿花（とりわけアメリカ南北戦争の期間）、コーヒー――一八四〇年以後はとりわけブラジルの――、ペルーの硝酸塩等々である。これらの産品のいくつかのものは一時的なブーム産品で、上昇と同じく没落も急となりがちだった。ペルーのグアノが活況を呈した時代は一八四八年以前にはほとんど生じてもいなかったが一八七〇年代以後には残ってもいなかった。二〇世紀中葉ないし今日まで続く比較的永続的な型の輸出向け産品をラテン・アメリカが開発したのは一八七〇年代以後であった。海外からの資本投下は大陸の社会資本――鉄道、港湾施設、公共施設――を発展させた。ヨーロッパから、とにかくキューバ、ブラジルそしてとくにラプラタ河河口の温暖地域へと移住する者も相当増加した。*

* 一八五五年から一八七四年の間に大ざっぱにみて二五万人のヨーロッパ人がブラジルに移り住み、ほぼ同じ期間にアルゼンチンとウルグアイには八〇万人が移住した。

こうした発展は、自分たちの大陸の近代化に献身していた少数のラテン・アメリカ人の手に力を与えた。この大陸は現在は貧しくとも潜在的にはそして資源的には豊かだった。あるイタリア人旅行者はペルーを「黄金の山に坐っている乞食」と評している。そして外国人は――メキシコにおけるように現に外国人が脅威となっていたところでさえ――伝統主義的な農民、旧式な辺境大地主、そしてとりわけ教会とからなる、土着的な不活性のおそるべき結合にくらべれば大きな危険をおよぼすものではないように思われた。いいかえれば、この不活性がまず克服されなければ、外国に対抗することなど無理であった。そしてそれは容赦ない近代化と「ヨーロッパ化」によってのみ克服されうるものであった。

「進歩」のイデオロギーは教養あるラテン・アメリカ人をとらえた。ただしそれは独立運動の際に流布していた「啓蒙された」フリーメーソン主義やベンサム的な自由主義と単純に同じものではなかった。まず一八四〇年代にはさまざまなユートピア的社会主義が知識人をとらえたが、それは単なる社会の改善や完成だけではなく、経済的な発展をも約束していた。次に一八七〇年代からはオーギュスト・コントの実証主義が深くブラジルに（ブラジルの国民的モットーは今日でも、コント的な「秩序ある進歩」である）、またより浅くはメキシコにも浸透した。もちろん他方では古典的な「自由主義」も流布しつづけていた。一八四八年革命と、資本主義の世界的拡張との結合が、自由主義者たちにチャンスを与えた。彼らは古い植民地的な法秩序に完全なる終焉をもたらしたのである。二つの最も重要な――そして結びあった――改革が行われた。それらはまず、私的所有権および売買にもとづく以外のいっさいの土地保有の体系的な整理（一八五〇年のブラジルの土地法や、同年コロンビアにおけるインディオの土地の分割制限の撤廃のように）であり、次にとりわけ激しい反教権主義であった。反教権主義は教会の土地保有を廃止することも要求していた。反教権主義の最も激しいものはベニト・フアレス（一八〇六―七二年）大統領治下のメキシコで達成された（一八五七年憲法）。教会と国家は分離され、一〇分の一税は廃止され、司祭たちは国家への忠誠の誓約を強制され、官吏は宗教的儀式に参加することを禁じられ、教会領の土地は売却された。他の国々でも反教権主義はよりおだやかだったとは決していえない。

しかしながら政治権力によってしいられた、制度的な近代化によって社会を改編しようとするこうした試みは失敗した。というのは基本的にはそれが経済的な独立に支えられていなかったからである。自由主義派は、この農村的な大陸のなかで教養ある都市のエリートたちにすぎず、彼らが現実に権力の座についた場合でも、実権は信頼できない将軍たちや地方の地主の家柄の一門にあったのだ。そして地主の一門はしばしばジョン・スチュアート・ミルやダーウィンなどとはまことに縁遠い理由からその勢力下の人々を自分の側に動員したのである。社会的また経済的にみれば、一八七〇年代まではラテン・アメリカの内陸部ではほとんど変化がみられなかった。ただ地主たちの力が強化され小作農の力が弱くなっただけであった。そして世界市場の圧力を強くうけた限りで、内陸部に変化が生じていたとすれば、その結果はただ、二、三の大貿易港と二、三の大資本を通じて操作され、そして外国人によって、または外国人の入植者によって管理される輸出入貿易の要求に、旧来の経済が従属することになった、という変化であった。主要な唯一の例外はラプラタ河流域の土地にみられた。そこでは大量のヨーロッパからの移民が、完全に非伝統主義的な社会構造をもった、まったく新しい住民を生み出すことになったのである。こうして一九世紀の第三・四半期におけるラテン・アメリカは日本をのぞいた世界のどの地域よりも大きな熱意と、また時に非常な非情さをもってブルジョア的＝自由主義的形態での「西欧化」の途をとっていた。ただしその結果は失望におわったのだった。

ヨーロッパからの移住者たち――通常かなり最近の――が居住する、そして土着住民の数が多くはない地域（オーストラリア、カナダ）をのぞけば、ヨーロッパ列強の植民地帝国は、多数派または少数派としての白人入植者と相当重要な土着人口とが共存する若干の地域（南アフリカ、アルジェリア、ニュージーランド）と、ヨーロッパ人人口が多くはないか、または彼らが恒常的に住んではいないより多くの地域と、この二つの地域から構成されていた。* 「白人入植者」のいる植民地は植民地主義の最も手におえない諸問題を生み出すことで知られていた。ただし、この時代にはまだそれは何ら大きな国際問題とはなっていなかったが。どの場合でも、土着住民にとっての課題はいかにして白人入植者の優勢に抵抗するかであった。しかし武力の点では恐るべきものがあったズールー族、マオリ族、ベルベル族なども、ただ局地的な成功をおさめえたにとどまった。土着住民が圧倒的である植民地はいっそう深刻な問題を生んでいた。そこでは白人が少ないため原住民を大々的に登用し、彼らを支配者のために原住民の管理・威圧に当たらせるほかはなかった。それはまた、いずれにせよ少なくとも地方的レベルでは、既存の地方的な諸制度を通じて行政を行わざるをえないということを意味していた。いいかえれば白人は、彼らの代わりをつとめる同化された原住民の一団をつくり出すとともに、その国のしばしば白人の目的にはおよそ不適切な伝統的な諸制度を活用する、という二面的な問題に直面したのである。反対に土着の民族は、西欧化の挑戦に対して単なる抵抗以上の複雑なものをもって対決しなければならなかったわけである。

＊ 白人との通婚は、こうした地域ではあまり発展をみせなかった。その点で前産業化時代の諸帝国——その一部は今も残っているが（キューバ、プエルトリコ、フィリピンなど）——の場合とは事情がことなる。そして少なくともインドでは、一九世紀中葉以後はいよいよ白人との通婚が抑圧されたようである。単純には有色人種とみなされないか（合衆国の場合）、白人として通用した、メスティソのような人々は、下位の行政官や技師のカーストとして利用された。インドやインドネシアにおいては、彼らが鉄道の作業を独占していた。しかし原則上は「白人」と「有色人」の区別はきびしかった。

Ⅱ

インド——群をぬいて最も広大な植民地——はこうした状況の複雑さと逆説とをよく示している。外国による支配という事態そのものはここでは大きな問題とはならなかった。この亜大陸の広大な諸地域は、歴史の経過のなかでさまざまな外国人（ほとんどが中央アジアからの）によって征服されまた再征服されてきたのであった。そうした支配の正当性は強力な権力によって十分確立されてきたのであった。今回は、支配者たちの肌の色がアフガニスタン人にくらべてごくわずかに白いというだけのことであり、行政上の言語が古典的なペルシア語にくらべると少し難解なだけであり、特に問題は生じもしなかった。今回の支配者たちはその特殊な宗教へと人々を回心させようともしなかった（それは宣教師たちの遺憾とするところだったが）が、それは彼らにとって政治的にありがたいことであった。とはいえこの支配者が、意図的にあるいはその奇妙なイデオロギーの結果として、またその空前の経済的活動の結果としておしつけた変革は、かつてカイバル峠を越えてもたらされた変化のどれよりも深刻で困惑させるものだった。

ただし、そうした変革は革命的でもありまた限度のあるものでもあった。イギリス人は、寡婦の焚死（サティー）のような土着の地方的な風習にその多くが怒りを感じたからというだけではなく、むしろ行政上の必要と経済上の要請から、西欧化をおしつけようと——ある点では同化させようとさえ——した。それはいずれも、イギリス人の意図がそうでなかった場合でも既存の経済的および社会的な構造を崩壊させた。かくて、長い論争のすえ、T・B・マコーリー（一八〇〇—五九年）の有名な覚書（一八三五年）が、若干のインド人のための、純粋なイギリス流の教育システムを設立させたのだった。彼らの、つまり部下の行政官の教育と訓練のために、イギリスの統治者はあらゆる公的配慮を与えていた。その結果少数のイギリス化されたエリートが生まれたが、彼らはインドの大衆からはあまりに遊離してしまい、土着語をりゅうちょうに使うこともできないほどとなった。また彼らは自分の名前をイギリス風に変えた。しかし最もイギリス化されたインド人でもイギリス人からはイギリス人としてあつかわれたことはなかった。＊ただし他方ではイギリスはインド人が西欧化することを禁じた。あるいはインドの西欧化をおしすすめなかったのだった。というのは結局はインド人は従属民だったのであり、インド人の役割はイギリス資本主義と競争することではなかったからであった。またインド民衆の風習への過剰な干渉は、政治的危険が大きかったからでもあった。それにイギリス式の生活様式と、一億九〇〇〇万にのぼろうというインド人（一八七一年）の生活様式とのずれは、少なくともひとにぎりのイギリス行政官たちでは事実上いかんともしがたいものがあった。一九世紀のインドで統治した人人や、インド経験をもった人々が生み出したきわめて役に立つ文献は、社会学、社会人類学、比較史等の分野の発展（後出第一四章参照）に重要な貢献をなしたが、それらはまさに、いまのべたような矛盾と無力さというテーマの一連の変奏曲なのである。

＊　イギリスの左翼は（彼らの名誉だが）はるかに平等主義的で、ひとりないしふたりのインドからの移住者が、イギリス議会に選出されている。その最初のひとりは一八九三年、ロンドン選挙区のためのラディカルな議員となった。

「西欧化」は結果的に、インド解放闘争の指導者とそのイデオロギーおよびそのプログラムを生み出すこととなった。その文化的なまた政治的な指導者たちは、イギリスに協力した人々の階層から、つまり買弁ブルジョアジーその他としてイギリス人の統治から利益をうけた人々、または西欧を模倣して自らを「近代化」しようとした人々の階層から出現した。西欧化は、本国の植民地的経済政策と対立する利害をもつ、土着の産業家階級の萌芽をつくり出した。ただしこの時代には、「西欧化された」エリートの間では、どのような不満があったにせよ、イギリスは模範を示すまた新しい諸々の可能性を開きつつあるものとして見られていたということを指摘しておかねばならない。それゆえ「ムケルジー・マガジン」（カルカッタ、一八七三年）の匿名の民族主義者が次のように書いたのは孤立した見解であった。「彼らをとりまく人工的な光栄に目をうばわれて、……これまで原住民は支配者たちのものの見方を受け入れた。またそれがヴェーダの商業版ででもあるかのようにそれらを信頼した。しかし日一日と知性の輝きは彼らの意識のかすみを晴らしつつある」(3)と。イギリスに対して、彼らがイギリス人であるがゆえに抵抗するという態度は伝統主義者たちの間からおこった。しかしこれさえも——ひとつの大きな例外をのぞけば——のちに民族主義者のB・G・ティラクがこう回想したような時代にあってはかき消されてしまった。人々は「まず最初にイギリス人の規律正しさに目をうばわれてしまった。鉄道、電信、道路、学校などが人々をうろたえさせた。暴動はなくなり、人々は平和と静けさとを享受することができた。……人々はやがて、たとえ盲目の者でもベナレスからラーメーシュワルまで杖に黄金をくくりつけても無事に旅ができる、と言うようになった」(4)のだった。

大きな例外は北インド平原での一八五七—八年の大蜂起だった。それはイギリス史の伝統のなかで「インドの反乱」として知られ、あとからインドにおける民族主義運動の先駆けであったと主張されるに至った。それはイギリスのインド統治史上の転換点であった。それは伝統主義（北部）インドによる、イギリスの直接支配の強制への最後のひと蹴りであったが、ついに旧い東インド会社の没落をもたらした。この植民地主義的私企業の奇妙な生き残りは、いよいよイギリス国家の機関に吸収されつつあったのだが、ここでついに後者にとってかわられたのだった。総督ダルフージ卿の統治（一八四七—五六年）とともに、それまでは従属的というだけだったインド諸地域を組織的に併合する政策がとられ、*特に一八五六年、古いムガール帝国の最後の残存物だったアウド王国を併合したことが蜂起をひきおこした。イギリスによって強制された、あるいはイギリス側にその意図があると信じられた変革の、急速さとそのぶしつけさとが事態を急ならしめた。直接のきっかけとなったのは、〔牛と豚の〕脂を塗った〔エンフィールド銃の〕薬包の導入であった。ベンガル軍兵士たちはそれを彼らの宗教的感受性に対する意図的な挑発とみなしたのだった。（キリスト教および宣教師関係の施設は民衆の憤激の最初の標的のひとつであった。）蜂起はまずベンガル軍の反乱としてはじまった（ボンベイおよびマドラスの軍隊は平静を保った）が、それは伝統的貴族たちや君侯たちにひきいられた、北部平原における大民衆暴動となり、ムガール帝国を再建せんとする企てとなった。経済的な緊張をはらんだ問題、たとえばイギリスによる、当局の歳入の主たる源泉である土地税の改変などから生じた問題が相応の重要性をもったことはあきらかである。しかしそれだけであれほど巨大で広範囲におよぶ反乱が生じえたかといえば疑問である。人々は、自分たちの生活様式に対する外国社会による急速かつ無慈悲な破壊と感じられた事態に対して立ち上がったのだった。

＊　一八四八年から一八五六年までの間に、イギリスはパンジャブ、中央インドの大部分、西海岸の一部とアウドを併合した。かくてイギリスの直接統治領は三分の一ほど広くなった。

「反乱」は血の渦のなかで鎮圧されたが、それはイギリス人に慎重であるべきことを教えた。実際、併合政策はインド亜大陸の東と西の端地をのぞいてはとりやめとなった。いまだ直接統治のもとにくみこまれていない広大なインドの諸地域は、現地の傀儡的な君侯たちの支配にゆだねられた。彼らは公式にはへつらいと敬意を受けてはいたが、イギリスによって統御されていた。そしてこれらの人々はまた彼らに富と地方的権力と地位を保証してくれる体制を支えるものとなった。こうしてインドでも国のなかのより保守的な要素——地主たち、そしてとりわけ強力なイスラム教徒少数派——に依って支配しようとする特徴的な傾向が、「分割して支配せよ」という古くからの帝国の教えどおり強くなった。時がたつにつれ、政策上のこの変更は、単に外国の支配者に対する伝統的インドの抵抗力の認知を意味するというだけのものではなくなった。それはむしろゆっくりと発展しつつあったインドの新しい中産階級のエリート――植民地社会の生み出したものであり、時にはその実際の召使いとなった――の抵抗に対する対重《カウンターウエイト》ともなった。＊インド植民地に対する政策がどうであったにせよ、その経済的また行政上の現実は伝統の諸々の力を弱めつづけまたくずしつづけた。それは革新的な力を強化し、そしてこの革新的な力とイギリス人との葛藤を高めていった。東インド会社による支配が終わると、本国から移住したイギリス人たちとその妻たちの新しい社会が成長するようになり、彼らは分離主義と人種的な優越性をいよいよ強調したが、このことは新しい土着の中間階層との間に社会的摩擦をひきおこした。世紀の終わりの三分の一期には経済的な緊張が生じ（後出第一六章参照）、反帝国主義の議論が広がった。一八八〇年代の末にインド国民会議――インド民族主義の主たる担い手で独立インドの支配的政党――はすでに存在していた。二〇世紀にはインドの大衆はみずから、新しいナショナリズムのイデオロギー指導に従うようになった。

＊　インドにおけるイギリス帝国主義に関する最初の重要な経済学的な批判は、R・C・ダットの『インド経済史』と『ヴィクトリア時代のインド』で書かれた。その著者はイギリスのインド政庁で、かつてない輝かしい経歴をもつインド人であった。同じように、インド国歌はイギリス当局の役人で小説家であるインド人のバンキム・チャンドラ・チャッタージによって書かれた。

Ⅲ

一八五七―八年のインド蜂起は、現在に対する過去の、唯一の大衆的な植民地反乱だったのではない。フランス帝国のうちでは一八七一年にアルジェリア大蜂起がおきた。それは普仏戦争の間にフランス軍が引き揚げたこと、その後アルザス人、ロレーヌ人がアルジェリアに大量に再入植したこと、この両方によって加速されたのであった。けだし、それはインドの場合に似かよった事態であった。とはいえ、一般にそうした反乱の展望は限られていた。西欧資本主義社会の犠牲者の大半は、征服された植民地ではなく、むしろ名目上独立はしていたもののますます弱体化させられまた分裂させられていく社会や国家だったからなのである。この時代のこうした二つの国の運命をとりあげてみよう。エジプトと中国である。

形式的にはまだオスマン帝国内にはあったが事実上独立した国だったエジプトは、その農業的な富とその戦略上の位置とのために犠牲となるべく定められていた。第一の農業的な富という事情のためにエジプト経済は小麦と、とりわけその販売が劇的に拡大した綿花を資本主義世界に供給する農業的輸出経済となった。一八六〇年代初期以後、綿花はこの国の輸出収入金額の七〇パーセントをもたらした。一八六〇年代の大ブーム（南北戦争の結果アメリカの綿花供給が崩壊したとき）の間には小作人たちですら一時的にうるおった。ただし、北部エジプトに住む彼らの半数は一年を通じて行われる灌漑が拡大されたせいで寄生虫による病いにおかされてしまった。この広範な経済的拡張はエジプトの産業を国際的（イギリスの）システムのなかにかたくくみこんだ。またエジプト太守《ヘディーヴ》イスマーイールにきわめて安易に信用を供与しようとする外国の実業家や冒険者たちの洪水をまねいた。初期のエジプトの太守《ヴァイスロイ》たちと同様この太守の財政的感覚には欠陥があった。しかし一八五〇年代の間はエジプトの歳出は歳入を一〇パーセントほどこえるだけだった。一八六一年から一八七一年の間に歳入はほぼ三倍になり、歳出は平均しておよそ歳入の二倍以上へといちじるしく増大した。その差額は七〇〇〇万ポンドにおよぶ借入金によって充当されたが、それは堅実な実業家から怪しげな連中に至るまでの多種多様な融資者を生む結果となり、彼らはいちじるしく有利な利潤をあげた。こうした手段によってヘディーヴはエジプトを近代的で帝国的な強国にしようとのぞみ、またカイロをナポレオン三世のパリに似せて再建しようともくろんだ。当時パリは彼のような金まわりのよい支配者には楽園の標準的モデルであった。第二の事実、戦略的な位置という問題は西欧列強とその資本家たちの関心をひきつけた。とりわけイギリスにとっては、世界におけるその位置からしてスエズ運河建設のためにエジプトが決定的に重要となった。ところで世界の文化は、ヘディーヴがヴェルディに「アイーダ」（一八七一年）の作曲を依頼したことに丁重に感謝するべきかもしれない。それは運河開通（一八六九年）を祝ってヘディーヴの新しい歌劇場で初演された。しかしエジプトの人人にとってはまことに高くついたものではあった。

エジプトはこうして農産物供給国としてヨーロッパ経済にくみこまれた。銀行家たちはパシャたちを通してエジプトの人々を食いものにした。ヘディーヴとパシャたちが、もはや自分たちが軽薄に興奮して受け入れた借金の利子を払えなくなると——一八七六年にはこの返済金の額はその年の現実の歳入のほとんど半分にのぼっていた——外国人が統制を課してきた。[5] ヨーロッパ人たちはおそらく独立国としてのエジプトを搾取することで満足しつづけただろう。しかし、支配者たちには理解もできず、対応もできなかった諸々の経済的な力と誘惑によってほりくずされたヘディーヴの政府の行政的また政治的な構造の崩壊と、経済的ブームの崩壊とが、独立国の形式をのこす搾取の仕方を困難にした。かくて、より強力な立場にあり、利害関係もずっと決定的であったイギリスが、一八八〇年代にこの国の新しい支配者として現われたのだった。

しかしその間、西欧の風に異例なほどさらされていたエジプトは、地主、知識人、官吏そして陸軍将校たちから成る新しいエリートをつくり出した。彼らは一八七九—八二年の、ヘディーヴと外国人との双方に対立する民族運動を指導したのだった。一九世紀の間に、トルコ人の、またはトルコ＝チェルケス人の古い支配者集団はエジプト化され、一方エジプト人たちは富と勢力とを掌握する立場に上昇していた。アラビア語がトルコ語にかわって公用語の座を占め、イスラム世界の知的生活の中心のひとつとしてすでに強力だったエジプトの地位をさらに強化した。近代イスラム・イデオロギーの特筆すべき先駆者だったペルシアのジャマールッディーン・アル・アフガーニーはその影響をのこしたエジプト滞在中に（一八七一—九年）エジプト知識人の間に熱烈な聴衆をえた。* アル・アフガーニーと、彼のエジプトでの使徒たちや、彼に相当するエジプト知識人について重要なのは、彼らは単に西欧に対するイスラムの否定的な対応をうったえたのではなかった、という点である。もちろん彼はイスラム世界の宗教的確信に衝撃を与えてはならないことや、その信仰は実にひとつの強力な政治的な力であることを十分リアルに認識していた。ただ、彼自身の信仰の正統性についてはもっともな疑いも提起されてきた（彼は一八七五年にフリーメーソン会員となった）。とまれ彼の使命はイスラムにあらためて活力を与えることにあった。そうすればイスラム世界は近代科学を吸収し、西欧を見習えるようにもなりえよう。またイスラムが近代科学や議会制度や国民軍を現実に用いていることをイスラム世界はあからさまに示すこともできるであろう(6)。このようにエジプトの反帝国主義運動は、昔ではなく未来を見つめていたのであった。

＊ アル・アフガーニーはイスラム的知識人のコスモポリタン的な伝統を継承していた。彼は流浪の生活をつづけ、生地のイランから、インド、アフガニスタン、トルコ、エジプト、フランス、ロシアなどへおもむいた。

エジプトのパシャたちがナポレオン三世の魅惑的なパリを模倣している間に、一九世紀の最大の革命が非ヨーロッパ世界最大の帝国におきていた。中国のいわゆる太平天国の乱（一八五〇―六六年）である。太平天国の乱はヨーロッパ中心主義の歴史家たちには無視されてきた。ただし少なくともマルクスはそれを十分意識しており、すでに一八五三年に「おそらくヨーロッパの人民の次の蜂起は、他のどの政治的大義によりも、いま中国でおこっていることに負うところが大きいことになろう」と書いている。この反乱が最大のものだったというのは、単に中国が当時すでにおそらく四億の人口を擁していてつとに世界最大の人口の国であり、ある時点ではその半分以上の地域を太平天国が支配しえていたということだけではない。それだけでなく、太平天国が引き起こした諸々の内乱の異常なまでのスケールと苛烈さも、当時最大のものだったのである。おそらくは二〇〇〇万人ほどの中国人がこの時期に死亡したでもあろう。この動乱は重要な諸側面において、中国に対する西欧の衝撃の直接的な産物であった。

おそらく伝統的な大帝国のなかでひとり中国のみがイデオロギー的にも実践的にも民衆的な革命的伝統をもっていた。イデオロギー的には、中国の学者たちと民衆とは彼らの帝国の恒久性と中華思想とを自明なものとしていた。すなわち、帝国はかわることなく存続し、（ときおりの分割時代を幕間に）皇帝のもとで、全国的な官吏任用試験を通った学者＝官僚の行政によって統治されるというのである。この試験制度は二〇〇〇年ほど前に設立され、ようやく一九一〇年に帝国自身が滅亡に瀕したときに廃止されるまで続いたのだった。しかし帝国の歴史はまた諸王朝の交代・連続の歴史であり、それぞれの王朝が、興隆・危機・没落のサイクルを通して、その絶対的権威を正当なものとする「天からの委託」を得またついにはそれを失う歴史であると信じられていた。その場合、王朝の交代の過程では社会的山賊行為や農民蜂起や民衆の秘密結社活動から始まり大きな反乱へと成長する民衆的反抗が大きな役割をはたすとされていた。実に反乱の成功はそれ自身、前王朝への「天からの委託」が失われつつあることの証拠なのだった。中国という世界の文明の中心の永続性は、この革命的要素をふくむ、つねにくりかえされる王朝の変遷によって保たれていたのだった。

清朝は一七世紀中葉に北方の征服者によって立てられたが、それは一四世紀に（民衆的革命を通じて）蒙古人の王朝〔元〕をうちたおした明朝にとってかわったのだった。一九世紀の前半には清朝はまだ円滑に知的にかつ効果的に機能しているように——異様なまでの腐敗が語られていたにもせよ——思われたが、一七九〇年代以後、危機と反乱のきざしが生じていた。他に原因が何であったにせよ、前世紀におけるこの国の異常な人口増加（その理由についてはいまだ十分解明されていない）がきびしい経済的圧力を生みはじめていた。一七四一年には、中国の人口は約一億四〇〇〇万であったが、一八三四年には約四億に増大した、といわれている。中国の状況にとって劇的な新要素とは西欧による征服であった。第一次アヘン戦争（一八三九—四二年）で帝国は完全にうちまかされた。大がかりでもないイギリス艦隊に降伏したことのショックは非常に大きかった。それは帝国の体制の虚弱さをあきらかにした。直接被害をうけなかった地域の世論でさえ、このことを知りえたであろう。とにかく、中央に対するさまざまな反抗勢力の活動がにわかにいちじるしく増大した。とりわけ華南における三点会のような、深い根をもつ強力な秘密結社が外国人たる満州族の王朝をうちたおすことに、また明朝の復興にねらいをさだめていた。帝国政府はイギリスに対決すべく民兵を設立したが、それは民間に武器を分配する結果となった。爆発をおこすには火花がありさえすればよかった。

火花は、神がかった、おそらくは精神病的な預言者にしてメシア的な指導者という形で提供された。洪秀全（一八一三―六四年）は官吏任用試験に失敗した者たちの一人であった。彼らは政治的不満を抱きやすかった。試験に失敗したあと、彼は明らかに神経衰弱におちいり、それが宗教的回心にかわったのだった。一八四七―八年ごろ、彼は広西省に「神をあがめる者たちの結社」を設立した。農民と鉱夫たちや、巨大な数にのぼる困窮した浮浪者たちや、さまざまな少数民族の成員、また以前からある秘密結社の支持者たちなどが急速にこの結社に加入した。ただし、洪の説教にはひとつの注目すべき新しさがあった。洪はキリスト教の書物から影響を受けており、広東ではアメリカの宣教師と一時期をすごしてもいた。こうして彼は重要な西欧的な諸要素を、よくみられた反満州族的、異教徒的および社会革命的諸思想の混合物とともに体現していた。反乱は一八五〇年に広西で勃発したのち、急速に広がったので、一年を経ずして、洪を至上の「天国の王」にいただく「太平天国」が宣言されたほどだった。それは疑いもなく社会革命による体制であって、主として大衆に支持者をもち、道教、仏教およびキリスト教的な諸々の平等思想によってみちびかれていた。この体制は諸々の家族を単位とするピラミッド的な基礎の上に、神政制的に組織されており、私有財産制を廃棄していた（土地は所有のためではなく耕作のためにだけ分配された）。それは男女の平等をも確認し、タバコ、アヘンおよびアルコールを禁止し、新しい暦法（一週七日制をふくむ）を導入し、その他さまざまな文化的改革を実行し、また税金をひきさげることをも忘れなかった。一八五三年の終わりには太平天国は少なくとも一〇〇万の活動的な闘士をもって中国の南部および東部を制圧し、南京を占領した。ただし――主として騎兵の欠乏から――北部へと効果的に攻めのぼることには成功しなかった。中国は分立した。そして太平天国の支配下になかった地域でさえも、たとえば一八六八年まで圧伏されなかった北部における捻軍の農民反乱や、貴州の少数民族苗族、その他南西部や北西部の少数民族の反乱などのような大きな暴動によってゆさぶられていた。

しかし太平天国の乱はもちこたえられなかったし、事実もちこたえられる望みは薄かった。そのラディカルな改革は、穏健派や伝統主義者、および何ほどかは失うべき財産を持っていたすべての人々――必ずしも富裕な者ばかりでは決してなく――を疎外した。また太平天国の指導者たちが、彼ら自身の厳格な徳目を守ることに失敗したことは、民衆の支持を弱めさせた。かくて指導部内の深刻な分裂が急速にすすむことになった。一八五六年以後、太平天国は守勢に転じ、一八六四年、太平天国の首都としていた南京は陥落した。しかし皇帝の統治は回復されたものの、それは高くついたし、結局は命脈のつきることとなった。この事件はまた、西欧の衝撃の生み出す複雑さをも示していた。

逆説的なことに、中国では、外国起源の非公認の諸思想（たとえば仏教）も受容する精神的世界に生きることに慣れていた民衆的反逆者たちにくらべると、支配者たちは西欧的な改革を受容するのに熱心ではなかった。帝国を治める儒教的な学者＝官僚にとっては、中国的でないものはすなわち野蛮なものであった。このいわゆる野蛮人たちをあきらかに無敵ならしめていた技術面についてさえ、官僚には抵抗があった。一八六七年にいたっても文淵閣大学士、倭仁は皇帝に上奏して、天文学と数学を教える大学を設立することは「民衆をして外国模倣主義に改宗させ」かくて「廉直を崩壊させ邪悪を広めるのみ」だと警告している。(7) また鉄道の建設などに対する抵抗は相当残っていた。一方では当然ながら「近代化」をめざす党派も発展をみせた。ただし彼らも古い中国はそのままにしておき、単に西欧式の武器を製造する能力だけをつけ加えられればその方がよいと考えていたものと察せられる。（このため一八六〇年代における、そうした武器生産を進めようとする試みはあまり成功しなかった。）それにしても帝国の力なき当局としては結局西欧へのさまざまな度合の譲歩からどれかを選択する他はなかった。大規模な社会革命に直面した当局は、外国の侵略者に対して中国民衆の反外国感情の巨大な力を動員することにも積極的でなかった。実際、政治的には太平天国の乱をうちやぶることこそ、はるかに緊急の要件であると思われた。そしてこのためには諸外国の支援は不可欠ではないにせよ、ともかく望ましくはあった。諸外国の好意は何ものにもかえがたかった。こうして帝政中国は急速に諸外国への完全な依存状態へと転落していった。英・仏・米の三頭体制が一八五四年以後上海税関を掌握していた。第二次アヘン戦争（一八五六―八年）以後、そして中国の完全な降服に終わった北京の略奪（一八六〇年）*以後、あるイギリス人が現実に全中国の関税収入の管理を「手助け」するべく任命されなければならなかった。一八六三年から一九〇九年まで中国海関総税務司だったロバート・ハートは事実上中国経済をつかさどる人物であった。彼は中国政府に信頼され、自分自身この国と一体感をもつようになっていたにもかかわらず、実際にはこの事態は帝国政府の西欧の利益への全面的な従属を意味したのだった。

＊　このときは、イギリスだけでなく、フランス、ロシアそしてアメリカ合衆国も譲歩をかちとった。いくつかの港があらたに開港された。外国人の商人は移動の自由と中国の法律からの治外法権をえた。外国人宣教師の活動の自由も保証されることになった。外国人の内陸河川での航行の自由を含む交易の自由《フリー・トレイド》も保証され、巨額の戦争賠償金などもきめられていた。

問題がおしつまった時点では、西欧諸国は清朝の転覆よりは、それを支持することをえらんだ。前者であれば戦闘的な民族主義の革命的な体制か、あるいはむしろこの方が可能性があったが、無政府状態と政治的空白状態——西欧諸国としてはこれをあなうめする気はなかった——が生じることになりそうだったからである。（当初、若干の外国人たちにみられた、太平天国の一見キリスト教的な諸要素への共感はすぐに消えてしまった。）これに対して中国帝国は、西欧への譲歩と保守主義への回帰と、そしてその中央権力の致命的な腐食とを組み合わせつつ太平天国の乱から回復した。中国での真の勝利者は旧来の学者＝官僚であった。存亡の危機に直面して清朝とその貴族たちはかつての権力の多くを失い中国のエリートたちに接近した。学者＝官僚中の最も有能な人間たち、たとえば李鴻章（一八二三—一九〇一年）のような人々は、北京が無力だったとき、地方の資力に基礎をもつ地方の軍隊を登用することで帝国を救った。しかしそうすることで彼らは中国を独立の「軍閥」支配圏の集合体へとのちに解体してしまうことに力を貸したのであった。偉大な古い歴史をもつ帝国である中国は、これ以後ただ余生をおくるだけとなった。

こうして何らかの仕方で資本主義的世界の犠牲となった諸々の国々や社会は、日本という例外（日本についてはあらためて考察する。後出第八章参照）をのぞいては、資本主義的世界と折合いをつけるのに失敗した。こうした国々の支配者やエリートたちは、西方や北方の白人の様式を受け入れるのをひたすら拒否することは実際できないし、もしできたとしても、それは彼らの弱さを永続化させるだけに終わるとの確信をじき抱くようになった。西欧によって征服され、支配され、あるいは管理されていた植民地の人々には選択の余地はあまりなかった。彼らの運命は征服者たちによって決定されたのだから。そうした植民地以外の人々は、抵抗策かそれとも協調ないし譲歩策か、また心底からの「西欧化」かそれとも自らの文化や制度は失うことなく西欧の科学と技術の獲得は可能とさせるような一種の改革か、そのいずれをとるかに分かれた。全般的にみてアメリカ大陸におけるヨーロッパ諸国の旧植民地は、西欧を無条件に模倣することを選んだ。大西洋岸のモロッコから太平洋岸の中国へと至る一連の独立した——あるものは古代的な——王国は、西欧の膨張からもはや自らを完全に切り離しておけなくなると、一種の改革を選択した。

中国とエジプトの事例は、それぞれ方法は違っていたが、この第二の選択の典型である。二つとも古代文明と非ヨーロッパ的文化に基をおいた独立国で、西欧の貿易と金融の浸透（喜んで、あるいは強迫されて受け入れた）によってその土台を掘りくずされ、西欧の陸海軍に抵抗する力のない国であった。彼らに対してさし向けられた軍事力は大したものではなかったのだが。資本主義列強はこの段階では、その市民が欲するままに活動する完全なる自由——治外法権をも含めて——を与えられる限り、特に占領や行政に関心があったわけではなかった。列強はただ、その土着の体制が西欧の衝撃を受けて崩壊の道をたどるようになった結果、また西欧列強間の競争の結果、これらの国の諸問題にますます巻き込まれていっただけなのである。中国とエジプトの支配者は民族的抵抗策をしりぞけ、自らの政治権力を維持させることとなった西欧への依存を——選択の余地がある限りでだが——選んだ。この段階では、こうした国々で民族的再生を介した抵抗を望んだ人々のうち「西欧化」への直進にくみしたのは、比較的少数でしかなかった。他の大多数は、西欧をかくも強大にしたものを彼ら自身の文化体系のうちに具現するのを可能とさせるような、一種のイデオロギー改革を選んだのである。

Ⅳ

これらの政策は失敗におわった。エジプトはほどなく征服者の直接統治のもとにおかれたし、中国はいよいよとめどもなく崩壊のみちをすべりおちていったのであった。既成の体制とその支配者とが西欧への依存を選択していた以上、民族的改革派が成功するわけはなかった。民族派にとっては革命こそが彼らの目的を達するための前提条件となったのだった。* しかし革命の時はまだ来てはいなかった。

＊ 事実、非西欧世界の独立の帝国として最大であった国々が、二〇世紀初頭には革命によって打倒されたか改変された。トルコ、イランそして中国がそうであった。

かくして今日「第三世界」ないし「低開発国」と呼ばれる国々は、西欧の思いのままにゆだねられ、その無力な犠牲となったのだった。しかしこれらの国々はこのような従属を強いられつつも、何らかのプラスの代償をも得たということはなかったのだろうか。すでにみたように、後進諸国のなかでも、そうした代償をえたと考えていた国々もあったのである。ともかく西欧化は唯一の途であった。そして西欧化とはただ単に外国から学び外国を真似するということだけではなく、また伝統主義という地方的な諸々の力に対決する同盟を人々が外国と結ぶことをも意味していた。伝統主義的な地方的勢力とはこの場合こうした国における支配者を意味した。そうだとすればそのために支払わねばならないものがあるのもやむをえなかった。したがって、こうした情熱的な「近代化主義者」たちを、後代の民族主義運動の光で照らして、単純に裏切り者だとか外国の帝国主義の手先だとか考えるのは誤りである。むしろ彼らは、外国人を打倒しえないほど強力だと考えていたのではまったくなくて、外国人がその国の伝統の束縛を打破することを助けてくれること、かくて結果的に西欧と対峙することのできる社会をそこに創出するのを可能ならしめる存在として外国人をみていただけだったかもしれないのだ。一八六〇年代にメキシコのエリートたちは外国びいきになっていた。彼らは自分の国について絶望していたからだった。(8)そうした議論は西欧の革命派も用いていた。マルクス自身、一八四七年の戦争の際メキシコに対するアメリカの勝利を歓迎した。というのはこの勝利は歴史の進歩をもたらし、資本主義的発展のための条件を創り出したから、というのであった。それは最終的な資本主義の転覆のための条件が整うことでもあったからだった。インドにおけるイギリスの「使命」についてのマルクスの一八五三年に表明された見解も同様のものだった。それは二重の使命であって、「インドにおいて旧いアジア的社会を滅ぼすことと、西欧的社会の物質的基礎をすえること」なのであった。彼はまさに次のように信じていた。

「大ブリテンそのもので産業プロレタリアートが現在の支配階級にとってかわるか、あるいはインド人自身が強くなってイギリスのくびきをすっかり投げすてるか、このどちらかになるまでは、インド人は、イギリスのブルジョアジーが彼らのあいだに播いてくれた新しい社会の諸要素の果実を、取り入れることはないであろう。」〔邦訳『全集』第九巻、二二六ページ〕

それにしてもマルクスは、ブルジョアジーが世界じゅうの諸民族を「血と泥と……悲惨と堕落」のなかを引きずりまわしたにもかかわらず、ブルジョアジーによる征服を肯定的また進歩的なものとしてとらえていたのであった。とはいえ、究極的な展望(現代の歴史家たちは一八五〇年代のマルクスよりもはるかに楽観的でなくなっている)がどうであれ、当面の時代においては、西欧による征服の最も明白な結果は「旧い世界を喪失し、しかも新しい世界を得ていないこと」であった。かくして「インド人の現在の苦難のおびる一種独特の憂鬱さ」(9)が西欧の犠牲となった他の諸民族の悲しみとともに伝染することとなったのだった。得られたものについては一九世紀の第三・四半期には識別しがたかった。失われたもののみがあまりに明らかであった。肯定的な面では次のようなものがあった。蒸気船、鉄道、電信、西欧の教育をうけた少数の知識人の一団、輸出物資のとりあつかいや、外国からの借入金のとりあつかいによって巨額の富をきずいたラテン・アメリカのアセンダドスのような地方の大地主や、またはボンベイのパルシー教徒の百万長者のような、外国貿易の仲介者としての地位から巨額の富をきずいた実業家、そうした人々の非常に小さな一団、さらに物質的また文化的なコミュニケーションが形成されたことなど。そしてまた肯定的な面としては、輸出可能な産物の生産増加が、――いまだ巨大な増産ではないにしても――若干の条件にめぐまれた地方にはみられた。また西欧人の直接的な植民地統治の行われた若干の地方では、大衆の無秩序な状態にかわって秩序が、そして危険にかわって治安が、与えられたともいえるであろう。しかしこれらのことが第三世界でこの時代に生じたことのバランスシートにおいて否定的な側面を圧倒していた、と論じるのはただ生まれつきの楽天家だけであろう。

先進諸国と低開発諸国との間での最も明白なコントラストは、今もむかしも貧困と富とのコントラストである。先進諸国でも、まだ飢死するものがあった。しかし一九世紀においてはその人数は少ないとみなされていた。イギリスでは平均して年に五〇〇人ほどでもあったろう。しかしインドでは何百万人もが飢死していた。一八六五―六年の飢饉ではオリッサの人口の一〇分の一が、一八六八―七〇年にはラージプターナの人口の四分の一ないし三分の一ほどが、一八七六―八年の大飢饉ではマドラスで三五〇万人（人口の一五パーセント）が、マイソールでは一〇〇万人（人口の二〇パーセント）が飢死し、そのときまでの一九世紀インドの暗い歴史のなかでも最悪の事態となったのだった。[10] 中国の場合には、この時代におけるそれ以外の多くの破局と区別して飢饉をとりあげることはむずかしいが、一八四九年の飢饉では一四〇〇万人近くが死んだとされている。ただし一八五四年から一八六四年の間にはさらに二〇〇〇万人が死滅したと信じられている。[11] ジャワの一部は一八四八―五〇年の恐るべき飢饉で荒廃した。一八六〇年代の末と一八七〇年代初期には、東はインドから西はスペインにいたる地帯の国々を飢えが流行病のようにおそった。[12] アルジェリアのイスラム教徒人口は一八六一年から一八七二年までの間に二〇パーセント以上減少した。[13] ペルシアでは一八七〇年代中葉の人口は六〇〇万ないし七〇〇万人と推定されていたが、一八七一―三年の大飢饉では一五〇万から二〇〇万人を失ったと考えられている。(14) 一九世紀の前半にくらべて事態が悪化した（インドと中国ではおそらくそういえるだろう）というべきなのか、変化はなかったというべきなのかを判定することはむずかしい。いずれにしても、同時代の先進国の場合とのコントラストはいちじるしいものである。たとえ（イスラム世界でそうだったと考えられるように）世紀の後半、伝統的な破局的な人口変動の時代がすでに新しい人口パターンにかわりつつあったにしても。

　要約すれば、第三世界の諸民族の大半は、西欧文明のかつてない異常な進歩からは、いまだ大した恩恵をこうむってはいなかったのである。そして、第三世界の人々が西欧文明について自分たちの伝統的な生活様式を破壊するだけのものとしてではなく何か他に知るところがあったとしても、それはリアリティとしてというよりもひとつの可能性として知っていたにすぎなかった。それは遠い国からきて、大都会に住む、奇妙な硬い帽子をかぶって筒状のズボンをはいた赤ら顔もしくは青白い顔つきの人間たちによって行われる、そうした人間たちのための何ごとかなのだった。その文明は第三世界の人々には属さないものであり、多くの人々はこの文明が定着することには疑念をもっていた。しかし、旧来の生活様式の名のもとに、この文明に抵抗した人たちはうちまかされてしまった。進歩の武器を手にとって、この文明に抵抗する人々の時代はまだきてはいなかった。

(1) Erskine May, *op. cit.*, I, p. 29.
(2) J W Kaye, *A History of the Sepoy War in India* (1870), II. pp. 402-3.
(3) Bipan Chandra, *Rise and Growth of Economic Nationalism in India* (Delhi 1966), p. 2.
(4) Chandra, *op. cit.*
(5) E. R. J. Owen, *Cotton and the Egyptian Economy 1820-1914* (Oxford 1969), p. 156.
(6) Nikki Keddie. *An Islamic Response to Imperialism* (Los Angeles 1968), p. 18.
(7) Hu Sheng, *Imperialism and Chinese Politics* (Peking 1955), p. 92.
(8) Jean A. Meyer in *Annales E. S. C.* 25, 3 (1970), pp. 796-7.

(9) Karl Marx, 'British Rule in India', *New York Daily Tribune* (June 25 1853) (*Werke*, IX, p. 129).〔『全集』第九巻、一九六二年、一二三ページ〕
(10) B. M. Bhatia, *Famines in India* (London 1967), pp. 68–97.
(11) Ta Chen, *Chinese Migration with Special Reference to Labour Conditions* (US Bureau of Labor Statistics, Washington 1923).
(12) N. Sanchez Albornoz, 'Le Cycle vital annuel en Espagne 1863–1900', *Annales E. S. C.* 24, 6 (November–December 1969); M Emerit, 'Le Maroc et l'Europe jusqu'en 1885', *Annales E. S. C.* 20, 3 (May–June 1965).
(13) P. Leroy-Beaulieu, *L'Algérie et la Tunisie*, 2nd ed. (Paris 1897), p. 53.
(14) *Almanach de Gotha* 1876.

第八章　勝利者たち

社会のどの階級、どの階層が、文化の真の代表となり、学者、芸術家、詩人といった創造的な人間をわれわれに提供してくれるのであろうか。
あるいは、アメリカの場合のように、すべてが大がかりな商売になるのであろうか。

ヤーコプ・ブルクハルト、一八六八―七一年(1)

日本の行政は、開化した、進歩的なものになってきた。ヨーロッパの経験を受け入れ、それを指針とし、外国人を雇い入れて役立てている。西洋文明を前にして東洋の習慣と思想は退却の途にある。

サー・T・アースキン・メイ、一八七七年(2)

I

かくて、一九世紀の第三・四半期ほどヨーロッパ人が世界を、完全かつ疑問の余地ないほどに支配した時代は他になかった。もっと正確に言えば、その出自においてはヨーロッパ人である白人たちが、いどまれることもなく、これほど世界を支配したことはかつてなかった、というべきである。というのは資本主義的な経済と権力との世界には少なくともひとつの非ヨーロッパ世界の国家――というよりもむしろひとつの連邦であるアメリカ合衆国が含まれていたからである。合衆国はまだ世界的な問題で重要な役割を演じてはいなかった。それゆえ、ヨーロッパの政治家たちは、合衆国が世界のなかで直接に利権をもつ二つの地域、つまり、南北アメリカ大陸と太平洋とに対して利害関係をもたない限り、合衆国にはただ時おり目を向けるだけであった。しかも、終始一貫して全世界的な展望をもっていたイギリスを例外として、これら二つの地域に恒常的な関係をもっていた国は他にはなかった。ラテン・アメリカの解放により、中央アメリカ、南アメリカの本土から、ヨーロッパの植民地はすべて取り除かれた。ただし、ギアナは例外であった。ギアナは、イギリス人には砂糖を、フランス人には危険な犯罪者のための牢獄を、オランダ人にはブラジルとの過去のつながりの残り香を供給した。イスパニオラ島（ここには黒人共和国のハイチとドミニカ共和国が成立しており、この島は最終的にスペインの支配とハイチ優位の状態の両方から自らを解放した）を除くカリブ海の島島は、スペイン（キューバ、プエルトリコ）、イギリス、フランス、オランダ、デンマークの植民地でありつづけた。が、アメリカ大陸にそのかつての帝国領の一部でも再現したいと切望していたスペインを除いては、ヨーロッパ諸国のうちで、西インド諸島の領地に関してなりゆき以上にかまいだてする国などなかった。北アメリカ大陸においてのみ、一八七五年までヨーロッパは大きな自己主張をつづけていた。すなわちイギリスの保護領だったカナダの存在がそれである。カナダは広大ではあるが、発展が遅れ、人の住んでいない地方が多かった。オンタリオの国境から太平洋まで一直線に延びる、長く広々とした辺境によって、カナダは合衆国と隔てられていたが、係争を生んだ地域はこの一線のどちらの側についても、一九世紀のうちに平和裏に——ただし厳しい外交交渉ののちに——おおむねは合衆国に有利な仕方で調整・整理された。もしカナダ横断鉄道が建設されなかったならば、ブリティッシュ・コロンビアは合衆国の太平洋岸諸州の魅力にはとても対抗できなかったであろう。次にこの大洋のアジア側の海岸に関しては、ロシアの極東であるシベリア、イギリスの植民地香港、および、マラヤにおけるイギリスの足がかりのみが、ヨーロッパ列強の直接の臨在をしるしていた。しかし、フランスもインドシナ半島の占領を始めていた。スペイン、ポルトガルの植民地主義の遺物や、今日インドネシアと呼ばれる地域にいたオランダ人が、国際問題を引き起こすことはまったくなかった。

ゆえに、合衆国の領土拡張はヨーロッパの列強に大きな政治的動揺をもたらすことはまったくなかった。一八四八年から五三年におよぶ悲惨な戦争ののち、メキシコは合衆国の南西部をなすことになる大部分の地域——カリフォルニア、アリゾナ、ユタの全部分、およびコロラドとニューメキシコの一部分——を合衆国に割譲した。一八六七年にはロシアがアラスカを売却した。これらのまた古くからの西部の準州《テリトリー》は、経済的に十分関心を引きうるものとなり、また交通の便が増すにつれ、合衆国の諸州として再編成された。一八五〇年にはカリフォルニア州が、一八五九年にはオレゴン州が、一八六四年にはネヴァダ州が成立した。一方、中西部では、ミネソタ、カンザス、ウィスコンシン、およびネブラスカが、一八五八年から一八六七年までの間に州制をしいた。合衆国の領土的野心は、この時点では、これ以上には進まなかった。しかし南部の奴隷諸州は、カリブ海の大きな島々にまで奴隷制社会を拡張することを切望し、さらにラテン・アメリカへのより広範な野心さえ表明していた。しかし効果的かつ直接的な挑戦者となりうる外国勢力が存在しない限りは、アメリカの支配の基本的なパターンは、間接支配であった。ラテン・アメリカ諸国は弱体だが名目上は独立の政府をもっていた。ただし北方の巨人の意にそわなければならないことをそれらの政権は心得ていた。公然たる帝国主義が国際的に流行する一九世紀末期になって初めて、アメリカ合衆国は従来確立されていた右の伝統をしばらく停止させたのだった。ポルフィリオ・ディアス大統領（一八二八—一九一五年）は、「あわれなメキシコよ！　神からはかくも遠く、アメリカ合衆国にはかくも近くあるとは！」と嘆息した。さらにこの「全能者」に対してはより親密な間柄にあると自認していたラテン・アメリカの国々もまたこの世界で最も警戒を要するのはワシントンであることをいよいよ意識し始めていた。断続的に北アメリカからやってくる冒険家が、大西洋と太平洋の狭い陸橋ないしはその周囲に、直接的な権力を確立しようと試みた。しかし、パナマ運河が実際に建設されるまではそのような試みは何の結果ももたらさなかった。運河が開設されると、コロンビアという南米の大きな一国家から意図的にはぎとられた、小さな独立共和国に駐屯するアメリカ軍がこの運河を占拠した。しかし、これは後のことである。

世界の大部分、とりわけヨーロッパは、この期間に（一八四八―七五年）数百万のヨーロッパ人が合衆国に移住したこと、またその国土の広大さと、めざましい進歩によって合衆国が急速に世界における技術の奇跡となったこと、ただこうした理由からであったにせよ、合衆国を鋭く意識していた。最初にそれを指摘したのはアメリカ人自身であったが、アメリカは無比の国であった。シカゴのような都会を他のどの国で見られただろうか。この町は、一八五〇年には、わずか人口三万だったが、わずか四〇年のちには人口は一〇〇万を越え、世界第六位の都会となったというのだ。アメリカの大陸横断鉄道より長い距離を走る鉄道は、ほかには存在しなかった。また総マイル数でも（一八七〇年に四万九一六八マイル）これをしのぐものをもつ国はなかった。合衆国の百万長者《ミリオネア》よりも、劇的に自力でたたきあげた、あるいはそのように思われていた百万長者はいなかった。アメリカの百万長者は、まだ最も富裕な金持ちではなかったとしても――すぐにそうなるのだったが――人数は最も多かった。アメリカにおいてほど、大胆でジャーナリスティックな新聞はよそには存在しなかったし、これほどおおっぴらに堕落した政治屋たちも存在しなかった。そして、これほど無際限の可能性を秘めた国家は存在しなかった。

「アメリカ」はなお新世界であった。開かれた国の開かれた社会であり、そこでは一文無しの移民が、再び身を立てることができる（「自力でたたきあげた人間《セルフメイド・マン》」）と広く信じられていた。そのようにして一八七〇年までの世界にあっては、規模と重要性においてただひとつ優越した自由で平等主義的な民主主義の共和国をアメリカ人は形成していた。ただしおそらく、王政と貴族政治と隷属を伴う旧世界とは政治上革命的に異なるものとしての合衆国というイメージは、少なくともその国境線の外側ではもはや以前ほど生き生きとしてはいなかったであろう。貧困からの脱出の場、個人的致富活動による人間的な希望の場としてのアメリカのイメージが、それにとってかわっていた。新世界は、いよいよもって、単に新しい社会としてではなく、新たな富める社会として、ヨーロッパと向かい合うようになった。

それでも合衆国内部では、革命的な夢は決して消え去ったわけではなかった。この共和国のイメージは、平等主義と民主主義、そしておそらくは何よりも拘束されない無政府的な自由の国のイメージでありつづけた。また無制限の諸々の機会を与える国――このイメージには、裏面としてのちに「支配の明白な使命《マニフェスト・デスティニー》」*と呼ばれるに至るものを含んでいたが――のイメージが残っていた。このユートピア的な要素を正しく認識することなしに、一九世紀の合衆国を――また、その点では二〇世紀の合衆国についても――理解することは不可能である。ただしこのユートピア的な要素も、危機的な時局をのぞいては、しだいに経済と技術の自己満足的な動態《ダイナミズム》のもとであいまいとなり、またこの動態と同一化されてしまった。元来このユートピアは自由な大地における独立自営農民の農業的なユートピアであった。それは、大都市や、大工業の世界と調子を合わせることは決してできないものであり、一九世紀後半における大都会と大工業との優越化に対しても、いまだ調停されてはいなかったのだ。ニュージャージー州の繊維工業都市パターソンのような、アメリカのまことに典型的な産業中心地においてさえ、ビジネスの気風《エートス》は、まだ支配的ではなかった。一八七七年のリボン織工のストライキの間、工場主たちは、共和党員の市長、民主党員の市会議員たち、新聞、裁判所、そして世論が自分たちを支持していない、とにがにがしく――その指摘は当たっていたが――不平を述べたてていた。[4]

* 「大西洋岸の諸州……は、ヨーロッパやアフリカの政治や社会構造を着実に改革しつつある。かくて太平洋岸諸州は、[3] 必然的に、これと同等の崇高で恵み深い任務をアジアにおいて遂行しなければならない」（ウィリアム・H・シューアード、一八五〇年）。

いまだに大部分のアメリカ人は田舎に住んでいた。一八六〇年には、八〇〇〇人以上の人口のある都市で生活していたのは全人口の一六パーセントにすぎなかった。まことに字義どおりの農村的なユートピア――自由な大地の独立《ヨー》自営農民《マンリー》という――は、とりわけ人口が増大しつつあった中西部では、以前にもまして政治的な力を動員することができた。それは、共和党の形成に、また少なからずその反奴隷制的な思想傾向に貢献した。（自由な、土地所有者たる農民からなる、階級のない共和国というプログラムにとっては、奴隷制は無関係で、黒人に関してもほとんど利害関係がなかったにもかかわらず、それは奴隷制度を排斥していたからである。）このユートピアは、一八六二年の「自営農地法《ホームステッド》」で最大の勝利をおさめた。この法律は、二一歳以上の既婚のアメリカ人男性に対して、五年間継続して居住すれば一六〇エーカーの測量済みの公有地を無料で、あるいは居住六ヵ月の場合には、一エーカー当たり一ドル二五セントで払い下げるものであった。が、このユートピアが失敗したと言いそえる必要は、ほとんどあるまい。一八六二年から一八九〇年までの間に、この「自営農地法《ホームステッド》」の恩恵を受けたのは、四〇万戸たらずの家族であったのに対し合衆国の人口は三二〇〇万人も増大し、西部の諸州では、一〇〇〇万人以上の増大をみたのである。鉄道会社（鉄道の建設と経営における失費を、不動産投機と土地開発からの利潤によって埋め合わせるべく、膨大な公有地の無償払い下げを受けたのだが）だけでも、この法律によって払い下げられた土地よりも多くの土地を、五ドルで売却していた。自由な土地の恩恵を真にこうむったのは、投機屋、金融業者、資本主義的企業家であった。一九世紀の最後の数十年間には自由な独立自営農民という牧歌的な夢を耳にすることは、もはやほとんどなかった。

合衆国のこの変化を、革命的な夢の終わりと見るか、新時代の到来と見るか、どちらをとるにせよ、その変化が起こったのは一九世紀の第三・四半期であった。神話それ自体が、この時代の重要性を立証している。なぜなら、民衆文化の社《やしろ》にまつられている、アメリカ史上最も深遠で永続的な二つのテーマ——南北戦争と西部開拓と——はこの時代に属しているからである。これら二つの出来事は、密接に関連していた。なぜなら、この共和国の諸州の争い——自由な定住者と興隆しつつある資本主義を代表する北部諸州と、南部の奴隷社会を代表する諸州との争い——を加速せしめたのは西部の開拓であったからである。（より正確には、南西部および西部中央部分の開拓であった。）中西部への奴隷制導入をめぐる、一八五四年のカンザス＝ネブラスカ闘争が共和党の成立を急がせた。それは、一八六〇年にエイブラハム・リンカーン（一八〇九—六五年）を大統領に当選させたが、このことは結果的に一八六一年、南部同盟諸州《コンフェデレット・ステイツ》の連邦《ユニオン》からの脱退を導いた。*

＊　ヴァージニア、ノースカロライナ、サウスカロライナ、ジョージア、アラバマ、フロリダ、ミシシッピー、ルイジアナ、テネシー、アーカン

ソー、テキサスの諸州が南部同盟を形成した。メリーランド、ウェストヴァージニア、ケンタッキー、ミズーリ、カンザスといった境界州《ボーダー・ステイツ》のなかには躊躇したものもあったが、連邦を去りはしなかった。

西方への定住域の拡大は新しいことではなかった。ただ鉄道——一八五四—六年に最初の鉄道がミシシッピー河に到達しこれを越えた——とカリフォルニアの発展（前出第三章参照）とが、この時代に西部への拡張を劇的に加速したにすぎなかった。一八四九年以後「西部」は、いわば涯なき辺境ではなくなり、むしろ東部および太平洋沿岸という急速に発展する二つの地域にはさまれた大草原《プレーリー》、砂漠、山岳から成る、空漠たる一大空間というべきものになった。最初の大陸横断鉄道が、太平洋岸から東へ向けて、またミシシッピー河から西へ向けて同時に建設され、ユタ州のある地点で出合った。モルモン教徒は一八四七年にアイオワからユタへ、その約束の地《シオン》をとりかえていたが、それはユタが非モルモン教徒の手のおよばぬ遠方にあるとの誤った印象に由来するものであった。実際のところこの時代には、ミシシッピー河からカリフォルニアに至る地域（いわゆる「未開・無法の西部《ワイルド・ウェスト》」）は、かなり空漠たる状態のままであった。それは、いよいよ人口が稠密となり、開墾が進み、工業化も見られた「開けた」中西部とは異なっていた。一八五〇年から一八八〇年という時期に大草原《プレーリー》、南西部諸州、山岳諸州にまたがる広大な全地域に、農場を建設するのに必要とされた全労力は、同じ時期に南東部や、歴史の古い大西洋岸中部の諸州で費された全労働力にくらべてもなお、若干上まわるだろうと推定されている。[5]

ミシシッピー河西方の大草原《プレーリー》地帯はゆっくりと農民たちの入植をみたが、それは初期の法律によりすでにそこに移住していたインディアンを含むインディアンたちの（強制移住による）排除と、彼ら平原インディアンがそれによって生きていた野牛《バッファロー》の（大虐殺による）排除とを意味してもいた。彼らの絶滅政策は、一八六七年に始まったが、この同じ年、議会はいくつかの主要なインディアン指定居留地を定めた。一八八三年までには、約一三〇〇万人のインディアンがすでに殺されていた。山岳地帯は、ついにさしたる農耕定住地域とはならず、探鉱者や鉱夫たちの開拓地でありつづけた。そこへは、貴金属――主に銀――を目あてとする一連の殺到《スタンピード》の結果人々が住むようになったが、そのなかではネヴァダ州のコムストック鉱脈（一八五九年）が最大であった。そこでは、二〇年間に三億ドルの生産がみられ、六人の男に巨万の富が与えられた。さらに二〇人ほどは、より小形の百万長者となり、また鉱脈が掘り尽くされるまでには、さらに小額のしかし当時の基準に照らせば十分印象的な富の蓄積が、かなり広範におよんだのだった。そして、そのあとには空虚なヴァージニア・シティがのこって、そこにはコーンウォル人やアイルランド人の鉱夫たちの幽霊が、開拓の絶頂期に建てられた組合ホールやオペラハウスをさまよっていた。コロラド、アイダホ、モンタナにも、これに似たラッシュが生じた。(6) しかしこうした人々は人口統計によればさほどの大人口とはならなかった。一八七〇年におけるコロラド（一八七六年、州制をみとめられたが）の人口は、四万人に満たなかったのである。

南西部は、本質的に家畜の、ということはカウボーイの土地でありつづけた。それゆえ、長角牛《ロングホーン》の巨大な群れ――一八六五年から一八七九年までの間におよそ四〇〇万頭ほどの――は、シカゴの巨大な畜殺場へ送られるべく、列車の乗り継ぎ駅や、西方へとのびてくる線路の終端へと追い立てられていった。たとえばアビリーンやダッジ・シティのような、他の点では取るに足らない、ミズーリ、カンザス、ネブラスカの諸集落は、交通の要路であるために、評判の土地となった。その評判は、多くの西部人の心をさわがせ、大草原の農夫たちの、聖書に出てくるような厳格な公正さや草の根主義《ポピュリスト》への熱情も、これを圧倒することはできなかった。(7)

「未開・無法の西部《ワイルド・ウェスト》」とは、まことに強烈な神話なのであり、その分析はいかなるリアリズムをもってしても困難である。今日までに一般的に認識されるようになった「未開・無法の西部」についての歴史的に正確な事実とは、ほとんど次のようなものだけだといってよい。すなわち「未開・無法の西部」は、ごく短い時期しか存在しなかったのであり、南北戦争から、一八八〇年代における採鉱と畜産の景気《ブーム》の崩壊までの間に、その全盛期が終焉をむかえたという事実である。その「未開・無法性《ワイルドネス》」は、インディアンのせいではなかった。南西の最深域の場合をおそらく例外としてインディアンたちには、白人と十分平和に暮らす用意があった。しかし南西部の奥地では、アパッチ族（一八七一―八六年）や（メキシコの）ヤキ族（一八七五―一九二六年）のような部族が、インディアンの白人からの独立を維持するための何世紀にもわたる戦いの最後の戦いを戦っていた。西部が未開・無法であった原因は、アメリカ合衆国政府とその法律における諸々の制度のせい、というよりもむしろ、有効な制度の欠如のせいであった。（カナダには「未開・無法の西部」なるものは存在しなかったし、ゴールドラッシュさえもそこでは無秩序ではなかったのだ。合衆国では虐殺される前にカスター将軍と戦ってこれを打ち負かしたスー族も、カナダでは静穏に暮らしていた。）いわゆる権力の不在《アナーキー》（あるいはより中立的な言葉を用いれば、武装した個人の自立を追求する情熱）は、人々を西部へとおびき寄せた黄金の夢によって、また同様に自由《フリーダム》の夢によって、誇張されていた。農場定住地や都会地の末端を越えた先には家族生活はまったく存在しなかった。一八七〇年にヴァージニア・シティでは、女性一人に対して二人以上の男性という比率であり、子どもはわずか人口の一〇パーセントであった。西部の神話は、この自由の夢をも卑しめている。神話の英雄たちは、組合をなした移民の鉱夫たちではなく、むしろたいていはワイルド・ビル・ヒコックのような神話の英雄たちのイメージを高めるところとてあまりない、無法者や酒場の拳銃つかいたちである。しかし、このことをしんしゃくしても、自由の夢を理想化すべきではない。自由の夢は、インディアンや中国人（彼らは一八七〇年にはアイダホの人口のおよそ三分の一を形成していた）の場合には当てはまらなかった。また人種差別が行われた南西部――テキサスは南部同盟に属した――では明確に、自由の夢は黒人には適用されなかった。またカウボーイの服装から、アメリカ山岳地方で有効な鉱業法となったスペイン的由来の「カリフォルニア慣行」[8]に至るまで、われわれが「西部のもの」とみなしているものの多くはメキシコ人に由来したのであるが、そしてまたメキシコ人はおそらくは他のどんな集団よりも多くのカウボーイを供給したのだったが、それにもかかわらずメキシコ人には、あの自由の夢は適用されなかったのである。自由の夢とは、ブルジョア的社会の私的企業にギャンブル、黄金、拳銃がとってかわることを望んでいた、貧しい白人《プアー・ホワイト》たちの夢なのであった。

「西部の開拓」に関してはあいまいな点はそれほどないとしても、アメリカ南北戦争（一八六一―五年）の性格と原因に関しては、歴史家たちが果てしない議論をたたかわせてきた。そこでは南部諸州の奴隷制社会の性格づけ、およびはたしてそれが力強く発展してくる北部の資本主義と両立可能であったか否かという問題が議論の焦点をなしていた。深南部《ディープ・サウス》においてさえ（二、三の区域を別にして）黒人は常に少数派であったこと、大部分の奴隷は昔風の大農園《プランテーション》ではなく、少人数ずつで白人の農場《ファーム》で働いていたか、あるいは召使いであったのだという事実を考慮するとき、いったいそもそも奴隷制社会というべきものがあったといえるのだろうか。といっても奴隷制が南部社会の中心的制度であり、またそれが北部諸州と南部諸州との間の摩擦と決裂の主な原因であったという事実は、ほとんど否定できない。真の問題は、なぜ奴隷制が、ある種の共存という方式ではなく、分離、内乱に導いたのかということである。実際、北部の大部分の人々が奴隷制を嫌っていたのは確かだが、戦闘的な奴隷制廃止論だけでは、北部連邦の政策を決定するほどの力はなかった。実業家たちの個人的な見解がどうであれ、北部の資本主義は、国際的企業が南アフリカの「人種差別政策《アパルトヘイト》」に関してそうしているごとく、奴隷制の南部と妥協し、これを開発・搾取することも可能でもあり、また好都合でもあると考えたかもしれないのだ。

もちろん、南部のそれも含め、奴隷制社会の運命は定まっていた。一八四八年から一八九〇年までの時期をこえて生きのこったものはひとつとしてなかった。——キューバとブラジルにおいてさえ、そうであった（後出第一〇章参照）。まず物理的に、一八五〇年代まではかなり活発だったアフリカの奴隷貿易の廃止によって、次に、いわば道徳的に、奴隷制を歴史の進行に逆らうもの——道徳的に好ましくなく、経済的にも役に立たないもの——とみなすブルジョア自由主義の圧倒的な世論によって、それらの奴隷制社会はつとに孤立させられていた。奴隷制社会として南部が二〇世紀まで生き残っていることを想像するのは、東ヨーロッパの農奴制が存続していることを想像するのと同様むずかしい。たとえ（ある歴史家たちの一派のように）これら両者を生産体制としては経済的に存立しうるものと考えるとしても。しかし、一八五〇年代に南部を危機の頂点にまで追いこんだものは、もっと特殊な問題であった。すなわち、力強い北部の資本主義との共存のむずかしさと、西部への洪水のような移民の群れとであった。

純粋に経済的な観点からすれば、北部は、工業化にほとんどまき込まれていない農業地域である南部について、それほど恐れてはいなかった。時代も人口も資源もそして生産も、北部に有利だった。主な障害は、政治的なものであった。イギリスに大量の綿花を供給し事実上その半植民地だった南部は、自由貿易が有利だと考えていた。一方、北部の工業は、つとに断固としてまた闘争的に保護関税を主張していた。しかし南部諸州（一八五〇年には合衆国全州の約半分にあたる数だったことを思え）の政治的力量ゆえに、北部の希望どおりには保護関税を有効にかけることはできなかった。北部の工業は、確かに、半分は奴隷制で半分は非奴隷制である国家の状態よりも、半分は自由貿易制で半分は保護貿易主義であるこの国家の状態の方をいっそう憂慮していた。同様に重要なことは、北部の優位をくつがえすために南部が全力を尽くしたという事実である。すなわち、南部は北部とその後背地とを切断し、東の大西洋へと開かれた商業圏ではなく、ミシシッピー河川体系によって南方へと開かれている商業・コミュニケーション圏を形成しようとしたのだった。そしてまた可能な限りは西部への拡張についての土地の先買権を確保しようとしたのであった。この点は、南部の貧困白人層がつとに西部を探険し、開拓してきたのであったから、無理はなかった。

しかし、北部がまさに経済的に優越していたということは次のことを、すなわち南部としてはいよいよ頑強に政治的な力をもって自己主張をせねばならないということを意味していた。南部としてはその要求を、きわめて公式的な手段を用いて主張すること（たとえば、新たな西部の準州《テリトリー》では奴隷制を公式に承認するように主張すること）によって、あるいは連邦政府に対抗して、州の自治（「州《ステート》邦の権利」）を強調することによって、また連邦政府の諸政策に対して拒否権を行使することによって、また北部の経済発展を牽制すること等々によって政治的自己主張を行なった。要するに南部は、西部に向かっては拡張主義政策を実行しつつ北部に対しては障害を形成しなければならなかったのである。その唯一の武器は、政治的なものであった。なぜなら（南部は北部を資本主義的発展という北部と同じ手をつかって打ち負かすことはできはしなかったし、また打ち勝とうともしなかったのであってみれば）歴史の流れは、南部に対しては逆流だったのだから。輸送に関するすべての改良は、西部と大西洋岸とのつながりを強めるものだった。基本的にいって鉄道は東から西へと建設されたのであり、北から南への長距離線路はほとんど建設されていなかった。その上、西部に移り住んだ人々は、南北いずれの出身であるにしろ奴隷所有者ではなく、自由な土地、黄金、冒険にひきつけられた貧しい、白人の自由な人間たちであった。それゆえ、新しい準州や州へ奴隷制度が公式に広がることは、南部にとって決定的に重要であった。かくて一八五〇年代にいよいよいっそう厳しさを加えた南北両陣営の争いは、主としてこの問題をめぐるものだった。当時、奴隷制は西部自身にとっては重要性はなく、実際、西部への拡張は奴隷制度を現実に弱体化させえていただろう。だから南部の指導者たちがキューバ併合と南部＝カリブ海プランテーション帝国の創設をもくろんだときに、望んでいたような奴隷制の補強物は、西部への拡張によってはまったく得られなかった。要するに、北部はこの大陸を統一することのできる立場にあったのに対し、南部はその立場になかったのである。攻撃的な姿勢をとってはいたが、南部の現実にとるべき方策は、いさかいをやめ、連邦《ユニオン》を離脱することであった。かくて一八六〇年にイリノイ州からエイブラハム・リンカーンが選出され、それによって南部は「中西部」を失ったことが明らかとなったとき、南部は離脱を実行したのであった。

五年間、南北戦争の嵐は吹き荒れた。これは、死傷者数と破壊についてみると、この時代に「先進」国が経験した戦争のなかでは最大の戦争であった。ただし多少とも同時代といえる南米のパラグアイ戦争と比べると、死傷者数と破壊度は相対的には少なく、また中国の太平天国の乱に比べれば、それは絶対的に少なかった。北部諸州は、軍事行動では明らかに劣っていたが、人的資源、生産力、技術の点ではるかにすぐれていたために、ついに勝利をおさめた。つまりは、合衆国の全人口の七〇パーセント以上、徴兵適齢者の八〇パーセント以上、そして、その工業生産の九〇パーセント以上が、北部諸州のものだったのだ。北部の勝利はまた、アメリカ資本主義の勝利、近代的なアメリカ合衆国の勝利でもあった。ただし、奴隷制の廃止をともなったとはいえ、それは黒人の勝利——奴隷たると自由人たるとを問わず——ではなかった。数年間の「再建」(すなわち、強制された民主化)ののち、南部は保守的な白い南部人——人種差別論者——の支配下に戻った。北部の占領軍は一八七七年に最終的に引き揚げた。ある意味で南部は目的を達していた。北部の共和党（一八六〇年から一九三二年までのほとんどの期間、大統領の地位を確保した）は、一致団結して民主党をおす南部に割り込むことはできず、そのため、南部は実質的な自治を保っていた。次に、南部はその妨害投票によって国家に対してある影響力を行使することができた。というのは、もう一つの大政党である民主党の成功にとっては、南部の支持が欠くべからざるものであったからである。実際、南部は農業地帯のままでありつづけ、貧しく、後進地域のままであり、怨念のなかにとどまっていた。白人は決して忘れえぬ敗北に憤り、黒人は白人によって再び強いられた公民権剝奪と無慈悲な隷属に憤っていた。

南北戦争後、アメリカ資本主義は劇的な速さで印象的な発展をとげた。この戦争はおそらく資本主義の成長の速度を一時的にゆるめたであろうが、また同時に「追いはぎ貴族《ロバー・バロン》」と格好のあだ名のついた海賊的な大実業家たちにかなりの機会を提供しもした。この時代のアメリカ合衆国の歴史において、この異常な発展が第三の大きな要素を形成している。追いはぎ貴族の時代は、西部開拓時代や南北戦争時代とは違ってアメリカ民衆のうちにあって神話化されることもなく、ただ民主主義者や人民主義者のつくった悪霊伝説《デモノロジー》の一部を形成しただけだが、それでもアメリカの現実の一部として残っている。追いはぎ貴族の姿は、現在でもなお実業の舞台の一部にはみとめられる。英語の語彙を変更したこれらの人々を弁護し、名誉を回復してやるために、さまざまな試みがなされてきた。——南北戦争が勃発したとき「百万長者《ミリオネア》」という語にはまだイタリック体が用いられていたが、この時代最初の世代の最大の追いはぎ貴族コーネリアス・ヴァンダービルトが、一八七七年に死んだとき、彼の財産一億ドルは、新しい「億万長者《マルチミリオネア》」という言葉の創出を要求した。アメリカの偉大な資本家たちの多くは実際、創造的な改革者であり、彼らなしには、かくも印象的なアメリカの工業化の勝利は、あれほど急速には達成されえなかっただろうと論じられてきた。それゆえ、彼らの富は経済的な山賊行為に由来するものではなく、いわば、社会がその恩人におしみなくむくいた点に由来するものだったのだ、と。しかしこのような議論を、すべての追いはぎ貴族にあてはめることはできない。なぜなら、金融業者ジム・フィスクやジェイ・グールドのような、鉄面皮の詐欺師と対面するとなると、そうした弁解者でも精神的にたじろいでしまうからである。ただし、この時代における若干の実業界の巨頭たちが、近代的な産業経済の発展、ないし（まったく同じことではないが）資本主義的企業システムの運営に対して、積極的な、時には重要な貢献をなしたことをも否定するのは、無意味であろう。

しかしながら、このような議論はつぼを押えていない。それらは単に、明白なこと、すなわち、一九世紀のアメリカ合衆国は資本主義経済であったということを、別の仕方で言っているにすぎない。そこでは、急速に成長する世界経済のなかでの急速に発展しつつある広大な国の生産資源の開発と合理化によって（他にもいろいろあるなかでとりわけこの方法で）、金銭《かね》を――非常に巨額の金銭《かね》を――もうけさせたのである。以下の三つのことが、同時代に繁栄し、時には強欲な百万長者たちを生みだした、他の資本主義経済の場合にくらべて、アメリカの追いはぎ貴族の時代を区別している。

第一は、どれほど無情で不正な商取引に対しても、いかなる種類の統制もまったくなされなかったこと、そして中央と地方のどちらにも、まことに目をうばうばかりの腐敗の可能性が――特に南北戦争後の時期には――存在していたこと、これである。実際、アメリカ合衆国には、ヨーロッパの基準でみて政府と呼べるものはほとんど存在せず、精力的で無節操な金持ちの活動範囲は、事実上無制限なのであった。実際、「追いはぎ貴族《ロバー・バロン》」という言葉は、最初の語（ロバー）よりむしろ、二番目の語（バロン）に、アクセントをおくべきであろう。なぜなら、中世の弱体な王国においてと同様、人々がたよりにできるのは法律ではなく、自分自身の力だけだったからである。――そして資本主義社会では、金持ちより強いものがいただろうか。アメリカ合衆国は、ブルジョア世界の国家のなかで、ただひとつの私的な正義と私設の武装兵力が存在した国であった。それもこの時代ほどそうだった時代はなかったのだ。一八五〇年から一八八九年までの間に、任意団体である自警団が、法律違反者またはそう目された人々五三〇人を殺した。一七六〇年代から一九〇九年までにも及ぶこのアメリカに特異な現象の歴史をとおしての全犠牲者の七分の六がこの時代に殺害されたのだった。(9)* 一八六五年と六六年には、ペンシルヴェニアではあらゆる鉄道、炭鉱、溶鉱炉、圧延工場は、必要なときに必要なだけの武装警官を雇用できる法的に認められた権限を与えられた。ただしそれ以外の諸州では、公式に保安官や他の地方当局者がそうした私的な警察のメンバーを任命するべきものと定められていた。探偵および拳銃つかいからなる最も有名な私的暴力機関である「ピンカートン探偵社」が、最初は犯罪者との争いのなかで、そしていよいよもって労働者たちとの争いのなかで、かんばしからぬ評判を得たのはまさにこの時代であった。

＊ 自警団活動として記録されている三二六件のうち二三〇件がこの時代のものである。

アメリカ的な大企業、大資産、そして大きな権力の創成期を特徴づけているものの二つめは次のようなものであった。すなわち、しばしば旧世界の大企業家たちの多くが、技術を駆使した建設といったものに夢中になったように思われるのとは違って、アメリカでこの時代に成功した実際家の大部分は、致富のためには、特定の手段に熱を上げたりはしなかったようにみえるということである。彼らは、利潤を最大にすることのみを望んでいた。ただし、たまたま彼らのほとんどはこの時代に大きな利潤を創出した鉄道に関与し、鉄道を通じて富を得たのだったが。コーネリアス・ヴァンダービルトは、鉄道に首をつっこむ前には一〇〇〇万ドルないし二〇〇〇万ドルしか持っていなかったが、鉄道によって一六年間に八〇〇〇万から九〇〇〇万ドル余りのもうけを手に入れた。かくてまたカリフォルニア・グループの連中——コリス・P・ハンティングトン（一八二一—一九〇〇年）、リーランド・スタンフォード（一八二四—九三年）、チャールズ・クロッカー（一八二二—八八年）、そしてマーク・ホプキンズ（一八一三—七八年）——は、セントラル・パシフィック鉄道の建設に要した実際の費用の三倍をあつかましくも請求できたし、フィスクやグールドのような不法商人は、実際には一本のまくら木の敷設も一輛の機関車の発車も計画準備したこともないのに、ごまかしの取引を行い、また不正利得を得ることによって、何百万ドルも大もうけをした。これらもまた異とするにはあたらなかったのである。

一代でたたきあげた百万長者のうち、ひとつの分野だけの活動でその地位を築いた者はごくわずかである。ハンティングトンは、サクラメントでゴールドラッシュの鉱夫たちに金物類を売ることから始めた。彼の顧客のなかにはおそらくは、食肉業界の大立者フィリップ・アーマー（一八三二―一九〇一年）が含まれていただろう。アーマーは、金鉱地に一攫千金の夢をかけ、その後ミルウォーキーで食料雑貨販売業を始めたが、南北戦争の間に、今度は豚肉によって大もうけすることができた。ジム・フィスクは戦争に関わる請負による利益や、さらに株式の取引による利益を発見する前には、順繰りに、サーカスの助手、ホテルのウェイター、行商人、洋品雑貨のセールスマンなどの仕事に従事した。ジェイ・グールドは、地図製作と皮革の商いにたずさわったのち、鉄道の株で何がえられるかに気がついた。アンドルー・カーネギー（一八三五―一九一九年）は、四〇歳をむかえるころになって初めて、鋼鉄にそのエネルギーを集中した。彼は電信技師から始め、つづいて鉄道経営に従事――その価値が急速に上昇した諸々の関連投資によって、すでに彼は利益をあげていた――し、石油に手を出した（石油は、ジョン・D・ロックフェラーの専門分野だったが、彼はオハイオで店員兼帳簿係としてその人生を踏み出したのだった）。その一方で、カーネギーは、しだいに彼がその支配者となる工業界へと手をのばしていった。これらの人々はみな投機屋で大金になるところならどこであろうといつでも動く用意があった。詐欺、贈収賄、中傷、そして必要とあらば鉄砲が、競争の普通の側面であった経済と時代においては、誰もかれも、いうべきほどの良心など持っていなかったし、また持とうともしなかった。みな、ものに動じない人間であり、ほとんどだれもが賢くやるかどうか、という問いに比べれば、正直かどうかという問いは仕事にとってはあまり大切ではないとみなしていたのだろう。山の頂上まで登った者が最良の者なのである。なぜなら、人間界というジャングルのなかで生き残るのに最も適した者なのだから。このような教義、すなわち「社会ダーウィン主義」が一九世紀末のアメリカ合衆国で国民的な神学のようなものになったのは、ゆえなきことではなかった。

さて、追いはぎ貴族たちを特徴づける第三のものは、すでに明白でもあろうが、アメリカ資本主義の神話によって誇張されてもきたものである。つまり、彼らのなかの相当な部分をなす人々が「自力でたたきあげた人間」であり、富と社会的地位において競争相手をまったく持たなかったというものである。しかしもちろん、数人の「自力でたたきあげた」億万長者たちは人目をひいたとはいえ、『アメリカ人名辞典』にのったこの時代の実業家たちのうち、下流または中の下の階級出身だったのは四二パーセントにすぎなかった。* 大部分が、実業家または専門職の家庭の出身だったのである。「一八七〇年代の工業エリート」のうち、労働者階級の父親をもったものは八パーセントにすぎなかった。(10) とはいえ比較のためには、次の事実は想起する価値があるかもしれない。すなわち、一八五八年から一八七九年までに死んだイギリスの百万長者一八九人のなかでは、少なくともその七〇パーセントが最低一世代、むしろおそらく数世代続いた金持ちの子孫だったと考えられること、そして彼らの五〇パーセント以上は地主だっただろうという事実である。(11) もちろんアメリカにも、アスター家やヴァンダービルト家のような、父祖の資産を相続した人々も含まれていた。そして、最大の金融業者J・P・モーガン（一八三七―一九一三年）は、二代目の銀行家であり、その一族は、イギリス資本をアメリカ合衆国へ流すための主な仲介者として財を成したのだった。それにもかかわらず、人々の注目をあつめたのは、単純に好機を見つけ、それをつかみ、そして挑戦者をすべて撃退した若者たちの成功物語であった、というのは十分理解できる。そしてこの男たちには、何よりも、蓄積という資本主義の至上命令がしみついてしまっていた。生きることの哲学《ロジック》よりも利潤追求という論理《ロジック》に従う用意があり、かつ、能力と精力と無情さと、そして貪欲さとを十分にそなえていた男たちには実際、機会はいくらでもあった。また、気を散らさせるものは、ほとんどなかった。称号を得たいとか、地主貴族の優雅な生活をしてみたいという気をおこさせる、古い貴族階級はアメリカには存在しなかった。そして、政治はといえば、もちろん金をつくるためのいまひとつの手段としてでなければ、実践するべきものというよりむしろ買いとるべきものなのであった。

* 一八二〇年から一八四九年までに生まれた者が計算に入っている。計算はC・ライト・ミルズによるもの。

それゆえある意味で、追いはぎ貴族たちは他の誰よりもアメリカを代表していると自負していた。そして彼らがまったく間違っていたわけでもなかった。最大の億万長者の名前——モーガンやロックフェラー——は、伝説の世界にはいった。これとはまったくちがう拳銃つかいや連邦保安官といった西部の伝説上の名前とともに、この時代のアメリカ人の（多分エイブラハム・リンカーンを別にして）個人名として海外でも広く知られているのは彼らの名前だけである。特別にアメリカ史に関心をもつものたちの場合は別であるが。そして大資本家たちは、自分たちの国に自分たちの刻印を押した。一八七四年に「ナショナル・レイバー・トリビューン」紙はこう述べていた。——かつてアメリカの男たちは、彼ら自身の支配者でありえた。「誰も彼らの主人になりえなかったし、またなるべきではなかった。」しかし、今や「これらの夢は実現されなくなった……。この国の労働者は……突然、資本は絶対君主と同じぐらい強力なものなのだということに気づいたのだ。」[12]

Ⅱ

すべての非ヨーロッパ諸国のなかで、西洋に立ち向かい、これをそれと同じ手をつかって打ち破ることに実際に成功したのは、ただ一国のみであった。同時代の人々には若干驚きであったが、これは日本であった。当時の人々にとっておそらく日本は、すべての発展せる諸国のなかで一番知られていない国であったろう。なぜなら、一七世紀の初め、日本は実質的に西洋との直接の接触を禁じており、西洋との相互観察を維持するのにはただ一箇所の港だけを開いていたのだった。そこではオランダ人が制限された範囲での交易を許されていた。一九世紀半ばごろには、西洋からみた日本は、他の東洋諸国とまったく同じものとして、少なくとも経済的に後れていることや、軍事的にも劣位にあるために、他の国々と同じように資本主義の餌食となる運命にあるものと思われていた。非常に活動的な太平洋の捕鯨業者たち（彼らはこのころ——一八五一年——一九世紀アメリカ芸術の創造した最も偉大な作品たるハーマン・メルヴィル『白鯨《モウビー・ディック》』の題材となっていた）の関心をはるかに上まわる野心をこの海に抱いた合衆国のペリー提督は、軍艦による脅迫という常套手段により、一八五三―四年に日本に特定の港〔下田、函館〕を開かせた。〔一八六三年〕イギリス艦隊およびその後一八六四年に西洋の連合艦隊が、いつものごとく軽々しくまた身に被害をうけることもなく、日本〔鹿児島、下関〕を砲撃した。鹿児島市街は、イギリス人が一人殺害されたというだけで報復攻撃をうけた。半世紀のうちに日本が大きな戦争において独力でヨーロッパの一強国を破るほどの大国になろうとは、また四分の三世紀以内にイギリス海軍と競合しうるほどの力になろうとは、ほとんど考えられないことであった。いわんや、一九七〇年代に、若干の観察者によって、数年のうちに日本経済が合衆国の経済水準を越えるだろうと予測されるようになろうとは考えられないところであった。

あと知恵という博識をもった歴史家たちは、この日本の達成にも、本来よりはそれほど驚かないですむだろう。これらの歴史家たちは、日本について、文化伝統はまったく異なるものの、その社会構造は多くの点で西洋と驚くほど類似していたという事実を指摘してきた。いずれにせよ、日本は、中世ヨーロッパの封建秩序に非常によく似たものをもっていた――世襲的な土地貴族、半隷属的《セミサーヴィル》な農民、そして一群の商人＝企業家や金融業者たち。そしてまたそれらをとりまく、並みはずれて活発な一群の職人たちは、進展する都市化を基盤としていた。ただし、ヨーロッパとは異なり、都市は自立性をもたなかったし、商人たちも自由ではなかった。それでも、貴族階級（サムライ）の都市への集住が増加するにつれ、彼らはいよいよ非農業的人口に依存することになった。そして外国との交易からは切り離された閉鎖的な国家経済の体系だった発展が、国内市場の形成に不可欠な、また政府当局と密接に結びついた、一群の企業家を生み出した。たとえば、三井家――今日でもそれは日本の資本主義における主要な勢力の一つをなしている――は、一七世紀の初め、地方のサケ（米のワイン）醸造業から出発し、金貸しに転業したのち、一六七三年、江戸（東京）で商人として成功して京都と大阪に支店を設置した。一六八〇年までに、彼らは、ヨーロッパでは株式取引所のやり手と呼ばれたであろうと思われる存在になった。その後すぐに三井家は皇室、将軍（この国の事実上の支配者）および、二、三の有力な封建大名の財政代理商となった。住友もまた、今日なお卓越しているが、京都で薬品と金物の商売を始め、まもなく銅の精錬業者兼銅の大商人となった。一八世紀末に住友は、銅山の独占を司る地域的行政官〔幕府御用銅山師〕として活躍し鉱山を開発した。

日本が、それ自身の力で、独自に資本主義経済の方向へと発展することも不可能ではなかっただろう。もちろんこの議論には決着はありえないけれども。確かなことは、他の多くの非ヨーロッパ諸国に比べて、日本の方がいっそう進んで西洋を模倣しようとし、また模倣する能力があったという事実である。中国は明らかに、西洋人をその同じ土俵の上で打ち負かしえただろう。中国は少なくとも、この目的に必要な、技術的な熟練、知的洗練、教育、行政的な経験、そして実業的な能力などを十分にそなえていた。しかし中国は、あまりに広大であり、自己満足していた。また自分たちこそ文明の中心であると考えることに慣れすぎていたので、いかに技術的に進んでいるにせよ、あらたな種類の鼻の高い危険な野蛮人の侵入くらいでは、旧来のやり方をただちに完全に放棄すべきだと言い出すことはできなかった。中国は西洋を模倣したくはなかったのである。メキシコの知識人は、北の隣国に抵抗しうる力をつける手段としてだけにせよ、合衆国が範を示した自由な資本主義を真に模倣したいと思っていた。しかし、それを破ることも、破壊することも彼らの手にあまった伝統の重みのために、彼らは効果的にそれを実行することができなかった。教会と、インディオであれ中世スペインのごとき形態のもとにおかれた者であれ、農民層とは、メキシコの知識人の手にあまった。また、彼らはあまりに少数であった。能力が意識についてゆけなかった。しかし、日本はこの両方をそなえていた。日本のエリートたちは、長い歴史の流れのなかで征服や服従の危険に直面した多くの国と同じ立場に日本が置かれていることを承知していた。日本は（この時代のヨーロッパ的言い回しを用いれば）世界に通用する帝国ではなく潜在的な「国民」にすぎなかった。しかし同時に日本は、一九世紀の経済に必要な技術やその他の能力および構造をもちあわせていた。さらにおそらくいっそう重要なことは、日本のエリートたちには、社会全体の動きを統御しうる国家機構と社会的構造とが与えられていたことである。消極的な抵抗ないし社会的崩壊あるいは革命、これらのどの危険を冒すこともなく、上からひとつの国を再編成することは、きわめて困難なものである。日本の支配者たちは突然の、また徹底的ではあるが統制のきいた「西洋化」を断行するうえで、伝統的な社会的従順さのメカニズムを動員できるという、歴史上例外的な立場にあった。そこでは散発的なサムライの異議申し立てや農民反乱以外には大きな抵抗は生じなかったのである。

西洋との対面という問題が何十年かの間――一八三〇年代以降は確実に――日本人の心をとらえて離さなかった。そして、第一次アヘン戦争（一八三九―四二年）でのイギリスの中国に対する勝利は、西洋式の方法による成果とその可能性とを明確に示した。もし中国でさえ西洋のやり方に抗しえなかったとなれば、それはあらゆる国へと広がってゆくものというべきではなかっただろうか。この時代の世界史的重要事件、すなわちカリフォルニアにおける金の発見はアメリカ合衆国を正面切って太平洋地域に登場させたし、また日本をして、その市場を開放させようとする西洋の努力のまっただなかに立たしめることともなった。アヘン戦争の結果、中国が市場を開放させられたのと同じように。直接の抵抗は、それを組織する弱々しい試みが証明したごとく望みがなかった。単純な譲歩と外交上のごまかしは、一時的な方便にしかなりえなかった。西洋の適切な技術を採用すること、国民的な自己主張の意志を復活させる（あるいはそれを創造する）こと、この両方による改革の必要性が、教養ある当局者たちと知識人たちの間で熱っぽく論議された。しかし、こうした改革の必要性を一八六八年の「明治維新」つまり徹底的な「上からの革命」へと転じさせたものは、将軍家の封建官僚的な軍事体制が危機の対処に明らかに失敗したことであった。一八五三―四年に支配階級は分裂し、なにをなすべきか確信をもてなかった。政府は初めて大名（封建領主）たちに公式に意見と助言を求めた。彼らのほとんどが抵抗か一時しのぎの妥協をよしとした。この事件は政府の有効な政治能力の欠如を示すものだった。そして、その軍事的対策は効果がないと同時に高くつくもので、この国の財政および行政制度を圧迫するほどであった。官僚制がそのぶざまな無力を露呈し、将軍派内部で重役たちの党派闘争が行われていた間に、第二次アヘン戦争（一八五七―八年）で、中国が再び敗北したことは、西洋に対する日本の弱さを強く意識させた。しかし、外国人に対する新たな譲歩と、国内の政治機構がしだいに分裂してきたことが、若いサムライ知識人層の間に反作用を生ぜしめた。これらの人々は、日本史の一時期を画する恐怖と暗殺（外国人および不評な指導者たちの双方に対する）のひとつの高まりを一八六〇年から六三年にかけてつくりだした。一八四〇年代以来、戦闘的になった愛国的活動家たちが、地方でも、また江戸（東京）のいくつかの武士の学校でも、戦闘とイデオロギーとの研究のために集まった。彼らは、彼らにふさわしい思想家たちの影響を受けたのち「攘夷」と「尊皇」という二つのスローガンをたずさえてそれぞれの封主のくに（藩）へと戻っていった。これらのスローガンはいずれも、論理がとおっていた。――日本が、外国人の餌食となるのを許すことはできないのであり、その点ですでに幕府が失敗したのであれば、保守のためには、生きつづけていたいまひとつの伝統的な政治的選択へと関心が向かうのは当然であった。すなわち理論上は全能で、実際には力もなく重要でもなかった天皇にほかならない。かくて保守的な改革（または上からの革命）は、幕府に対する天皇権力の復位という形態以外にはほとんどありえなかった。過激派のテロ行為に対する外国の反応――たとえばイギリスによる鹿児島の砲撃――は、国内の危機を強め、すでにぐらついていた体制を危うくさせるばかりであった。一八六八年一月（前天皇の崩御と新しい将軍の任命に続いて）若干の強力かつ反幕府的な地方の勢力をささえにして、ついに王政復古が宣言され、短い内戦ののちこの体制が確立された。いわゆる「明治維新」が成就されたのである。

　もし維新が単に保守的な反外国人感情の反動から形成されたものであったなら、それはさほど重要事ではなかっただろう。その勢力が旧制度をくつがえした、西日本の大きな封国、とりわけ薩摩と長州は、将軍職を独占してきた徳川家を伝統的に嫌っていた。しかし両藩の力も、また若い過激派の戦闘的伝統主義も、それ自体では、歴史的計画《プログラム》を用意しなかった。また今や日本の運命を担うこととなった人々――彼らは主に若いサムライたち（平均的には一八六八年に彼らは、ちょうど三〇歳を越えたところだった）だったが、彼らも、社会革命勢力を代表してはいなかった。明らかに、経済と社会の緊張がしだいに厳しさを増し、地方の、いちじるしく政治的だというわけではないにせよ農民一揆が増大したことや、中産階級および農民の活動家の台頭といった事態に、経済と社会の緊張が反映されていた時期に、それらの若いサムライたちは権力をうばったのだったが。生き残った若いサムライ活動家たちの大半は（極端な排外主義者のうち若干の者たちはテロ活動の途上で死んでいた）一八五三年から一八六八年までの間に、国を救うという自分たちの目的には体系的な西洋化が必要だということを認識していた。一八六八年までに、いく人かの者たちは外国と接触していた。実際に外国を旅した者もいた。彼らはすべて、国を救うには変革が必要であることを認識したのだった。

日本とプロイセンの並行関係は、しばしば指摘されてきた。両国において資本主義は、ブルジョア革命によってではなく、上からの力、すなわちそれによらねば生存も保証されえないことを自認していた古い官僚＝貴族層によって形式上定置されたのだった。どちらの国でも、それにつづいて生じた経済＝政治体制は、古い秩序の重要な特徴をとどめていた。すなわち服従と上位者への尊敬の念という倫理であり、これは中産階級に、また新しいプロレタリアートにさえ浸透し、結果的に労働規律という資本主義の問題を解決するのを助けた。また、私企業による経済が官僚制的国家の援助と監督とに強く依存していたこともその特徴にあげられる。さらに、戦時にはこの両国を恐るべき強国たらしめた根強い軍国主義と、情熱的な、時には病的だった右翼的過激主義の底流も無視できない。しかし、日本とプロイセンの間には違いも存在した。ドイツでは、自由主義的なブルジョアジーが強力であり、みずからを一つの階級として、また独立した政治勢力として意識していた。一八四八年の諸革命が示したように、「ブルジョア革命」は純粋な可能性としては存在していたのだ。資本主義へのプロイセン的な途は、ブルジョア革命を行うことに熱心でもないブルジョアジーと、ユンカーの国家との結合によるものであった。ユンカーは、地主貴族による政治支配と官僚的な君主制を存続させるための代償として、ブルジョアジーが望むものの大部分を革命なしで与える用意があった。しかしユンカーが、この変革を主導したのではなかった。彼らは単にこの変革のもとで圧伏されてしまわないようにその立場を確保しただけ（ビスマルクのおかげで）のことだった。これに対して日本では、「上からの革命」のイニシアティブ、方向づけ、中核部隊は、封建主義者自身の一部によって与えられた。日本ではブルジョアジー（ないしそれにあたる存在）は、ただ実業家や企業家層の存在が、西洋に由来する資本主義経済をこの国で軌道にのせるのを可能ならしめたという意味においてのみ、一つの役割を演じたにすぎない。それゆえ、明治維新は、いかに早産だったにもせよ、いかなる意味でも真の「ブルジョア革命」とみなすことはできない。ただし、機能的にはブルジョア革命の一側面に相当するものだとみなすことは可能である。

このことは、明治維新がもたらした変革の急進性を、いよいよ印象深いものにしている。明治維新は古い封建的な藩を廃止し、それに代えて中央集権的な国家行政府をおいた。中央集権的行政府は十進法による新通貨制度を実施し、またアメリカのナショナル・バンク制度を範とした銀行制度に基づく公債発行によるインフレーションを介しての、さらには（一八七三年の）全面的な土地課税を介しての財政的基礎の確立をも行なった。（一八六八年には中央政府は独立した収入をまったくもっておらず、一時はまもなく廃止される運命だった封建的な諸藩の援助、強制公債、および前将軍職たる徳川家の私有地に頼っていたことを忘れてはならない。）この財政改革は、急進的な社会改革としての地租改正法（一八七三年）の実施を含んでいた。この法律によって連帯責任ではなく個人の納税責任の確定と、その結果としての、土地売買権を伴う土地所有権の個々人への付与が実現された。この結果、耕地に関してはすでに衰微していた従前の封建的な諸権利は崩れ去った。宮廷貴族と若干の身分の高いサムライは、山や森林の土地をいくらか保有したが、政府は従来の共同体の共有地を接収した。農民はかくて急速に富裕な地主の小作人となった――そして貴族とサムライとは、その経済的基盤を失ったのだった。その代わりとして、彼らは補償金や政府の援助を与えられたが、それでも彼らを襲った状況変化は深刻なものであり、多くの者にとってそれらの対策は何ら有効でないことがじきに明らかとなった。軍制改革、特にプロイセンにならって徴兵制を導入した一八七三年の徴兵令によって、こうした変革は、さらにいっそう徹底的なものとなった。軍制改革の結果最も広範囲に及んだ影響は平等化であった。というのは一階級としてのサムライに対して与えられていた、独特の高い身分上の最後のなごりが、それによって廃止されたからである。ともあれ、新しい処置に対する農民とサムライの抵抗――一八六九年から一八七四年までの間におそらく年平均三〇件の農民蜂起があり、一八七七年には相当大きなサムライによる反乱〔西南戦争〕が起こった――は、大きな困難もなしに鎮圧された。

　貴族階級と階級差別を廃止することは、新しい権力の目的ではなかった。それらは、簡素化され、近代化されたけれども。新しい貴族階級さえ設置された。西洋化とは、古い身分の廃止と同時に、出生よりも、富、教育、政治的な影響力によって地位が決定される社会を意味し、それゆえ純粋に平等主義的な傾向をも意味していた。このことは、その多くが没落して普通の労働者となった貧しいサムライにとっては好ましくなかったが、名字を名のり、自由に職業や居住地を選択することを（一八七〇年から）許された平民にとっては、好ましいことだった。こうした変革は日本の支配者たちにとっては、西洋のブルジョア社会の場合とは異なり、それ自体が目的であったのではなく、国家の再生という計画を遂行するための手段であった。変革は、この再生が実現されねばならなかったがゆえに実行されたのだった。そしてこの変革が旧社会の中核をなした人々によって正当と認められたのは、ひとつには、国家への奉仕という伝統的なイデオロギーの途方もなく大きな力のせいであり、また、より具体的には、「国家を強くする」ことの必要性のためであった。さらには、新しい日本がこれらの人々の多くに、軍事、行政、政治、実業界での生活を大幅に解放したことが右でのべた諸々の変革への不快感をなだめたのだった。伝統主義的な農民、サムライ、それも特に新しい日本から何ら輝かしい未来を与えられなかった人々はこうした変革に抵抗した。ともかく、旧社会で育ち、軍事的な郷紳《ジェントリー》層という誇らしい階級に所属した男たちによって数年のうちに導入された急進的な変革というのは、やはり異様なまた独特の事態ではある。

　西洋化が推進力となった。明らかに、西洋が成功の鍵を握っていた。ゆえに、どんな犠牲を払ってでも西洋を模倣せねばならなかった。別の社会の諸々の価値や制度を、すっかり引きつぐことへの展望は、おそらく日本人の場合には、他の多くの文明の場合ほど考えられないことではなかった。なぜなら、日本人は、すでに一度――このときは中国からのものであった――それを経験していたからである。それにしてもこのことは精神的な衝撃をともなう、また問題的な、驚くべき事業であった。なぜなら、日本人のように西洋とはひどく異なる文化を営んできた社会においては単に表面的な、選択的な、また制御した模倣では、西洋化は不可能だったからである。そこからして多くの西洋化の主張者たちは、過度な情熱を抱いて自分の仕事に献身したのであった。ある者たちには、過去全体が、後れた野蛮なものである以上、西洋化とは日本的なものをすべて捨て去ることを意味しているようにも思われた。おそらく日本語の廃棄や、すぐれた西洋民族との混交による、日本人の劣った遺伝的血統の改革といった単純な提案がなされた。——後者は、熱心に吸収された西洋の社会ダーウィン主義の人種理論にもとづいたひとつの提案だったが、それは実際に一時的には上層部で支持者を得もしたのである。[13] 西洋式の衣服や髪型、西洋式の食事（これまで日本人は肉を食べなかった）が、西洋の技術、建築様式、思想に対してとほとんど劣らぬほどの熱心さで採用された。[14] さて、西洋化はキリスト教さえ含めて、西洋の進歩に肝要であった諸々のイデオロギーの採用をも含むものではなかったのだろうか。そして西洋化は、結果的には天皇も含めたすべての旧制度の廃棄を意味しはしなかったのだろうか。

しかしここにきて西洋化は、初期の意味とは異なって、大きなディレンマをもたらした。「西洋」とは、それ自体単一の首尾一貫した文化体系ではなく、対抗しあう諸制度や諸思想の複合体であったからである。そのなかのどれを日本人は選択すべきであったのだろうか。実際上は、選択はむずかしくなかった。イギリスの範型《モデル》は当然、鉄道、電信、公共土木事業、繊維工業、そして多くの実業上の方式において手本として役に立った。フランスの範型は、のちにプロイセンの方式が広まる前には法律改革と、初期の軍制改革において示唆するところがあった。（海軍は当然ながらイギリスにならった。）諸大学は、アメリカの例とともにドイツの例にも負うところが多かったが、初等教育、農業改革、郵便制度は、合衆国の例にならったものだった。一八七五—六年までに五、六百名の、一八九〇年までには三〇〇〇人内外の外国人専門家が——日本人の監督のもとに——雇用されていた。しかし、政治上、イデオロギー上の選択はより困難であった。競い合う諸政治形式、つまりブルジョア的＝自由主義的な国家制度——イギリスとフランスの——のうちで、あるいはより権威主義的なプロイセン＝ドイツの君主制とこれらとの間で、日本はどのような選択をするべきだっただろうか。あるいはまた、宣教師に代表される精神的な西洋（没落し、方向性も見失い伝統的な忠誠心を世俗の主君から天上の主へと向けかえる用意のできていたサムライ層に、宣教師たちは驚くほどの共鳴をみいだした）と、無神論的な科学に――ハーバート・スペンサーやチャールズ・ダーウィンに――代表される西洋との間で、いかなる選択を行うべきだっただろうか。あるいはまた、対立し合っている世俗の、また宗教上の諸流派の間では、どれを選ぶべきだったのだろうか。

二、三十年たたないうちに、西洋化および自由主義という対極に対する反動が始まった。この反動は、ひとつには西洋における徹底した自由主義に対する批判的な伝統――一八八九年の憲法制定に際してそれを精神的に支えたのはドイツのそうした伝統だった――によっても助長されたが、主としては、天皇崇拝を中核とする新しい国家宗教すなわち神道祭儀を事実上創出するにいたった新たな伝統主義的な反動によるものであった。勝利を得たのは、この新たな伝統主義と、選択的近代化との組み合わせ（それは一八九〇年の教育勅語によくあらわされている）であった。しかし、西洋化とは根本的な革命を意味すると考えていた人々と、単に強力な日本を意味するにすぎないと考えていた人々との間の緊張関係はなくならなかった。革命は起こりえなかったが、恐るべき近代的強国への日本の変身は生じたのだった。経済的には、一八七〇年代の日本の達成はまだつつましいものであり、依然として経済的自由主義という公式のイデオロギーとはちぐはぐに極端な、国家＝重商主義的な経済というべきものにほとんど完全に依拠していた。新しい軍隊の軍事行動はまだ、旧来の日本を守ろうとする強情な闘士たちに対してだけ向けられていた。もっとも、早くも一八七三年に朝鮮に対する戦争が計画されたが、明治エリートのなかでより明敏な人々が、外国への侵攻よりも国内変革を優先させるべきだと信じたために、危うく回避された、ということもあった。こうしたことからして、西洋は日本の変身の重要性を過小評価しつづけていた

西洋の観察者たちにとって、この奇妙な国はなんとも理解しがたかった。異国情緒をたたえた、魅惑的な耽美さと、西洋の優越性（こうした観察者はそう思いこんでいた）や男性の優越を、非常にたやすく信じ込む、優雅で従順な女

性たち――ピンカートンと蝶々夫人の世界――以外に、日本にほとんど何もみいだせない者たちがおり、また他の連中は西洋以外のものは劣悪だと信じ込んでいたためにまったく何も見えなかった。一八八一年の「ジャパン・ヘラルド」紙は、「日本人は可愛らしい民族である。小さな満足にあまんじ、多くを成し遂げることはありそうにもない」と書いている。(15) 第二次世界大戦のあとまで、技術的に、日本人は西洋の商品のより安っぽい模倣品を生産することしかできないという俗信が白人神話の一要素をなしていた。しかし、すでに目の肥えた観察者たち――主にアメリカ人――も存在し、日本の農業の驚くべき効率、* 日本の職人の技能、日本の兵士たちの潜在的能力に注目していた。早くも一八七八年にアメリカの一将軍は、これらによってこの国は、「必ずや世界の歴史において重要な役割を果たすことになろう」(17) と予言していた。そして、日本人が本当に戦争に勝つことができるという事実が証明されるとすぐに日本人に対する西洋人の見解も、自己満足の色合いをかなり薄めたのである。とはいえこの時代の終わりごろには、まだ、こうした日本のケースは、なかんずく西洋のブルジョア文明の勝利の、また他のすべての文明よりも西洋ブルジョア文明が優越しているという事実の生き証人として理解されていた。そしてこの段階では、教養のある日本人たち自身も、それを否認しはしなかったであろう。

* 「倹約、節約、農業技術によって、また空地に茂っている雑草を耕地にほどこす肥料に変えてくれる家畜もなしに、さらにいかなる輪作体系もなしに……そしてどんな種類の機械器具の助けも借りずに、日本の農民たちは、毎年一エーカーの土地から、合衆国のやり方では四シーズンを必要とする収穫高を生産している。(16)」

(1) Jakob Burkhardt, *Reflections on History* (London 1943), p. 170.
(2) Erskine May, *op. cit.*, I, p. 25.
(3) Henry Nash Smith, *Virgin Land* (New York 1957 ed.), p. 191 に引用されている。合衆国における農業的＝ユートピア的変種に関するこの貴重な研究から、また Eric Foner, *Free Soil, Free Labor, Free Men* (Oxford 1970) から、得るところが大いにあった。
(4) Herbert G. Gutman, 'Social Status and Social Mobility in Nineteenth Century America: The Industrial City. Paterson, New Jersey' (mimeo) (1964).

(5) Martin J. Primack, 'Farm construction as a use of farm labor in the United States 1850–1910', *Journal of Economic History* XXV (1965), p. 114 ff.

(6) Rodman Wilson Paul, *Mining Frontiers of the Far West* (New York 1963), pp. 57–81.

(7) Joseph G. McCoy, *Historic Sketches of the Cattle Trade of the West and South-west* (Kansas City 1874; Glendale, California 1940). この著者は、牛の集散地たるアビリーンをつくり、一八七一年その市長となった。

(8) Charles Howard Shinn in *Mining Camps, A Study in American Frontier Government* ed. R. W. Paul (New York, Evanston and London 1965), chapter XXIV, pp. 45–6.

(9) Hugh Davis Graham and Ted Gurr (eds.), *The History of Violence in America* (New York 1969), chapter 5, especially p. 175.

(10) W. Miller (ed.), *Men in Business* (Cambridge [Mass.] 1952), p. 202.

(11) この推定は、ジョンズ・ホプキンズ大学のウィリアム・ルービンスタイン博士のおかげで利用できた資料によっている。

(12) Herbert G. Gutman, 'Work, Culture and Society in Industrializing America 1815–1919', *American Historical Review*, 78, 3 (1973), p. 569.

(13) John Whitney Hall, *Das Japanische Kaiserreich* (Frankfurt 1968), p. 282.

(14) Nakagawa, Keiichiro and Henry Rosovsky, 'The Case of the Dying Kimono', *Business History Review*, XXXVII (1963), pp. 59–80.

(15) V. G. Kiernan, *The Lords of Human Kind* (London 1972), p. 188.

(16) Horace Capron, 'Agriculture in Japan' in *Report of the Commissioner for Agriculture, 1873* (Washington 1874), pp. 364–74.

(17) Kiernan, *op. cit.*, p. 193.

第九章　変わりゆく社会

〔共産主義者〕によれば、「その能力に応じてすべての人が働き、その必要に応じてすべての人に」というのだが、それは言いかえれば、誰も、己れの力、能力、または勤勉によって利益を得ることはできないが、弱い者、愚かな者、怠け者の要求には応えることが可能だということである。

サー・T・アースキン・メイ、一八七七年(1)

持てる者の手から持たざる者の手へ、社会の維持に実質的な利害をもつ者の手から、秩序、安定、保存にまったく関心を持たない者の手へと、政治が引き継がれようとしている。……おそらく、この世の変化という偉大な法則のなかにあって、労働者たちはわれわれの近代社会に対して、ちょうど野蛮人が古代社会に対して果たしたのと同じ役割を、すなわち分裂と破壊を生みだす急激な動因という役割を果たすのではあるまいか。

パリ・コミューンにおけるゴンクール兄弟(2)

資本主義とブルジョア社会が勝利を収めると、大衆政治や労働運動の出現にもかかわらず、資本主義以外の社会への展望はかすんでいった。しかしたとえば一八七二―三年には、そうした展望も、はるかに有望なものに思われていただろう。その数年ほどのちには、めざましい勝利を収めていた社会の将来は、再び不確実であいまいなものに思われ、その社会に代わるべき、あるいはそれをくつがえそうとする運動が再び真剣に取りあげられねばならなかったのだ。それゆえここでは一九世紀の第三・四半期に存在したままの姿で急進的な社会的・政治的変革を求めるこうした運動を検討しなければならない。それは、単にあと知恵でもって歴史を書くことではない。もっとも、歴史家がその最も有力な武器——それが先に手に入るなら、賭博師や投資家はだれでも、どんな犠牲をも払うことだろう——すなわち、あとで実際に生じた出来事に関する知識を、なぜみずから放棄する必要があるだろうか。そのような理由はまったく存在しないが。ここで行おうとするのはまた同時代の人々が見たように歴史を書くことでもある。さて、金持ちや権勢家が、自分たちの支配の終わりについて何らの危惧も感じないほど自信満々なことはめったにないものである。しかも革命の記憶は新鮮で強烈でもあった。一八六八年に四〇歳に達していた者はみな、一〇代の終わりに最大のヨーロッパ革命を経験していた。同じく五〇歳に達していた者は誰でも、子どものときに一八三〇年の革命を体験し、成人してからは、一八四八年の革命を体験していた。イタリア人、スペイン人、ポーランド人その他の民族も、この一五年の間に暴動や革命や、ガリバルディによる南イタリアの解放のような、強力な反乱的要素をともなう事件を経験してきた。革命に対する希望や恐怖が力強くまたは生々しかったことは驚くにあたいしない。

今日のわれわれは、一八四八年以後の時代においては、革命は大きな重要性をもつものではなかったということを知っている。実際、この間数十年の社会革命について書こうとすれば、それはイギリスの蛇について書くことにやや似てくる。——イギリスにも蛇は存在するが、その動物相の格別重要な部分をなすものではない。希望に満ちそして失望に終わったあの偉大な年には、非常に差し迫っていた——おそらく非常に現実性のあった——ヨーロッパ革命は、視界から消え去ってしまった。よく知られているように、マルクスとエンゲルスは、このすぐあとの時期にそれが再現することを望んでいた。彼らは、一八五七年の世界的な経済不況の余波のなかに、またその結果として、全般的な革命がもう一度起こることを真剣に期待していた。しかしそれが生じなかったとき、彼らはもはや、具体的に予見しうる将来には革命を期待しなかったし、また一八四八年の形態での革命をいま一度、とはいよいよもって期待しはしなかった。だからといってマルクスが、ある種の漸進的な社会民主主義（この語の現代的な意味における）に転向したと見ること、あるいは彼が、社会主義への移行は——それが生じる場合には——平和的に生じると予期していたとさえ見ることは、もちろんまったくの誤りである。労働者たちが選挙の勝利によって、平和的に権力を掌握することができるかもしれない国々（彼はアメリカ合衆国、イギリス、そしておそらくはオランダをあげていた）の場合でも、マルクスは、労働者による権力の掌握と古い政治および制度の破壊――彼はこれらを根本的に重要だと考えていたが――は、おそらく旧来の支配者たちからの暴力的な抵抗に会うだろうと考えていた。この点で、彼は明らかに現実主義者であった。政府と支配階級は、彼らの支配をおびやかさない労働運動なら受け入れる用意があるかもしれない。しかし、とりわけパリ・コミューンが血なまぐさい鎮圧を受けたあとで、彼らに、実際に彼らの支配権をおびやかすごとき運動をも受け入れる用意があると考えうる理由は、まったく存在しなかった。

いずれにしてもヨーロッパの先進諸国においては、革命――社会主義革命は言うに及ばず――の展望はもはや実際政治の上で問題となるようなことがらではなかった。そしてすでにみたように、マルクスはフランスにおいてさえ革命の見込みについてはあまりあてにしていなかった。ヨーロッパの資本主義諸国における当面の未来は、短期的には革命的ではない政治的要求をもつ、労働者階級の個別的な大衆政党の組織化になわれていた。マルクス自身がアメリカ人のインタヴューに応えてドイツ社会民主党の綱領（『ゴータ綱領』〔一八七五年〕）をそらんじ、論評したとき、彼は、社会主義の未来を描いた唯一の一節（「労働人民の民主的管理のもとに……社会主義的生産協同組合の設立」）を、ラッサール派に対する戦術上の譲歩にすぎないものだったとして省いた。彼は、社会主義は「この運動の帰結であろう」[3]と述べた。それにしてもこれは、時間の問題、より高度な社会形態の教育ならびに養成の問題であろう。

この予見の立たないほどの遠い未来は、しかしブルジョア社会の中心部においてよりも、むしろ周辺的な地域での発展によってはるかに早まって到来することもありえた。一八六〇年代の終わり以降、マルクスはブルジョア社会の転覆について、三つの方面からの間接的接近という戦略を真剣に心に描きはじめた。それらのうちの二つは予言どおりとなり、一つは誤りであった。すなわち植民地革命、ロシア革命、アメリカ合衆国での革命である。そのうち第一のものは、アイルランドにおける革命運動の興隆によって彼の計算の一部となった（前出第五章参照）。イギリスは、当時プロレタリア革命の将来にとって決定的に重要であった。なぜなら、それは、資本の母都《メトロポリス》、世界市場の支配者であったと同時に、「この革命の物質的条件がある成熟度まで発展している唯一の国」(4)だったからである。それゆえインターナショナルの主要目標は、イギリス革命を促進することであるべきだった。そしてそのための唯一の手段は、アイルランドの独立を勝ちとることであった。アイルランド革命（より一般的には、諸々の従属民族の革命）は、それ自体のためにだけ企図されたのではなく、中心的なブルジョア諸国の革命を促進しうるものとして、植民地と本国との関係の上に立った資本主義のアキレスのかかとをつくものとして、もくろまれたのであった。

ロシアの役割はおそらくもっと積極的なものであったといえよう。のちにみるごとく、一八六〇年代以後、ロシア革命は単なる可能性ではなく、むしろ蓋然性に、さらにおそらくは確実なものにさえなっていた。しかも、一八四八年には単にヨーロッパ革命の勝利を妨害する主たる障害を、それがとり除くということのゆえにのみ、付随的なものとして歓迎されえたロシア革命は、今やそれ自身として重要なものになっていた。ロシア革命は、（マルクスとエンゲルスが『共産党宣言』の新しいロシア語版への序文でのべたように）実際に、「西ヨーロッパにおけるプロレタリア革命への合図となり、その結果両者がたがいに補いあう」(5)やもしれなかった。それどころかロシア革命が――マルクスは、この仮説に決して完全にくみすることはなかったが――成熟した資本主義の発展を飛び越して、村落の共同体主義《コミユナリズム》から共産主義《コミュニズム》の発展へと、ロシア社会を直接に移行させることも考えられるかもしれなかった。マルクスがきわめて正確に予見したように、革命ロシアは、いたるところで革命の展望を変更したのだった。

アメリカ合衆国の役割は、それほど中心的なものとはされていなかった。その主な影響は、消極的なものだった。――その大規模な発展が西ヨーロッパの、なかんずくイギリスの工業的独占をうち破ること、そしてその農産物の輸出によって、ヨーロッパの大小の地主経営の基盤を粉砕することであった。これは、もちろん正しい評価であった。しかし、それは革命の勝利に積極的に貢献しうるであろうか。一八七〇年代に、マルクスとエンゲルスはたしかに、そして非現実的にではなしに、アメリカ合衆国の政治制度の危機を予想していた。すなわち、農業恐慌の結果「国制全体の基盤である」農民の力が弱くなり、投機家や大企業がしだいに政治を掌握するにつれ、市民の間に極度の反感が生み出されるだろうから、というのであった。アメリカについて彼らはまた大衆的なプロレタリア運動の形成への傾向をも強調した。おそらく彼らは、こうした傾向にそれほど多くを期待してはいなかったのだが、マルクスは若干の楽観的観測を表明してもいた。アメリカ合衆国では、「人民はヨーロッパ以上に断固としている。……万事がより急速に成熟する」(6)と。それにしても彼らは、ロシアとアメリカ合衆国を、最初の『共産党宣言』で省かれていた二大国として共通のものとしてくるという誤りをおかした。これら両国の将来の発展は、非常に異なるものとなったのである。

マルクスのこれらの諸国についての見解は、彼の死後の勝利によって重きを加えられた。当時はその見解は、何ら重大な政治勢力を代表するものではなかったのである。ただし一八七五年までには、マルクスのその後の影響力を暗示する二つの徴候がすでに見えていた。すなわち強力なドイツ社会民主党の存在と、ロシアのインテリゲンチャ（後出二三二―三ページ参照）への、彼の思想の劇的な浸透である（彼は、このことを予期していなかった。しかしあとから考えればそれは驚くにはあたらない）。一八六〇年代の終わりから一八七〇年代の初めにかけて、「赤い博士」は、しばしばインターナショナルの活動の指導者と目された（前出第六章参照）。明らかにマルクスはインターナショナルの最もあなどりがたい人物でもあり、また黒幕的存在でもあった。しかしながら、われわれが見てきたように、インターナショナルはどんな意味においてもマルクス主義の運動ではなかった。主としてマルクスと同世代のドイツ人亡命者からなるマルクス信奉者たちの数は一握りにすぎなかった。インターナショナルは、寄せ集めの左翼集団から成り立ち、これらの集団の結束は第一義的にこれらがいずれも「労働者」の組織化を追求していたがゆえに、そして、おそらくこの一点のみによって成立していた。それはかならずしも恒常的な成功ではないまでも、かなりの成功をおさめていた。彼らの思想は、一八四八年の遺産（また一八三〇年から一八四八年までの間に変形された、一七八九年の遺産さえも）や、改良主義的な労働運動のはしりを代表しており、さらには革命的な空想の特殊な亜種たる無政府主義《アナーキズム》をも表わしていた。

ある意味において当時の革命理論はすべて、一八四八年の経験と折合いをつけようとする試みであったし、またそうでなければならなかった。このことは、バクーニンと同様マルクスにも、また次にみるロシアの人民主義者たちと同様パリ・コミューン支持者たちにもあてはまる。もっとも、もし一八四八年以前の色調の一つ——ユートピア的社会主義——が、左翼の関心からまったく消滅してしまうということがおきていなかったならば、これらの理論はすべて、一八三〇年から一八四八年までの時代の興奮から生じたものだったと言いえただろう。しかし主要なユートピア的社会主義の流派はそれ自身としては存在しなくなっていた。サン＝シモン主義者は、左翼とのつながりを断っていた。それは、オーギュスト・コント（一七九八—一八五七年）の「実証主義」に変形するか、または（主にフランスの）一団の資本主義の冒険者たちによって共有されていたある若々しい経験に変形したりしていた。ロバート・オーウェン（一七七一—一八五八年）の追随者たちは、その知的エネルギーを精神主義と世俗主義とに向けかえ、その実践的エネルギーを協同組合というつつましい分野へ注いでいた。フーリエ、カベ、そしてその他の、主にあの自由と無際限な機会の国で共産主義的なコミュニティの思想を啓示した人々は忘れ去られた。ホラス・グリーリー（一八一一—七二年）の場合、そのスローガン、「若者よ、西部へ行け」は、彼が以前フーリエ主義者だった時代のスローガンよりも成功を収めた。ユートピア的社会主義は、一八四八年を越えて生き延びはしなかったのだ。

これに対して、フランス大革命の精神的子孫の方は生き残っていた。彼らは、急進的な民主的共和主義者から（彼らは時には民族の解放を、時には社会問題への関心を強調した）、L・A・ブランキ型の、ジャコバン派的な共産主義者にまでわたっていた。ブランキは、フランスにおける諸革命によって釈放されるたびに、断続的に短期間出獄して姿を見せた。この伝統的な左翼は、何事も学ばず何事も忘れなかった。そのうちの急進派のある者たちは、パリ・コミューンの際にはフランス大革命の諸事件をできるだけ正確に再現することしか考えなかった。陰謀家によって組織された決然たるブランキズムはフランスで生き残り、パリ・コミューンでは重要な役割を演じたが、しかしそれが最後の栄光であった。ブランキズムはその後はたえて重要な独立の役割を演ずることはなく、やがてフランスの新しい社会主義運動の相争う諸傾向のなかで消えてしまった。

民主的急進主義は、より耐久力があった。なぜなら、そのプログラムは、どこにでもいる「小市民《リトル・メン》」（商店主、教師、農民等）の熱望の純粋な表現や労働者の要求の基本的な要素とともに、彼らの票をあてにしている自由主義的な政治家に対して具合のよいアピールも含まれていたからである。自由、平等、友愛では正確なスローガンではなかったかもしれないが、金持ちや権勢家たちと対決していた貧しく、つつましい人々は、その真の意味を知っていた。アメリカ合衆国のような、平等かつ無条件の普通選挙権*に基づく共和国で、民主的急進主義の公式のプログラムが実現されるに至ったときでさえ、金持ちや腐敗した人々に対しては、「人民」が真の力を行使せねばならないという必要性が、民主主義への情熱を生きつづけさせたのである。しかしもちろん、民主的急進主義は、それ以外の国ではほとんどどこにも、つつましい地方政治の分野にさえほとんど実現はしなかったのである。

* これは男子普通選挙権である。女性のための公民権を真剣に考えている国は、まだなかった。しかし、一八七二年ヴィクトリア・ウッドハルが実際に大統領選に立候補したアメリカ合衆国では、闘士たちは女性の選挙権を求める運動を真剣に起こしはじめていた。

しかしこの時代までには、急進的民主主義はもはやそれ自体では革命的なスローガンではなくなっており、むしろ目的をはたすための一つの手段――とはいえ自動的に作動するものではなかったが――となっていたのだった。革命的な共和政体とは「社会的共和国」だったし、革命的な民主主義とは「社会民主主義」――この呼称はマルクス主義諸政党によってますます採用された――なのであった。ただしイタリアのマッツィーニ一派のような、まずもって民族主義的だった革命派の間では、それは必ずしも自明ではなかった。というのは（民主主義的な共和主義に立って）独立と統一を勝ちとりさえすれば他の問題はすべておのずから解決されるだろうと彼らは信じていたのである。真の民族主義は、とりもなおさず民主的であると同時に社会的なものであったし、もしそうでなければその民族主義はにせものであった。マッツィーニ派の人々でさえ、社会的解放を否定しはしなかったし、またどういう意味でその言葉を用いたにせよ、現にガリバルディは自らを社会主義者だと言明した。統一あるいは共和主義に対する失望ののちに、新しい社会主義運動の中核をなす組織が、以前の急進的な共和主義者たちの間から登場するのであった。

アナーキズムの萌芽については、一八四〇年代の革命的興奮にまでさかのぼることができるが、より明確には、それは一八四八年以後の時代の産物、いっそう正確には、一八六〇年代の産物である。その政治的開祖はP-J・プルードンとミハエル・バクーニンの二人であった。プルードンは独学のフランス人で、印刷業にたずさわると同時に多作な著述家だったが、ほとんどまったく政治的アジテーションの場には参加しなかった。一方バクーニンは、行動的なロシアの貴族で、あらゆる機会をとらえては政治的アジテーションに飛び込んでいった。*両者とも、初期の段階からマルクスによって好ましからざる存在として注目され、二人は彼を称讃したのだが、結局は敵対することになった。体系的でなくまた偏見に満ち、自由主義とはほど遠かったプルードンの理論——彼は女性解放反対論者であるうえまた反ユダヤ主義者でもあり、極右に利用されていた——は、それ自身としては大して関心をひくものではないが、ただアナーキズム思想に二つの主題で寄与した。その一つは、非人間化された工場に代わる生産者たちの小規模でお互いに助け合う諸集団というものへの信念であり、もう一つは、いわゆる政府なるもの（どんな政府であれ）に対する憎悪であった。これらに強い共鳴を示したのは、独立した小職人、熟練しているが比較的自主的で、プロレタリア化に抵抗している労働者たちであり、また発展しつつある都市のなかで農民的な幼少時代ないし地方の小さな町での幼少時代を忘れていない人々であり、工業化が進んだ地域の周辺地帯の人々であった。アナーキズムは、このような人人に、そしてこのような地域において最もよく受けたのであった。第一インターナショナルの最も献身的なアナーキストたちは、スイス村落の時計製造業者たちによる「ジュラ連合」に見出されることになったのである。

* アナーキズムの知的系統図を作成することはできるが、それは現実のアナーキズム運動の発展とはほとんど関係をもたない。

思想家としては、バクーニンがプルードンにつけ加えたものはほとんどなにもなかった。現実の革命に対するあくことのない情熱をのぞいては。――「破壊への情熱は、同時に、創造的情熱である」と彼は述べた。それは犯罪者や、社会的外縁にいる人間たちの革命的な可能性への無分別な熱狂であり、真の農民的意識であり、ある種の強烈な直観であった。バクーニンはまったくのところ思想家というよりは予言者、煽動家だった。そして規律をもった組織というものへの――それは国家権力の専制を予示するものだ――アナーキスト流の不信感をもっていたが、恐るべき陰謀的組織者でもあった。そうした存在としてバクーニンは、イタリア、スイスまた（弟子たちを通じて）スペインでもアナーキズム運動を広め、そして一八七〇年から七二年にかけてインターナショナルを崩壊させるに至った運動を組織した。そうした存在としてバクーニンが事実上アナーキズム運動を創造したのである。なぜなら、一つの組織体としての（フランスの）プルードン主義者たちは、労働組合主義、相互扶助と協同組合の、やや未発達な形態にすぎず、政治的にはそれ自体としてはさして革命的ではなかったからである。とはいえ本書の時代の終わりまで、アナーキズムが主要勢力だったというわけではない。しかしアナーキズムは、フランスとスイスのフランス語圏で若干の基盤をきずいたし、イタリアにも若干の勢力の中核となるものをきずいた。またとりわけスペインでは、それはめざましい前進をはたしていた。スペインでは、カタロニアの職人たちや労働者たち、またアンダルシアの農村労働者たちがいずれもこの新しい福音を歓迎した。スペインではアナーキズムは土着の信念と合体した。土着の信念とは国家《ステート》権力と金持ちという上部構造さえ取り除かれれば、諸々の村落や仕事場は完全にうまく経営されうるのであり、かくて自律的な村《タウンシップ》によって構成される国《カントリ》という理想はたやすく実現されうるというものであった。実際、一八七三年から七四年にかけての、スペイン共和国における「地域主義者《カントナリスト》」の運動は現実にそうした理念を実現しようと試みたものであった。その指導的イデオロジストであるF・ピ・イ・マルガル（一八二四―一九〇一年）は、バクーニン、プルードン――そしてハーバート・スペンサー――などと並んでアナーキストの神殿に祭られることになったのである。

アナーキズムは、工業化以前の過去の、現在に対する反抗であると同時に、まさにその現在の申し子でもあった。それは伝統を拒絶したが、思想的にも運動においても直観的また自然発生的な性質のために、反ユダヤ主義や、より一般的な外国人嫌いのようないくつかの伝統的な要素を維持――おそらくいっそう強調しさえして――することになった。プルードンやバクーニンの場合にも、この両方がみられる。同時にアナーキズムは、宗教と教会を激しく憎み、科学や技術を含めた進歩の大義や、理性の、そしておそらくとりわけ「啓蒙」と教育の大義とを、歓呼して迎えた。それはまたどんな権威をも拒んだために、同じく権威を否定した自由放任《レッセ・フェール》主義のブルジョアの極端な個人主義と奇妙にも合致するはめになっていた。イデオロギー的には、スペンサー（『個人対国家』を書いた）は、バクーニンと同じくらいアナーキストであった。アナーキズムが、ただひとつ提示しなかったものは、未来であった。未来に関しては、ただ革命のあとに初めて可能になるということ以外には言うべきことは何もなかったのだった。

アナーキズムは（スペイン以外では）何ら政治的重要性をもたなかった。それは主としてこの時代のゆがんだ鏡としてわれわれの関心をひくのである。しかしこの時代の最も興味深い革命運動は、まったく別のもの、すなわちロシアの人民主義であった。それはその当時もその後も決して大衆運動《マス・ムーヴメント》とはならなかった。また皇帝アレクサンドル二世の暗殺（一八八一年）で頂点に達するその最も劇的なテロリズム活動はわれわれのあつかう時代が終えたあとで生じたものである。しかし、それは二〇世紀の後進諸国の一群の重要な社会運動とロシアのボリシェヴィズム、この双方の先祖なのである。それは、一八三〇年代や一八四〇年代の革命運動と、一九一七年のそれとを直接結合するきずな――それはパリ・コミューンよりもいっそう直接的なきずなだと言えるかもしれない――を提供した。そのうえ人民主義は、真剣な精神生活がすべて政治性をおびていたこの国にあって、ほとんど完全に知識人によってになわれた運動であった。そのためこの運動は同時代のロシアの天才的な作家たち――ツルゲーネフ（一七八九―一八七一年）およびドストエフスキー（一八二一―八一年）――を通じて、ただちに世界じゅうの文学のスクリーンに映し出されたのだった。かくてヨーロッパの同時代人でさえ、やがて「ニヒリスト」について聞き及ぶことになり、しかしそれをバクーニン的なアナーキズムと混同した。これは理解できることであった。なぜなら、バクーニンは、他のあらゆる革命運動に対してと同じく、ロシアの革命運動にも少々手を出したし、純粋にドストエフスキー的な人物（ロシアでは生活と文学が非常に接近していた）、恐怖と暴力へのほとんど病的な信仰への帰依者セルゲイ・ゲナデヴィチ・ネチャーエフと一時的に混同されていたのだから。しかし、ロシアの人民主義はどういう意味でもアナーキズムではなかった。

ヨーロッパでは、最も穏健な自由主義者から左翼に至るまで、ロシアが革命を経験「せねばならない」ということに真剣な疑義をさしはさむ者は誰もいなかった。ロシアの政治体制すなわちニコライ一世治下（一八二五―五五年）の、あからさまな独裁政治は、明らかに時代錯誤であり、長い目で見れば長続きを期待できないものだった。強力な中産階級の完全な欠如によって、そして何よりも後進的で多くは農奴的である小作農民の、伝統的な忠誠や忍従によって、この支配は権力を保っていた。農民は「地主《ジェントリー》」の支配を、それが神の意志であるがゆえに、また皇帝《ツァー》が「聖なるロシア」の代表者であるがゆえに、受け入れていた。またひとつには、一八四〇年代以来ロシアおよび外国の観察者たちがその存在と重要性に注目してきた、強力な村落共同体によって、農民自身のつつましい生活の営みが平安のうちに保証されていたので、農民たちはこの支配体制を受け入れていたのだった。とはいえ彼らは満足していなかった。貧困や、領主《ロード》による圧制とはまったく別に、彼らは地主《ジェントリー》の土地所有権を決して認めはしなかった。というのは、農民は領主のものであっても、土地は農民だけのものなのであった。農民だけが土地を耕していたからである。彼らは、ひたすら消極的であるか無気力であった。もし彼らがその忍従をかなぐりすてて立ちあがるとなれば、皇帝やロシアの支配階級にとってはきびしい事態となることは明らかだった。そして、もしイデオロギー的・政治的左翼が、農民の反乱を動員するとなれば、その結果は一七、一八世紀の大反乱――ロシアの支配者たちの脳裏を去らないあの「プガチョフシチーナ」――の単なる繰り返しではなく、まさに社会革命となるはずであった。

クリミヤ戦争後、ロシア革命はもはや単に望ましいものと思われたのみならず、いよいよ実現しそうなものになっていた。これが一八六〇年代の主要な新局面であった。いかに反動的で非能率だったにもせよ、それまでは対内的には安定し、対外的には強力であるように見えていたこの体制——一八四八年のヨーロッパ大陸にまたがる革命を免れただけでなく、一八四九年にはそれに対して派兵する立場にもあったこの体制——が、今や国内的にも不安定で、対外的にも考えられていたよりも弱いものであることが露呈してきたのであった。その主要な弱点は、政治的また経済的なものであった。そして、アレクサンドル二世（一八五五—八一年）の改革は、これらの弱点の治療だったというよりも、その症候を示したものと見ることができた。実際、後段で見るように（後出第一〇章参照）農奴解放（一八六一年）は革命的な農民のための諸条件をつくり出した。一方で皇帝の行政、司法およびその他の改革（一八六四—七〇年）は皇帝独裁政治の弱点をとり除くことに失敗した。またいまや失われつつあった伝統的な正統性を補完するのにも失敗したのであった。ロシアにおける革命は、もはやユートピア的な展望ではなくなっていた。

ブルジョアジーと（この段階での）新しい産業プロレタリアートとが弱々しいものだったために、政治的アジテーションの担い手となりえた社会層はただひとつだけであった。それは人数は少なかったが判然たる社会層であり、一八六〇年代には固有の自己意識を持ち、政治的な急進主義とも結びつき、そしてインテリゲンチャという名称をも得たのだった。その人数が少なかったという事情そのものが、おそらくこの高等教育をうけた人々に、自分たちはひとつの思想的に一貫した勢力であると感じることをうながしもしただろう。一八九七年においてさえ「教育のある人人」はといえば、ロシア全体でも男性がせいぜい一〇万人に達するだけであり、女性は六〇〇〇人をやや超える程度であった。(7) 高等教育修了者の数は、急速に増加しつつあったとはいえ、やはり少なかった。一八四〇年のモスクワでは、教育者、医者、法律家そして芸術活動にたずさわる人々すべてをあわせても一二〇〇人少々にすぎなかった。一八八二年ごろのモスクワには五〇〇〇人の教師、二〇〇〇人の医者、五〇〇人の法律家および一五〇〇人の「芸術家」がくらしていた。ところで彼らに関して重要なことは次の事実である。すなわち、ロシアの知識人は実業界——一九世紀の実業界ではドイツをのぞいて、社会的出世のための証明書として以外には、学問上の資格など必要ではなかった——にも、また知識人の唯一の主要な雇主である官僚社会にも加わらなかったという事実である。一八四八年から五〇年までの、サンクト・ペテルスブルク大学卒業生三三三名のうち公務員になったのは九六名だけであった。

ロシアのインテリゲンチャは、二つのことがらによって他の地域の知識人層と区別された。第一は特殊な社会集団として一般に認識されていたこと、第二は、国家への志向よりも社会への志向が強い政治的急進主義を示したことである。第一の点が彼らをヨーロッパの知識人たちと区別した。ヨーロッパのインテリは容易に広範な中産階級に吸収され、また広く流布していた自由主義ないし民主主義のイデオロギーに吸収されてしまった。そこでは文学的・芸術的なボヘミアン（後出第一五章参照）、すなわち社会的承認をうけた、あるいは少なくとも許容されていた下位文化の他には、反体制派の人々の重要な集団は存在しなかった。そして、ボヘミアン的な反体制性はほとんど政治性を持たなかった。一八四八年まで、そして一八四八年にはあれほど革命的だった諸大学でさえ政治的に体制的となった。ブルジョアの勝利の時代に、インテリは他にどのようでありえたというのか。次に第二の点においてロシアのインテリゲンチャは、ヨーロッパの新興諸国民のインテリたちとちがっていた。そうした諸国民のうちにあってはインテリたちの政治的エネルギーは、ほとんど完全にナショナリズムに吸収されており、自分たちもそのなかに座を占めるべき、彼ら自身のリベラルな市民社会を建設するための努力に吸収されていた。ロシアのインテリゲンチャに第一の道を進むことはできなかった。なぜなら、ロシアは明白に市民社会ではなく、ツァーリズムは穏健な自由主義をも政治的革命のスローガンとみなしていたのだから。皇帝アレクサンドル二世による一八六〇年代の諸改革——農奴解放、司法および教育の変革そして地主階級のための地方行政機関（一八六四年のゼムストヴォ）や諸都市のための地方行政機関（一八七〇年）の創設——はあまりにも煮え切らない、また制限されたものだったので、改革をめざす人々の潜在的な熱情を恒久的に動員するには至らなかった。いずれにせよ、この改革の時期は短期間のものであった。さらに、ロシアのインテリゲンチャはヨーロッパのインテリの第二の道も歩まなかった。その理由は、ロシアがすでに独立国家であったからでも、国民的な誇りを欠いていたからでもなかった。むしろ皇帝や教会やあらゆる反動勢力が、ロシア・ナショナリズムの諸々のスローガン――聖なるロシア、汎スラブ主義等々――をすでに先取りしていたからだった。トルストイ（一八二八―一九一〇年）の『戦争と平和』に登場する人物のなかで、いくつかの点で最もロシア的だったピエール・ベズーホフは、世界市民的な理想を追求せざるをえず、侵略者ナポレオンを弁護することさえ余儀なくされた。彼は当時のロシアの状態に満足しえなかったからであった。彼の精神的な末裔である、一八五〇年代、六〇年代のインテリゲンチャもピエールと同じことを追求せざるをえなかったのである。

彼らは、ヨーロッパのとびきりの後進国に生まれ落ちた人間として近代化主義者すなわち「西欧化主義者」たらざるをえなかった。とはいえ、彼らは単純な「西欧化主義者」であることは不可能だった。なぜなら、当時のヨーロッパの自由主義と資本主義は、ロシアが従うべき、またロシアに実行可能なモデルを提供するものではなかったからであり、そしてロシアにおける潜在的に革命的な大衆勢力は、ただ農民だけだったからである。かくして「人民主義」が生じたのだった。それは短い期間この矛盾を、緊張をはらんだバランスのうちにになっていた。そしてこの点において「人民主義」は、二〇世紀中葉の第三世界の革命運動についても、多くの示唆を与える。この時代以後の、ロシアにおける資本主義の急速な発展は、組織化が可能な産業プロレタリアートの急速な増加をも意味していた。それは、人民主義的時代の未確定さをのりこえることを意味すると思われた。そして、人民主義の英雄的な段階――おおよそ一八六八年から一八八一年まで――の挫折が理論上の再検討をうながした。人民主義の廃墟から出現したマルクス主義者たちは、少なくとも理論上は、純粋な西欧化主義者だった。ロシアもまた、ヨーロッパと同じように社会と政治を変える同じ力を産み出しつつ――民主的共和国をうち立てるブルジョアジーと、その墓穴を掘るプロレタリアートと――同じ道を進むだろうと、彼らは論じていた。しかし、若干のマルクス主義者たちもまた、すぐに――一九〇五年の革命の間に――この展望が現実的ではないことに気づくようになった。すなわちロシアのブルジョアジーはその歴史的な役割を演ずるにはあまりに脆弱だろう。かくておしとどめえぬ農民の力に支持されたプロレタリア階級こそ、「職業革命家」に導かれて、ツァーリズムと、未成熟で命運のつきたロシア資本主義とをひとしくうちたおすであろう、と。

人民主義者は近代化論者であった。彼らの夢見るロシアは新しいロシア——進歩、科学、教育および、大変革をとげた生産をそなえたロシアであった。しかし資本主義的新ロシアではなく、社会主義的新ロシアであった。ただし人民主義者によれば新しいロシアはロシアの民衆的諸制度のなかで最も古い、また伝統的な制度であるオプシチーナすなわち村落共同体に立脚するべきであった。つまりオプシチーナは社会主義社会の直接の母体となるはずであり、またモデルともなるであろう、と。一八七〇年代の人民主義者の知識人たちはこうしたことが可能だと考えられるかどうか、についてくりかえしマルクスに問うている。彼らはマルクスの理論もよく学んでいたからである。これに対してマルクスは、この魅力的ではあるが彼の理論によれば受け入れがたい命題ととり組んだあげく、それは可能であるかもしれない、とためらいがちの結論を下したのだった。一方、人民主義者によれば、ロシアは西ヨーロッパの伝統——その自由主義と、民主主義の思想原理とのパターンをも含めて——を拒まねばならなかった。なぜならロシアには、そのような伝統は欠けていたからであった。というのも、人民主義のなかの、一七八九年から一八四八年に至る時代のヨーロッパにおける革命思想と、最も直接的かつ明白なつながりのあった一つの側面でさえ、ある意味では、ヨーロッパ思想とは異なる新しいものだったからである。

暴動やテロリズムによってツァーリズムを打ち倒すために、今や秘かな共謀のもとに団結していた男女たちは、ジャコバン派の後継者たちや、その流れをくむ職業的な革命家たち以上のものであった。彼らは、その生命を完全に「人民」とその革命に捧げるために、また人民のなかに入り込むために、かくして人民の意志を表わすために、現存する社会とのあらゆる絆を断ち切っていた。彼らの献身には、ロマンティシズムを絶した自己犠牲の激しさと徹底性が見られたが、それに匹敵するものをわれわれは西欧にほとんど見出すことができない。彼らは、ブオナロティよりもレーニンに近かったのである。そして、その後の多くの革命運動と同じく、彼らは、その初期の中核部隊を学生たちの間に、それも特に、新たに大学に入学した貧しい学生たちのうちに見出した。学生はもはや貴族の子弟に限定されてはいなかったのである。

この新しい革命運動の活動家たちは、貴族の子弟よりむしろまさに「新しい」人々であった。一八七三年から一八七七年までの間に、投獄、または追放された九二四名のうち、貴族の家庭の出身者は二七九名だけであった。一一七名が貴族でない官吏の子弟であり、三三名が商人の子弟であった。六八名がユダヤ人、そして九二名が、都市の小ブルジョアまたはつつましい都市生活者（メシチャーネ）と呼ぶのが一番ふさわしい家庭の出身であった。一三八名が——おそらくは前者と同様都会的な環境に育った——名目上の農民であり、そして一九七名ほどが司祭の子どもであった。これらのなかで女子の数が、特に印象的であった。同年間に逮捕された一六〇〇名を下らない宣伝活動家のうち少なくともその一五パーセントは女性であった。(8) この運動は最初、アナーキー化を求める小集団のテロリズム（バクーニンとネチャーエフの影響のもとでの）と、「人民」の大衆的な政治教育を主張する者たちとの間で、動揺していた。しかし、結局勝利を得たものは、ジャコバン＝ブランキ流の、厳しく訓練され、中央集権化された秘密の陰謀組織であった。それは、理論的立場はどうであったにせよ、実践的にはきわめて俊英であり、ボリシェヴィキを予感させるものであった。

人民主義の意義は、それが達成したこと——それはほとんど何ほどのものでもなかった——や、それが動員した人数——それは数千人を越えなかった——にはない。その意義は、次の事実にある。すなわち、その後五〇年にしてツァーリズムを打ち倒し、世界の歴史上初めて、社会主義の建設を使命とする体制を設立するに至る、ロシアにおける革命的な情宣活動のたえることのない歴史の始点を、人民主義が示していることである。それはまた一八四八年から一八七〇年までに、急速に——そして大部分のヨーロッパの観察者たちにとっては思いがけず——帝政ロシアを、世界的反動のゆるぎない柱の地位から、革命によって確実に倒されるべきもろい粘土の足をもった巨人へと変質させた危機の徴候でもあった。しかし、彼らはこれ以上のものであった。彼らは、いわば化学実験室を形成し、そのなかで一九世紀の主要な革命思想をすべて試験し、結合し、かくて二〇世紀の革命思想へと発展させたのだった。疑いもなく、このことは、ある程度まで理由のまったくわからない幸運のおかげであった。すなわち、人民主義は、世界史上もっとも輝かしくも驚嘆すべき、知性と文化創造の高揚と時を同じくしたのである。近代化への突破をめざしている後進諸国では、通常は、その思想に独創性は見られず、模倣的であるにすぎなかった。ただし実践においては、必ずしもそうではなかったが。思想的にはそれらの国々の場合、借り物である点でいずれもほとんど違いがなかった。ブラジルとメキシコの知識人は、無批判にオーギュスト・コントに没頭したし、(9) 同じ時代のスペインの知識人は、一九世紀初頭の、あまり有名でない二流のドイツ人哲学者、カール・クラウゼに傾倒したが、彼らはクラウゼを反教権的啓蒙運動の鉄槌にした。しかしロシアの左翼は、当時の最もすぐれた先進的な思想と接触し、それを自分自身のものにしただけではなく――カザンの学生たちはロシア語訳の『資本論』が出るはるか以前からマルクスを読んでいた――また彼ら自身で先進諸国の社会思想をほとんど即座に改変したのだった。彼らがそうした能力を持っていることは承認されてもいた。偉大な名前のなかには、なによりも国民的な名声を保持している人々がいる。N・チェルヌイシェフスキー（一八二八―八九年）、V・ベリンスキー（一八一一―四八年）、N・ドブロリューボフ（一八三六―六一年）そして、ある意味ではあのめざましいアレクサンドル・ゲルツェン（一八一二―七〇年）さえもそうである。そのほかの者たちは――一〇年か二〇年後のことだったにせよ――西欧諸国の社会学や人類学、歴史研究方法論などを変容させただけだった。たとえば、イギリスでのP・ヴィノグラードフ（一八五四―一九二五年）やフランスでのV・ルチスキー（一八七七―一九四九年）およびN・カレーエフ（一八五〇―一九三六年）などである。マルクス自身も、ロシアの読者たちの知的業績をただちに評価したのだが、それは彼らがマルクスの最初の知的読者層だったからということだけではなかった。

われわれは以上、社会革命家について考察してきた。それでは革命についてはどうであったのだろうか。われわれのあつかう時代の最大の革命は、西洋の観察者たちには事実上ほとんど知られずにいたし、またヨーロッパの革命的な諸々のイデオロギーともまったく関連を持たないものだった。すなわち太平天国の乱である（前出第七章参照）。

最もひんぱんだったラテン・アメリカの諸革命は、それらの国々の様相をほとんど変えない蜂起（軍事的クーデター）や、地方的な分離にすぎないように見えたので、そうした革命のいくつかについて、その社会的な構成要素は概して見おとされてきた。ヨーロッパの諸革命は、一八六三年のポーランドの蜂起のように失敗したか、一八六〇年のシチリアおよび南イタリアにおけるガリバルディの革命的征服のように穏健な自由主義に吸収されてしまったか、または、一八五四年および一八六八―七四年のスペイン革命のように純粋に国民的な意味だけをもつにとどまったかのいずれかだった。初めの一八五四年のスペイン革命は一八五〇年代初頭におけるコロンビアの革命と同様、一八四八年の諸蜂起の残り火であった。イベリア地方はいつも、ヨーロッパの他の地域からは時期がずれていた。インターナショナルと政治不安のさなかにいた神経質な同時代人にとっては、スペイン革命の第二期はヨーロッパ諸革命の新たな展開を予告するもののように思われた。しかし、新たな一八四八年は起こりえなかった。わずかに一八七一年のパリ・コミューンがおこっただけであった。

　われわれの扱う時代の数多くの革命史と同じく、パリ・コミューンはそれが達成したことよりも、それが展望させたもののゆえにこそいっそう重要であった。それは、ひとつの事実としてよりも、ひとつの象徴《シンボル》としていっそう恐るべきものであった。フランスそれ自体と、（カール・マルクスを介した）国際的な社会主義運動のいずれにおいても、パリ・コミューンの実際の歴史は、それが生み出した途方もなく力強い神話におおわれている。その神話は今日でも、特に中華人民共和国に影響している。[10] パリ・コミューンは、驚異的、英雄的、劇的、悲劇的であった。しかし、厳然たる事実としては、それは一都市における労働者の束の間の――そして最も真剣な観察者たちの意見では、倒れるべき運命にあった――反政府的政府だったのである。たとえそれが二ヵ月ともたなかったにせよ、その主要な達成はそれが現実に一つの政府であった、というこの事実なのであった。レーニンも一九一七年の十月革命のあと、「われわれは、いまやコミューンより長くもちこたえた」と勝ち誇って言える日を指折り数えて待っていたのである。とはいえ歴史家たちは、事後的にふりかえってパリ・コミューンの意味を過小評価させる誘惑には抵抗するべきである。たとえブルジョア的な秩序にとって深刻な脅威とはならなかったとしても、パリ・コミューンは、単に存在しただけで、ブルジョア秩序から正気を奪ってしまったのだった。とりわけ国際的な報道でみると、パリ・コミューンの生と死は、パニックとヒステリーにとり囲まれていた。共産主義を樹立したかどで、また金持ちから財産を没収し、妻たちを共有しているとのかどで非難された。またテロルと大規模な殺戮と混沌《カオス》と無秩序とそのほか尊敬すべき階級の悪夢にはしばしば現われるようなあらゆることで非難されたのだった。――言うまでもなく、これらすべてはインターナショナルによって慎重にたくらまれたことだとされた。それどころか、秩序と文明への国際的な脅威に対して、諸国の政府は行動を起こす必要を感じていた。警察官の国際的な協力や、コミューン政府の亡命者には政治亡命者の享受する保護された地位を与えないという傾向（それは今日よりも当時はより恥ずべきことと見なされていたのだが）などとは別に、オーストリアの宰相は――度を越した反動におちいる人物ではなかったが、ビスマルクの後援を得て――資本家による反インターナショナルの形成を提案した。一八七三年の三帝同盟（ドイツ、オーストリア、ロシア）を結ばせたものも主として革命への恐怖であった。この同盟は、「すべての王権や制度をおびやかしてきたヨーロッパの急進主義に対する」[11]新しい神聖同盟であると理解されていた。ただし、インターナショナルが急速に衰微したために、同盟が実際に調印されたときには、この同盟の目的は緊急性を失っていた。しかしこの神経症に関して重要なのは、今や諸国の政府が恐れていたのは社会革命一般ではなく、まさにプロレタリア革命だったという一事である。かくてインターナショナルとパリ・コミューンとを、本質的にプロレタリア運動として理解したマルクス主義者たちは、当時の諸国政府や「尊敬すべき」公論と見解を一にしていたのである。

パリ・コミューンは、まさしく労働者の反乱であった。――ところでもしこの労働者という言葉が、工場労働者よりもむしろ、「『人民』と『プロレタリアート』のどちらともつかない」男女のことを意味していたとするなら、この言葉はこの時代における他の場所の労働運動活動家たちにもまた妥当するであろう[12]。逮捕された三万六〇〇〇人のコミューン同志は、事実上パリの大衆的な労働者世界の全階層を示していた。その八パーセントはホワイトカラー労働者、七パーセントは使用人、一〇パーセントは小商店主のたぐいであった。しかし、残りは圧倒的に労働者であった。建設労働者、金属労働者、雑労働者に始まり、より伝統的な熟練した職人たち（家具師、奢侈品工、印刷工、したて屋）と続いた。職人たちは、不釣合なほど多数の中核的メンバーをコミューンに提供したのだった。* そしてもちろんコミューンには、常に急進的だった製靴工たちも含まれていた。とはいえしかし、パリ・コミューンは一つの社会主義革命だった、と言ってよいのだろうか。それはほぼ間違いなく、そうであった。その社会主義は、なお本質的に、生産者の自治的な協同組合ないし組合的結合体という、一八四八年以前の夢であったが、それは今や急進的かつ体系的な政府による介入をひきおこしていたのである。パリ・コミューンが現実に達成したことは、はるかに小さなものであった。しかしそれは、コミューンのせいではない。

* 国民軍に参加して逮捕された印刷工の三二パーセントが、士官または下士官であった。木工師の場合は、一九パーセントであった。しかし建築労働者の場合は、わずかに七パーセントであった。

なぜならコミューンは、包囲された権力であり、戦争とパリの包囲のおとし子であり、降伏に対する反応だったのだから。一八七〇年、プロイセンの侵攻が、ナポレオン三世の帝国の首をしめた。ナポレオン三世から権力を奪った隠健な共和主義者たちは、気のりしない戦争を続けやがて匙を投げた。彼らはついに、可能性の残された唯一の抵抗とは、大衆の革命的な動員であり、新しいジャコバン体制、そして社会的共和国の形成を意味することを認めたのだった。包囲され、政府とブルジョアジーによって見捨てられたパリでは、いずれにしても実権はアロンディスマン（地区）の区長たちと国民軍——現実には大衆的な労働階級の陣営——の掌中にあった。プロイセン軍に降伏した国民軍に対する武装解除の企ては革命を誘発し、パリは独立した自治都市組織という形態（「コミューン」）にかわった。しかし、コミューンはほとんど即座に国家政府（今やヴェルサイユにあった）によって包囲された。——パリの周囲をかこむ勝ち誇ったプロイセン軍は、介入を差し控えていた。コミューンの二ヵ月間は、ヴェルサイユの圧倒的な武力に対するほとんどとぎれなく続く戦争の期間であった。三月十八日の宣言ののち二週間たたないうちに、コミューンは主導権を失っていた。五月二十一日までに敵はパリに侵入した。最後の一週間、パリの労働者たちは、生きることと同じように死ぬことにおいても力強いことを示したにすぎなかった。ヴェルサイユ側では、おそらく一一〇〇名が戦死もしくは行方不明となった。その他にコミューンが、おそらく一〇〇人ほどの人質を処刑した。

戦闘においてどれだけコミューン派が殺されたか知る者はない。コミューンが倒れたあとでは何千という人々が虐殺されている。ヴェルサイユ側は、一万七〇〇〇名を虐殺したことを認めている。しかしこの数字は実数の半分を下まわるものであろう。四万三〇〇〇人以上が捕虜になり、一万人が判決を受けた。その約半数がニューカレドニアへ流罪となり、残りは収監されたのだった。これが、「尊敬すべき人々」による復讐であった。これ以後、パリの労働者たちとより「上流の人々」の間には血の河が流れたのだった。そしてこれ以後、社会革命派は、権力を維持できなかったときに自分たちを待ち受けているものは何であるのかを知ったのだった。

(1) Erskine May, *op. cit.*, I, pp. lxv–vi.
(2) *Journaux des Frères Goncourt* (Paris 1956), II, p. 753.
(3) *Werke*, XXXIV, pp. 510–11.〔『全集』第三四巻、一九七四年、四二二―三ページ〕
(4) *Werke*, XXXII, p. 669.〔『全集』第三二巻、一九七三年、五五一ページ〕
(5) *Werke*, XIX, p. 296.〔大内兵衛・向坂逸郎訳『共産党宣言』岩波文庫、一九五一年、一四ページ、『全集』第一九巻、一九六八年、二八八ページ〕
(6) *Werke*, XXXIV, p. 512.〔『全集』第三四巻、四二四ページ〕
(7) M. Pushkin, 'The professions and the intelligentsia in nineteenth-century Russia', *University of Birmingham Historical Journal*, XII, 1 (1969), pp. 72 ff.
(8) Hugh Seton Watson, *Imperial Russia 1861–1917* (Oxford 1967), pp. 422–3.
(9) A. Ardao, 'Positivism in Latin America', *Journal of the History of Ideas*, XXIV, 4 (1963), p. 519 は、コントの実際の憲法がリオ・グランデ・ド・スル州（ブラジル）に強いられた、と述べている。
(10) G. Haupt, 'La Commune comme symbole et comme exemple', *Mouvement Social*, 79 (April–June 1972), pp. 205–26.

(11) Samuel Bernstein, *Essays in Political and Intellectual History* (New York 1955), chapter XX, 'The First International and a New Holy Alliance', especially pp. 194–5 and 197.

(12) J. Rougerie, *Paris Libre 1871* (Paris 1971), pp. 256–63.

著者略歴

(Eric J. Hobsbawm, 1917-2012)

1917年アレクサンドリアに生れる．1932年ベルリンに移住．1933年イギリスに移住．1936年イギリス共産党に入党．1939年ケンブリッジ大学で学位を取得．1947年ロンドン大学バークベック・カレッジのレクチャラー，1959年リーダー，1970年教授（社会経済史），1982年名誉教授，2012年歿．著書は『市民革命と産業革命』（岩波書店，1968）『イギリス労働運動史研究』（ミネルヴァ書房，1968）『共同体の経済構造』（未来社，1969）『反抗の原初形態』（中央公論社，1971）『匪賊の社会史』（みすず書房，1972）『イタリア共産党との対話』（共著，岩波新書，1976）『革命家たち』（未来社，1978）『反乱と革命』（未来社，1979）『産業と帝国』（未来社，1984）『帝国の時代』（全2巻，みすず書房，1992，98）『20世紀の歴史——極端な時代』（全2巻，三省堂，1996）などが邦訳されている．

訳者略歴

柳父圀近〈やぎう・くにちか〉 1946年神奈川県に生れる．1976年一橋大学大学院博士課程修了，現在　東北大学法学部名誉教授．著書『ウェーバーとトレルチ』（みすず書房，1983）『エートスとクラトス』（創文社，1992）『政治と宗教——ウェーバー研究者の視座から』（創文社，2010）『日本的プロテスタンティズムの政治思想』（新教出版社，2016），訳書　ペンディックス／ロート『学問と党派性』（1975）I.ハウ編『世紀末の診断』（共訳，1985）（以上みすず書房）モムゼン・シュヴェントカー『マックス・ウェーバーとその同時代人群像』（共訳，ミネルヴァ書房，1995）．

長野　聰〈ながの・さとし〉 1946年静岡県に生れる．1970年国際基督教大学教養学部社会科学科卒業．

荒関めぐみ〈あらせき・めぐみ〉 1950年東京に生れる．1973年国際基督教大学教養学部人文科学科卒業．

エリック・J・ホブズボーム
資本の時代 1
1848-1875
柳父圀近・長野 聰・荒関めぐみ 訳

1981 年 7 月 17 日　初　版第 1 刷発行
2018 年 7 月 9 日　新装版第 1 刷発行

発行所 株式会社 みすず書房
〒113-0033 東京都文京区本郷 2 丁目 20-7
電話 03-3814-0131(営業) 03-3815-9181(編集)
www.msz.co.jp

本文印刷所 三陽社
扉・口絵・表紙・カバー印刷所 リヒトプランニング
製本所 松岳社
装丁 安藤剛史

ISBN 978-4-622-08728-1
[しほんのじだい]